©

MUSÉE LITTÉRAIRE DU SIECLE, A 20 CENTIMES LA LIVRAISON

ALPHONSE KARR

FORT EN THÈME

Prix : 70 centimes

PARIS

MICHEL LÉVY FRÈRES, LIBRAIRES-ÉDITEURS

RUE VIVIENNE, 2 BIS

BUREAUX DU JOURNAL LE SIÈCLE, RUE DU CROISSANT, 16

1854

3047

FORT EN THÈME

ALPHONSE KARR

C'était le dix août — et distribution des prix du concours général entre les colléges royaux de Paris et de Versailles; — la salle de la Sorbonne, où a lieu d'ordinaire cette solennité, était remplie jusqu'aux combles; — sur une estrade était rangés les proviseurs, les censeurs, les professeurs et une foule de dignitaires de l'Université, tous en robes noires, mais faisant reconnaître leurs grades par des rubans jaunes, bleus ou cramoisis placés sur l'épaule, etc. etc. En face d'eux étaient assis les élèves des colléges rivaux; ceux-là seuls avaient été admis dans la salle qui avaient au moins un *accessit*, les concurrens étant de beaucoup trop nombreux pour que la salle eût pu les contenir tous.

Les parens des lauréats étaient placés plus haut dans des tribunes réservées. — Bientôt les massiers entrèrent, précédant le grand-maître de l'Université. — Je pourrais dire qui était à cette époque le grand-maître, mais ce serait donner à cette histoire une date certaine, et j'ai mes raisons pour qu'elle n'en ait pas. — Un professeur se leva et commença un discours en latin. Il est assez curieux de compter à peu près combien de personnes dans l'assemblée pouvaient comprendre ce discours. Il faut d'abord distraire du nombre des assistans les femmes, qui formaient un peu plus de la moitié de l'assemblée; ensuite d'entre les hommes — ceux qui n'avaient jamais appris le latin, — puis ceux qui l'avaient appris dix ans comme tout le monde et ne l'avaient jamais su, comme presque tout le monde, — puis ceux qui l'avaient su et l'avaient oublié. — Parmi les collégiens, il faut encore excepter tous les élèves des classes inférieures, — puis, pour ceux des classes plus élevées, il faut constater qu'il leur fallait saisir le sens d'un discours débité rapidement pendant une heure et demie, — tandis que, pour traduire la version de cinquante lignes pour laquelle ils allaient être plus ou moins couronnés, l'Université avait cru devoir leur accorder un espace de six ou huit heures. — Nous voulons bien admettre que tous les professeurs sans exception entendissent l'orateur.

Néanmoins le discours fut, sinon compris, du moins écouté avec un religieux silence; — seulement, chaque fois que l'orateur s'arrêta pour respirer ou pour se moucher, — les écoliers, qui n'attendaient qu'un prétexte pour rompre un silence qui les étouffait, se mettaient à applaudir à tout rompre. — Les hommes placés dans les tribunes, voulant paraître aux yeux de leurs voisins avoir parfaitement compris ce qui se disait, applaudissaient de leur côté, — à quoi les voisins répondaient par des applaudissemens plus énergiques, pour montrer qu'ils comprenaient aussi bien qu'eux.

L'orateur avait pris pour texte de son discours *les avantages des études universitaires, qui conduisent à tout.* La chose était exprimée en lambeaux de phrases arrachés à tous les anciens et péniblement ajustés et recousus. — Quand ce fut enfin fini, cela causa à l'assemblée une joie qui vint porter jusqu'à la frénésie les applaudissemens dont nous avons dévoilé les plus fortes causes; — le grand-maître prit à son tour la parole, — et, dans un discours beaucoup moins long et en français, il parla à son tour des *avantages des études classiques, et établit qu'elles conduisaient à tout.* — Après quoi on commença à lire la liste des vainqueurs. — Le lauréat proclamé traversait les bancs et allait recevoir des mains du grand-maître une couronne et un énorme paquet de livres richement reliés. Puis il embrassait les joues décharnées de l'évêque et revenait, à sa place au bruit des applaudissemens et des hurras des écoliers du même collège, qui prenaient leur part de son triomphe.

Pendant que ceci se passait régulièrement, des conversations particulières s'étaient établies à demi-voix dans les tribunes réservées au public.

— Madame a probablement un fils parmi les lauréats?

— Oui, monsieur, et sans doute votre présence n'est pas plus désintéressée que la mienne.

— J'espère, madame, que mon fils aura un accessit...

— Je ne sais ce qu'aura le mien, monsieur, mais je commence à avoir le cœur serré.

— En quelle classe est votre fils, madame?

— En seconde, monsieur.

— Alors, madame, votre émotion est un peu prématurée... on n'en est encore qu'à la rhétorique. Et quel âge a M. votre fils?

LE SIÈCLE. — VII.

— Un peu plus de dix-sept ans.

— Le mien est beaucoup plus jeune... Le vôtre est au collège...?

— **** ...

— Alors, madame, nous tenons pour le même collège.

— Ah! monsieur, votre fils est aussi...

— Oui, madame... Madame demeure sans doute dans le quartier du collège?...

— Pas autant que je le voudrais, monsieur, mais je cherche un logement qui me rapproche un peu... C'est si difficile de se loger à Paris!

— Ma foi, madame, j'aurais, pour ma part, tort de me plaindre... Voilà trois ans que j'habite une maison où je suis on ne peut mieux... une maison très tranquille, à dix minutes de chemin du collège...

Il n'y eut pas de réponse; l'interlocutrice pleurait du meilleur de son cœur. — on venait de proclamer pour le premier prix de version latine Raoul Desloges, et un grand jeune homme, pâle d'émotion, traversait la salle au bruit de la musique et des hourras de ses camarades.

L'interlocuteur crut que sa voisine ne l'avait pas entendu et reprit sa phrase.

— Oui, madame, à dix minutes du collège, avec un jardin.

— Pardon, monsieur, répondit la voisine en entrecoupant ses paroles de sanglots, — pardon... c'est que... c'est mon fils.

— Ah! madame, c'est moi qui vous demande pardon, — je comprends bien cette émotion de la part d'une mère.

— Les femmes pleurent un peu facilement, dit-il à son voisin de l'autre côté.

La voisine cependant finit par se calmer et fut la première à reprendre la conversation. D'abord elle parla de son fils, il avait au moins huit volumes... Elle trouvait la musique excellente... son fils ne lui avait rien voulu dire, mais elle était sûre d'avance qu'il n'aurait pas *qu'un accessit*. Elle était fâchée d'une chose, cependant, il s'était obstiné à nouer sa cravate comme un homme, tandis qu'elle voulait qu'il portât son col de chemise rabattu à la Colin. Puis on revint à parler de logement; elle félicitait son voisin... elle serait bien heureuse de trouver un logement semblable au sien.

— Ma foi, madame, cela dépend de vous entièrement, — il en reste un à louer dans ma maison...

— Et avec un jardin?

— Oui, madame, avec un petit jardin...

— Et où est située cette maison?

Le voisin ne répondit pas.

— Veuillez me dire, monsieur, où est située la maison dont vous me faites un si grand éloge...

— Pardon, — madame, — pardon... si je ne vous réponds pas... c'est que... j'étouffe... c'est... c'est mon fils.

Et il se mit à fondre en larmes à son tour.

— Monsieur, je vous félicite...

— C'est un premier prix, madame, et je n'espérais qu'un accessit... Le petit traître m'avait dit qu'il n'était pas fort content de son thème... Un premier prix...

— Sa mère sera bien contente...

— Hélas! madame, il n'a jamais connu sa mère... elle est morte en le mettant au monde.

La conversation fut interrompue pendant quelque temps; puis on revint encore aux logemens.

— Oui, madame, rue Pigale, n° 11.

— J'irai dès demain voir l'appartement vacant.

La cérémonie est finie, on se salue, on se sépare... on se perd dans la foule.

C'est ainsi que madame Desloges vint habiter la maison de M. Hédouin.

Mme Desloges était une femme petite, maigre et incroyablement impérieuse; — mais ce qu'il y avait de particulier dans son caractère, c'est qu'elle était despote sans le savoir. Bien plus, comme les choses souvent, les hommes quelquefois, ne se soumettaient pas à ses volontés, elle considérait cette rébellion comme une tyrannie. — A peu près comme ce brave homme qui, arrivait à Londres, pays libre par excellence lui avait-on dit, — voulut en faire l'épreuve et brisa la devanture d'une boutique. — Il fut arrêté et mis en prison, — d'où il écrivit à ses amis que Londres était un pays de despotisme et de tyrannie.

— Or, comme ce n'était pas seulement ses affaires que Mme Desloges prétendait conduire, comme elle s'ingérait un peu aussi dans celles d'autrui, — comme sa volonté marchait sur un front large, elle rencontrait en conséquence plus d'obstacles qu'une volonté ordinaire marchant tout droit devant elle en serrant les coudes. — En un mot Mme Desloges avait fini de bonne foi par se croire la femme la plus esclave qu'il y eût au monde. — M. Desloges surtout, à en croire les récits qu'elle faisait volontiers, était le plus féroce tyran qu'on eût jamais rencontré, non pas seulement dans la vie, mais dans les tragédies et dans les journaux. M. Desloges, à le voir, était en effet construit physiquement dans des conditions de tyrannie facile; — il était grand et fort, sa femme ne lui allait guère qu'au coude, — et il l'eût facilement, avec peu d'efforts, cachée dans une des poches de sa grosse redingote d'hiver. Mais quand on voyait ses yeux bleus, doux et rians, sa bonhomie, sa simplicité, on avait besoin de se rappeler les plaintes amères de sa victime pour continuer de croire encore à l'odieuse tyrannie qu'il exerçait sur elle et à la crainte profonde qu'il lui inspirait.

Il est bon cependant de dévoiler quelques-uns des actes de ce despotisme. M. Desloges était peintre et ne manquait pas de talent; — mais, né sans fortune, il avait commencé par donner des leçons de dessin, — qui prenaient une partie de son temps et ne lui permettaient guère de travailler à ses tableaux, dont il ne faisait qu'un petit nombre, malgré sa merveilleuse facilité.

Madame Desloges n'avait pu obtenir de lui la permission de décacheter et de lire ses lettres, — et cette pauvre femme en était réduite à la triste nécessité de ne prendre connaissance de la correspondance de son mari que clandestinement et avec toutes sortes de gênes et de difficultés ennuyeuses. — Ce n'était rien. Sous prétexte de travaux M. Desloges prétendait avoir un atelier, — dans cet atelier il recevait ses amis — et des modèles; dans cet atelier on fumait; dans cet atelier Desloges se renfermait des journées entières quand il n'avait pas de leçons, et n'aimait pas qu'on vînt le déranger. — Quand il sortait, il mettait la clef dans sa poche. — Si la servante venait balayer pendant qu'il était au travail, il la renvoyait avec impatience. En vain Mme Desloges avait plusieurs fois *prouvé* l'inutilité de cet atelier, en vain elle avait établi que l'on pouvait peindre aussi bien dans une chambre : — M. Desloges avait tenu bon. Mme Desloges avait, il est vrai, une seconde clef de l'atelier, et y *furetait* à loisir dans les heures où son mari était nécessairement absent; mais il revint un jour plus tôt qu'elle ne l'attendait, et il la trouva à même un tiroir. — En vain cette pauvre femme affirma qu'elle ne s'introduisait ainsi que pour mettre de l'ordre. — M. Desloges fit changer la serrure, et quand trois jours après elle arriva avec sa clef pour faire sa petite visite ordinaire, — ladite clef se trouva trois fois trop grosse pour la nouvelle serrure. — Il est vrai que le lendemain un serrurier venait prendre l'empreinte de la serrure; il est vrai que le surlendemain il apporta une nouvelle clef avec laquelle il ouvrit la porte de l'atelier.—Mais M. Desloges, qui y était perfidement rentré, — prit le serrurier par les épaules, lui fit descendre l'escalier plus rapidement qu'il ne l'avait monté, et s'empara de la clef, qu'il mit dans sa poche.

Mme Desloges pleura beaucoup et se promit bien de ne pas oublier cet acte de despotisme. En effet, elle arriva un matin, frappa à l'atelier — et annonça à son mari qu'il fallait quitter cette horrible maison. — Elle avait appris que la portière avait mal parlé d'elle avec une servante qu'elle venait de chasser. De plus, la cuisine était humide, l'escalier sombre; — en un mot, elle allait chercher un logement. M. Desloges fut d'abord assez contrarié de cette résolution; ce logement lui plaisait, il y était accoutumé; — et ces futiles considérations l'emportèrent au point qu'il fit quelques observations. On comprend quel chagrin ressentit cette pauvre Mme Desloges. — En effet elle ne pouvait rester dans cette maison : — l'ennui qu'elle y éprouvait avait déjà altéré sa santé; elle y mourrait. M. Desloges demanda alors qu'on attendit à avoir trouvé une autre maison pour quitter celle qu'il ne pouvait s'empêcher de regretter. — Une heure après, un écriteau collé sur la porte cochère faisait savoir aux passans qu'il y avait au second étage un BEL APPARTEMENT *à louer présentement*, et *un atelier* pour le terme suivant. En effet, la location de l'atelier n'avait pas été faite en même temps que celle de l'appartement.

C'est sur ces entrefaites qu'eut lieu la rencontre de madame Desloges et de M. Hédouin; — elle alla voir le logement de la rue Pigale : — le logement l'enchanta, — elle le retint et donna au portier le denier à Dieu. — M. Desloges fut invité à aller voir l'appartement et à en dire son avis. — Comme il savait que la chose était déjà faite, il n'y alla pas et demanda seulement si l'atelier était situé au nord, — ainsi que cela était à peu près nécessaire pour lui, — à quoi madame Desloges répondit qu'il n'y avait pas d'atelier. — mais qu'il y avait une chambre qui pourrait en tenir lieu. Puis elle répéta tous ses argumens contre l'atelier, — argumens auxquels M. Desloges avait si souvent répondu qu'il ne répondit pas cette fois à la plaidoirie de sa femme. Seulement, quand arriva le jour du déménagement, on lui demanda sa clef pour emporter ce qu'il y avait dans l'atelier; mais il répondit que l'atelier devant être payé encore trois mois, il comptait en profiter jusque-là. — Il redemanda l'adresse de la maison où il devait aller coucher le soir, et l'écrivit sur son agenda pour ne se point tromper; puis il alla, comme de coutume, donner ses leçons. — Le soir, il se présenta rue Pigale — et dit au portier : — Pardon, mon brave homme, mais je crois que c'est ici que je demeure; je m'appelle M. Desloges.

— Oui, monsieur, vos meubles sont arrivés tantôt.

— Madame Desloges est-elle là-haut?

— Oui, monsieur.

— A quel étage est-ce que je demeure?

— Au premier étage, monsieur.

— Merci, mon brave homme.

M. Desloges monta au premier étage et frappa. — Une servante qu'il ne connaissait pas vint ouvrir la porte et lui demanda ce qu'il voulait.

— Mais entrer... J'ai frappé trois fois.

— Il y a une sonnette.

— Je ne savais pas.

— Que demande monsieur?

— Mais une chambre pour me coucher...

— Comment!... monsieur... mais... c'est ici madame Desloges.

— Précisément.

— Mais, monsieur...

— J'oubliais, ma chère enfant, de vous dire que je m'appelle M. Desloges et que je suis le maître de la maison.

— Ah! pardon, monsieur, c'est que je n'ai jamais vu monsieur... je ne suis entrée que ce matin...

— Ah!... Et comment vous appelez-vous?

— Victoire, monsieur.

M. Desloges donna deux petits coups sur la joue de Victoire et entra chez sa femme. — Il la trouva de fort mauvaise humeur. — Les commissionnaires avaient fait toutes sortes de dégâts. Il fallut que M. Desloges passât en revue chaque meuble ébréché ou froissé. — Puis il demanda : Nous avons une nouvelle servante?

— Fallait-il garder cette impertinente Marianne, qui avait fini par être plus maîtresse que moi dans la maison?

— Celle-ci s'appelle Victoire?

— Oui... eh bien... après?

— Mais après... je ne vois rien à vous dire que bonsoir.

— C'est que vous avez un air...

— Si j'ai un autre air que d'avoir extrêmement sommeil, vous ferez bien de ne pas vous fier à mon air, il vous trompe.

— Dire que je n'ai pas même le droit de chasser une servante...

— Mais, madame Desloges, je vous laisse bien faire à ce sujet ce que vous voulez, je ne dis pas un mot...

— C'est de l'hypocrisie.

— Dites donc, c'est un peu bien loin, notre logement.

— Mais non... au contraire...

— Pardon, je croyais... c'est que je viens de la rue Saint-Dominique.

— Alors c'est la rue Saint-Dominique qui est loin.

— Bonsoir, bonsoir.

Le lendemain était un dimanche. M. Desloges alla passer la journée à son atelier, et ne rentra qu'à l'heure du dîner. Le surlendemain, il donna ses leçons. — En rentrant, il demanda ses lettres au portier, — mais celui-ci répondit qu'on les avait données à madame.

— A l'avenir, dit M. Desloges, vous remettrez à madame les lettres qui lui seront adressées et vous garderez mes lettres, que vous me remettrez à moi-même.

— Mais, monsieur, c'est que madame m'a dit de lui remettre toutes les lettres.

— C'est différent.

M. Desloges monte et sonne. C'est une figure qui lui est inconnue qui vient lui ouvrir la porte.

— Pardon, mademoiselle, je me trompe, je croyais être au premier.

— Mais c'est bien ici le premier, monsieur.

— M. Desloges?

— Il est sorti, monsieur.

— Je le sais; mais il ne va pas tarder à rentrer. Je suis M. Desloges.

— Pardon, monsieur, je ne suis entrée *chez madame* que d'aujourd'hui.

M. Desloges demande à sa femme : Est-ce que nous avons deux servantes?

— Ce serait joli... Je vous reconnais bien là... du désordre, de la prodigalité... Nous irions loin avec ce que vous me donnez, si nous avions deux servantes!

— Mais, ma chère madame Desloges, je ne demande pas que vous ayez deux servantes, je demande *si* vous en avez pris une seconde.

— Du tout, c'est bien assez d'une pour me faire *endêver*.

— Mais, cependant, ce n'est pas Victoire qui m'a ouvert la porte.

— Ah! vous pensiez retrouver Victoire pour lui taper sur la joue, n'est-ce pas?... Elle est partie.

— Ah! j'ai tapé si doucement que cela n'a pas pu lui faire du mal, j'en suis persuadé... Et comment s'appelle celle-ci?

— Celle-ci s'appelle Joséphine.

— Merci.

— Il n'y a pas de quoi.

Le lendemain matin, M. Desloges, qui ne connaît pas le jardin, descend pour le voir. — C'est une portion d'un grand jardin divisé en trois pour trois locataires différens. Les jardins sont séparés par des treillages.

— Que voulez-vous mettre dans le jardin? — demanda madame Desloges à son mari.

— Mais ce que vous voudrez.

— Voilà... il faut que je décide tout, que j'aie tous les embarras.

— Mettez-y un gazon et des fleurs.

— Est-ce que vous ne pensez pas qu'il vaudrait mieux y semer un peu de légumes?

— Comme vous voudrez, mais vous aurez vos légumes deux mois plus tard que les marchands, et les pois vous reviendront à huit francs le litre.

— Oh! je savais bien que je n'avais qu'à parler de légumes pour que vous y missiez de l'opposition!

— Ma foi, non. — Mettez-y des légumes si vous voulez. Où est Raoul?

— Raoul est allé faire une course pour moi à l'ancien logement, où on a oublié quelque chose. Il est en vacances.

— Est-ce qu'il ne doit pas aller passer quinze jours chez mon frère?

— Du tout.

— Mais il me semble que c'était convenu?

— Je n'ai pas envie que mon fils aille chez mes ennemis apprendre à haïr sa mère!

— Mon frère sera furieux.

— Je sais bien que vous me sacrifiez sans cesse à votre odieuse famille.

— Ma foi, non, et si j'ai eu un tort, c'est de vous sacrifier ma famille. Mon frère ne vient plus chez moi.

— C'est ça, dites comme lui... chez moi... c'est ce qu'il a osé me dire. La dernière fois qu'il est venu, il m'a dit qu'il n'était pas chez moi, mais chez son frère. Tout le monde s'aperçoit bien que je ne suis rien ici, et tout le monde en abuse. La pauvre femme n'est pas même soutenue par son mari!...

M. Deslogus se rappela alors que c'était l'heure de sa leçon chez M. Luchaux.

— Comment! chez M. Luchaux? il est à la campagne.

Madame Deslogus eût voulu retenir ces paroles, car en se les entendant prononcer, elle s'aperçut qu'elle se dénonçait elle-même; elle avait décacheté la voile une lettre adressée par M. Luchaux à M. Deslogus, et l'avait assez bien recachetée pour que son mari ne s'en aperçût pas. Elle reprit:

— C'est par hasard hier que j'ai ouvert cette lettre, je la croyais adressée à moi, et j'avais pensé reconnaître l'écriture de ma sœur Dorothée.

— Vous savez bien que votre sœur ne vous écrit plus.

— C'est précisément ce qui m'a fait mettre plus d'empressement à ouvrir cette lettre, que je croyais d'elle.

— Alors, ma chère madame Deslogus, puisque le hasard vous a fait savoir que M. Luchaux est à la campagne, et conséquemment que je viens de vous faire un mensonge, il ne me reste plus qu'à vous dire la vérité: c'est que je vais m'en aller à mon atelier. Vous paraissez mal disposée aujourd'hui, et Raoul n'étant pas à la maison...

— Raoul! Raoul! en voilà encore un que vous gâtez et dont vous ferez un médiocre sujet malgré ses heureuses dispositions!

M. Deslogus s'en alla à la direction des postes, et pria un de ses amis qui y était employé de faire en sorte qu'on adressât dorénavant ses lettres à son atelier, à son ancien logement.

M. Hédouin demeurait deux étages au-dessus de madame Deslogus. Il était resté veuf, encore jeune, avec trois enfans, auxquels il s'était consacré en refusant de se remarier. L'aînée, appelée Marguerite, venait de sortir de pension; la plus jeune, d'une santé délicate, n'y était jamais allée.— Marguerite devait faire l'éducation de sa jeune sœur et prendre la direction du ménage. — Félix était plus jeune que Marguerite, qui avait quinze ans, et plus âgé qu'Alice, qui n'en avait que dix ou onze.—C'est lui que nous avons vu chargé de lauriers au commencement de notre récit. Félix était en pension; de la pension on le conduisait au collège Bourbon, qui ne reçoit pas de pensionnaires, — tandis que Raoul Deslogus allait directement de chez son père au collège.

Le matin, à déjeuner, M. Hédouin demanda à Félix s'il avait vu le camarade qui venait d'arriver dans la maison.

— Pas encore, répondit Félix.

— Quel garçon est-ce?

— Qui ça, papa?... Raoul?... C'est un grand,—c'est-à-dire que nous ne sommes pas dans la même classe — et que nous ne nous voyons guère qu'un instant dans la cour, au moment d'entrer en classe. — Il est très fort en version. — Il y a dans notre classe de cinquième son nom gravé au canif dans le banc, à la première place. — Il a fallu plus de huit

jours pour l'écrire; on se le rappelle encore en cinquième.

— C'est lui qui avait créé l'ordre de la Mouche.

— Qu'est-ce que l'ordre de la Mouche? demanda Marguerite.

— C'est un ruban noir que toute la classe de cinquième a porté à la boutonnière pendant l'année de Raoul. — Les redoublans l'avaient encore l'année d'après.

— Et quelle était l'origine de cet ordre?

— Voilà ce que c'est: un jour, M. Brychamp, qui fait encore notre classe, — avait donné un pensum général — injustement; — Raoul profita du moment où, le coude appuyé sur le rebord de sa chaire, M. Brychamp laissait pendre la longue manche de sa robe pour la couper entièrement avec des ciseaux; — il en divisa la manche en petits morceaux dont on fit des décorations.

— Mais c'est un mauvais sujet que M. Raoul.

— Ah! papa, pas du tout; ça n'a pas empêché que cette année-là il ait eu un prix et un accessit au concours. — D'ailleurs, la classe de M. Brychamp est une classe où l'on s'amuse... c'est connu... Nous, nous avons guigné toute l'année son parapluie vert pour en couvrir un cerf-volant. Si vous saviez comme on rit en cinquième! — C'est-à-dire qu'il y a Maindron, qui vient ici, qui est en troisième, et qui, lorsqu'il est chassé, vient passer deux ou trois jours dans la classe de M. Brychamp. — Le plus souvent, M. Brychamp ne s'en aperçoit pas; — mais quand il le voit, Maindron se donne pour un nouveau et se fait inscrire sous quelque nom burlesque. — Il dit qu'il aurait voulu passer toutes ses études en cinquième. — Au printemps, il avait apporté une fois plus de deux cents hannetons, qui volaient par la classe. Quel brave homme que ce père Brychamp! comme on s'amuse chez lui! — Tenez, papa, à la composition des prix, — on crevait de rire, — il y en avait un qui avait fait la caricature de M. Brychamp. — Il l'avait attachée à un fil à l'autre bout duquel le papier mâché qu'il avait jeté et collé au plafond, -- de sorte qu'on voyait le père Brychamp tourner et gigotter. — Et chaque fois qu'il ramasse la copie des devoirs en faisant le tour de la classe, — il y a Joubleau, — un petit — qui, sans qu'il s'en aperçoive, prend et porte la queue de sa robe et le suit ainsi par derrière jusqu'à ce qu'il revienne à sa chaire. — Et il y avait les épicuriens. — On se faisait mettre à genoux l'hiver auprès du poêle, et là on faisait cuire des pommes de terre dans le poêle.—Nous étions dix associés pour cela.— La dernière fois, — c'était Joubleau qui s'était fait mettre à genoux; — je lui criais tout bas que les pommes de terre étaient assez cuites; — il me répondait que non. — Eh bien! M. Brychamp lui a pardonné et lui a dit de se remettre à sa place. — Vous comprenez comme nous étions inquiets. On ne tarda pas à sentir l'odeur des pommes de terre qui brûlaient, — et il n'y avait plus là personne pour les retirer.—Voilà Jules Leroy qui se dévoue. M. Brychamp lui dit de réciter sa leçon. Jules dit qu'il ne sait pas. Ordinairement, on en est quitte pour être mis à genoux et copier la leçon dix fois. — Mais M. Brychamp était en colère: il le renvoie de la classe. — Les pommes de terre commençaient à sentir très fort. — J'ai fait comme si j'étouffais de rire.—M. Brychamp m'a mis à genoux, et j'ai sauvé les pommes de terre. — Allez, papa, on s'amuse bien tout de même chez M. Brychamp!

— Tu ne connais pas davantage le jeune Deslogus?

— Ah! si! Je l'ai vu à l'école de natation: il nage très bien; il donne des têtes du pont.

— Il ressort de tout ceci que vous êtes un tas de mauvais garnemens, et que vous ne valez pas mieux les uns que les autres.

Le lendemain, — Félix et Alice descendirent de bonne heure au jardin; — Raoul était déjà dans celui de madame Deslogus; — il travaillait, bêchait et retournait la terre. — Félix lui dit bonjour d'un signe de tête; Raoul quitta sa bêche et vint lui donner une poignée de main par-dessus le treillage qui séparait les jardins. — Ils causèrent un peu du collège. — Raoul était un grand jeune homme mince et élancé; ce n'était pas un joli garçon, mais il avait de grands traits et la physionomie expressive. — Il était souple et agile, mais il avait seize ans, et depuis quelque temps la timidité, ce tyran des esprits fiers, le rendait gauche et gêné dans le monde, — et surtout, par un instinct secret, devant les femmes. De plus, madame Desloges n'avait pas peu contribué à augmenter cette timidité. — Raoul, d'un caractère ardent et impétueux, était par elle élevé avec une extrême sévérité. — Il redoutait extrêmement sa mère et n'osait dire quatre mots devant elle. — Madame Desloges surtout aurait été loin d'imiter Thétis, qui fit élever son fils Achille avec de jeunes filles; — elle aurait voulu au contraire que Raoul n'aperçût jamais une femme. — Elle poussait sa surveillance à ce sujet jusqu'à des limites extrêmes; — peu de filles sont gardées avec autant de sollicitude que l'était Raoul.

Félix se trouva honoré de la poignée de main que lui avait donnée un grand; — aussi, le soir, à dîner, parla-t-il de Raoul avec plus de considération encore que la première fois.

La maison de M. Hédouin était une maison fermée; — il ne venait chez M. Hédouin que quelques vieux amis: — trois pendant longtemps, deux maintenant; le troisième était mort et n'avait pas été remplacé. Ils venaient d'ordinaire le jeudi, causaient et jouaient au tric-trac. — Le dimanche, jour de sortie de Félix, c'étaient les enfans qui recevaient. — Ce jour-là arrivait la tante Desfossés, sœur de M. Hédouin, avec son mari et un petit garçon de neuf ans, — et la tante Clémence, — également sœur de M. Hédouin. — On ne l'appelait jamais autrement dans la famille, quoiqu'elle fût mariée depuis longtemps; — mais son mari, après l'avoir plus d'aux trois quarts ruinée, avait disparu tout à coup, et on n'en avait plus entendu parler que pour apprendre qu'il était mort. — C'était l'aînée de la famille; elle avait un fils qui s'était fait soldat malgré elle, et auquel elle trouvait moyen, sur son modique revenu, d'envoyer ce qu'elle appelait ses économies, et ce qu'on eût appelé plus justement ses privations.

Ce jour-là, on jouait au loto et aux charades.

Madame Desloges fit ses visites dans sa nouvelle maison, — mais seulement aux personnes qu'on pouvait voir: à M. Hédouin d'abord, puis à un médecin qui occupait le logement situé entre le sien et celui de M. Hédouin. — Le médecin et sa femme accueillirent avec empressement cette déclaration de bon voisinage; M. Hédouin rendit à madame Desloges sa visite, mais il eut soin de glisser dans la conversation qu'il ne voyait absolument personne, — si ce n'est ses deux sœurs. — Outre son goût pour la retraite, sa fille aînée était trop jeune encore pour tenir la maison, et il n'aurait pu recevoir, quand même cela serait entré dans ses goûts, ce qui n'était nullement.

M. Hédouin fut déclaré ours.

Entre autres contradictions dans le caractère de madame Desloges, il y avait celle-ci: — elle surveillait assidûment Raoul et le réprimandait vertement s'il parlait à la servante; mais comme elle aimait le monde sans se l'avouer peut-être à elle-même, Raoul, un garçon déjà grand, auquel il fallait faire perdre la gaucherie de son âge et du collège, était un excellent prétexte. — La vérité était cependant qu'elle le forçait d'y venir avec elle. Raoul, qu'aucun intérêt n'y amenait, s'y sentait maladroit et embarrassé, et préférait singulièrement au bal le plus brillant une partie de balle au mur ou une séance à l'école de natation, — parce que là il n'éprouvait pas de gêne et obtenait les plus grands succès aux yeux de ses rivaux et des spectateurs. Il dut cependant passer une soirée tout entière chez le médecin. On fit de très mauvaise musique, on joua à l'écarté, on but du thé. Raoul fut aussi inutile qu'ennuyé; — il se tenait raide sur son fauteuil — et se mordait les lèvres pour s'empêcher de dormir. On ne fit aucune attention à lui jusqu'au moment où il fit tomber et brisa une tasse pleine de thé. Il devint rouge comme une cerise — et crut qu'il lui arrivait un grand malheur. — La femme du médecin répondit aux excuses qu'il balbutia — que ce n'était rien; — que cela, à la

vérité, dépareillait une douzaine à laquelle elle tenait beaucoup. M. Duflot, le médecin, raconta que ces tasses provenaient d'un service que lui avait offert un homme auquel il avait sauvé la vie; — on avait été assez heureux jusque-là pour n'en pas casser. — Ces discours ne contribuèrent pas à rendre l'assurance à Raoul, qui se sentit bien léger et bien heureux quand la soirée fut finie. — Quand on fut rentré, madame Desloges lui reprocha, non pas seulement cette maladresse, mais sa gaucherie pendant toute la soirée; — il n'avait pas desserré les dents; — à quoi sert-il d'envoyer un garçon au collége et de dépenser pour lui les yeux de la tête, pour qu'il ne vous fasse pas plus d'honneur dans le monde.

— Mais, ma mère, répondit Raoul, à quoi voulez-vous que me serve dans le monde ce qu'on nous apprend au collége? — Croyez-vous que j'aurais eu plus de succès si j'avais récité une cinquantaine de vers de Virgile ou une ode d'Horace. — Écoutez si cela va vous amuser:

Mœcenas, atavis edite regibus,
O et præsidium et dulce decus meum,
Sunt quot curriculo pulverem...

— Taisez-vous!

— Mais, ma mère, je veux que vous entendiez un peu cela, et je vous assure que c'est ce que nous possédons de plus joli:

Pulverem olympicum
Collegisse juvat, metaque....

— Assez! assez!... Mais du moins me direz-vous pourquoi, vous qui pouvez à peine modérer partout ailleurs la brusque rapidité de vos mouvemens, vous restez toute une soirée assis, immobile, raide?

— Ma mère, c'est que je suis embarrassé; j'ai... comme peur... et vous voyez bien que j'ai encore trop remué, puisque le seul mouvement que je me suis permis j'ai eu le malheur de casser une tasse. Tenez, ma mère, si vous vouliez me faire un grand plaisir, ce serait de me laisser à la maison quand vous sortez le soir. Vous ne vous figurez pas à quel point j'étais accablé de sommeil... je me pinçais, je me mordais les lèvres.

— Allez vous coucher!

Le lendemain, dès avant le jour, Raoul était au jardin. — Il avait à faire une expédition que n'eût certainement pas approuvée madame Desloges.—Il emprunta la brouette du portier — et s'en alla hors de la ville, d'où il rapporta sa brouette chargée de gazon; — puis il se mit à construire un banc. — Il n'était pas bien avancé dans son travail lorsque M. Desloges descendit. — Il embrassa son fils et lui demanda ce qu'il faisait là.

— Un banc de gazon.

— Sais-tu si cela convient à ta mère?

— Je ne le lui ai pas demandé.

— Eh bien! si j'ai un conseil à te donner, c'est de ne pas continuer; ta mère ne veut voir ici que des légumes.

— Mais moi qui ai été chercher mon gazon si loin!... et de si beau gazon!

— Fais comme tu voudras; mais je ne te cache pas que je n'oserais pas continuer.

M. Desloges partit. Félix descendit et trouva Raoul en contemplation devant son banc ébauché.

— Tiens, tu fais un banc!

— C'est-à-dire que je ne le fais plus: ma mère n'en veut pas.

— Manent opera interrupta, dit Félix, comparant le banc commencé à la ville de Didon. Qu'est-ce que ça fait à ta mère que tu construises un banc? Nous en bâtirions bien cinquante ici, papa nous laisserait faire.

— Dis donc, Félix, une idée! Si nous faisions mon banc chez toi

— Avec ça que nous regrettons bien souvent de n'en pas avoir.

Le gazon fut bientôt transporté dans le jardin du voisin, et les deux écoliers entassèrent et pétrirent la terre, — puis commencèrent à plaquer le gazon ; — il était placé au-dessous de trois vieux acacias qui confondaient leur tête et lui donnaient de l'ombre. — Ils venaient de donner la dernière main à leur ouvrage, lorsque la servante de madame Desloges vint chercher Raoul pour déjeuner ; — il rentra tout noir de terre et reçut à ce sujet les complimens empressés de madame Desloges.

— Eh! mon Dieu! d'où sortez-vous comme cela?

— J'ai travaillé au jardin.

— Mais, autant que j'ai pu le voir, c'est de la terre qu'il y a dans le jardin, et pas de la boue.

— Ah! c'est qu'il a fallu la délayer un peu.

— Pourquoi cela?

— C'est que j'ai fait un banc de gazon.

— Pourquoi faire un banc sur lequel on ne peut s'asseoir, où il y a toutes sortes d'insectes !...

— Ah! ma mère, ce n'est pas dans votre jardin, c'est dans celui de M. Hédouin.

Raoul mangea en un instant et retourna au jardin ; il fallait arroser le banc. Et puis il avait avisé encore quelque chose, c'étaient deux autres arbres assez gros et précisément assez distans l'un de l'autre pour y établir une balançoire ; la seule proposition de la balançoire fit jeter à Félix des cris de joie. Le jardin de M. Hédouin avait été par lui livré aux enfans. — C'était une pelouse avec cinq ou six grands arbres ; — seulement, depuis que Marguerite était sortie de pension, elle avait planté et semé quelques fleurs, que les deux plus jeunes ménageaient avec grand soin. — On alla fouiller les greniers pour trouver une corde convenable ; mais comme on n'y put parvenir, Raoul, que son père ne laissait pas manquer d'argent, en alla acheter une ; et, avant la fin de la journée, la balançoire était installée. Lorsque le lendemain Raoul vint au jardin, il trouva la balançoire occupée par Félix que Félix balançait un peu plus fort qu'elle ne le voulait. Raoul, qui était entré brusquement dans le jardin de M. Hédouin, s'arrêta à la porte, un peu confus, en apercevant mademoiselle Hédouin, qu'il voyait pour la première fois ; — mais Félix l'appela en lui disant : « Eh bien! viens donc, Raoul, c'est ma sœur. » Et comme il avait un instant discontinué à lancer la corde de la balançoire, Marguerite profita du ralentissement du mouvement pour sauter légèrement en bas. Raoul salua sans trop de maladresse, parce que Marguerite, trouvée au milieu de ces jeux de garçon et habillée en très jeune fille avec une robe courte qui laissait voir un pantalon, et des cheveux aplatis sur les tempes, lui fit l'effet d'une sorte de camarade. — Il lui demanda si elle avait réellement très peur quand la balançoire allait un peu haut.

— J'ai peur, dit-elle, mais ce n'est pas sans un mélange de plaisir. — Je voudrais seulement que Félix arrêtât quand je le demande ; mais quand vous êtes arrivé, il y avait un quart d'heure qu'il me retenait prisonnière sur la balançoire.

— Voulez-vous encore essayer? je vous promets d'arrêter la balançoire aussitôt que vous le voudrez. Marguerite, pour toute réponse, se plaça sur l'escarpolette, et Félix d'un côté, Raoul de l'autre, la lancèrent jusque dans le feuillage des arbres. Félix lui demanda à descendre, Félix voulut pousser plus fort, mais Raoul arrêta subitement la corde et l'aida à remettre pied à terre. Il monta à son tour debout sur la balançoire, et se lança avec une telle force que la corde arrivait à être plus qu'horizontale et que Raoul se perdait entièrement dans le feuillage. Sans qu'aucune réflexion lui en vînt à l'esprit, la présence de Marguerite l'animait et faisait disparaître tout danger à ses yeux. — Marguerite cependant le pria de descendre. — Elle avait peur. La petite Alice d'ailleurs demandait à se balancer à son tour. — Mais Marguerite ne voulut permettre à personne de lancer l'escarpolette et elle s'en chargea elle-même. « Vous voyez, monsieur Raoul, dit-elle, que nous faisons honneur à toutes les belles choses que vous avez mises dans notre jardin ; — j'ai été bien contente quand j'ai vu ce banc de gazon; vous ne sauriez croire combien j'en désirais un. » Raoul ne répondait pas et écoutait à peine. — Pour la première fois de sa vie, il se préoccupait de certains détails de sa toilette, et s'apercevait que ses bas bleus, dont un retombait entièrement sur son talon, manquaient peut-être d'élégance, et il ne fut pas très fâché d'être appelé pour le déjeuner et d'avoir un prétexte de quitter le jardin de M. Hédouin. — La présence de Marguerite lui causait une impression semblable à celle qu'éprouvait Marguerite sur la balançoire : — c'était, disait-elle, une peur mêlée de plaisir. — Raoul ne savait pas bien s'il avait envie de la retrouver au jardin quand il retournerait se balancer avec Félix, — et il se traduisait l'embarras que lui avait causé le désordre de ses bas — par : c'est ennuyeux quand il y a des femmes, il faut prendre une foule de soins ! — à l'avenir je surveillerai un peu mes jarretières.

On parla beaucoup au père et du banc de gazon et de la balançoire. — Raoul est le *meilleur enfant du monde*, disait Félix. — Il est un peu imprudent, disait Marguerite, — et je mourais de peur de le voir tomber de la balançoire.

M. Hédouin descendit lui-même au jardin pour s'assurer de la solidité de la corde et donner son approbation à l'installation. Il rencontra Raoul et le remercia des complaisances qu'il avait eues pour ses enfans. Raoul se sentit pris, sans savoir pourquoi, d'un vif désir d'être agréable à M. Hédouin, — et, par une coquetterie involontaire, — l'écouta avec cette déférence, qui, de la part des jeunes gens, est une puissante flatterie pour les vieillards.

II.

OÙ L'ON VOIT POINDRE CALIXTE MANDRON.

Comme Marguerite et sa sœur, Raoul et Félix étaient à la balançoire, — un jeune homme entra au jardin ; — Félix alla au-devant de lui, — et l'introduisit. Le nouvel arrivé, qui paraissait âgé d'une quinzaine d'années, avait la mise, les manières et la tournure d'un homme de trente ans. Sa cravate était haute, empesée, serrée ; — ses cheveux étaient frisés, ses bottes irréprochablement vernies ; un lorgnon pendait sur son gilet ; — il saluait et parlait avec affectation. Raoul, en ce moment enlevé dans les feuilles par la balançoire, reconnut un camarade de collège et s'écria du haut de l'arbre : — Tiens, Mandron! ohé, Mandron! bonjour, Mandron!

Félix lui expliqua que c'était Raoul Desloges, qui, du reste, obéissant aux mouvemens de l'escarpolette, — se rapprocha de terre au même instant, — et y sauta légèrement, sans attendre que la balançoire se ralentît. — Ohé, Mandron! dit-il, — comme *tu fionnes* ! — Mais il rougit tout à coup, et, se retournant vers Marguerite : — Pardon, mademoiselle, dit-il, c'est un mot du collège ; — c'est pour faire compliment à Mandron de son habit neuf. — Tiens, Mandron, dit Félix, je parlais de toi l'autre jour à papa et à mes sœurs, — je racontais comment tu venais cette année passer de temps en temps trois ou quatre jours en cinquième — chez M. Brychamp. — Ce que j'ai oublié de raconter, c'est qu'un jour de composition, ton arrivée a fait murmurer tout le monde. — Un élève de troisième luttant en thème avec des élèves de cinquième ! — tu as composé et tu as été le 42e.

— Parbleu, dit Mandron, je l'avais fait exprès.

— Ah ouiche! exprès, dit Félix; joliment! c'était la dernière composition avant la Saint-Charlemagne, et tu voulais être une fois le premier pour être admis au banquet.

— C'est singulier, dit Mandron en haussant les épaules,

quelle importance les enfans attachent à leurs succès de collège!

— C'est bien naturel, répondit Raoul, à un âge où il est si ridicule de prétendre à d'autres.

Cette réponse ne manquait pas d'âcreté, mais, sans bien comprendre pourquoi, Raoul sentait une sorte de haine contre Calixte Mandron de l'air de supériorité qu'il prenait avec lui, — et aussi à cause de son habit neuf et de sa cravate si bien mise. Cependant — ce n'était pas la première fois qu'il remarquait la mise prétentieusement élégante de son camarade; — mais jusque-là il s'était contenté d'en rire et de lui jeter quelques sarcasmes d'écolier.

— Eh bien, dit Mandron, vous amusez-vous un peu pendant ces vacances? — Pour moi c'est un temps ravissant. — Je viens de passer quinze jours au château de mon oncle, en Champagne, et je vais y retourner... pour chasser. — J'ai un fusil. Que faites-vous, vous autres?

— Mais tu le vois, dit Raoul, nous nous balançons, — nous nous promenons, nous allons à la campagne, et nous recevons de belles visites, — quand de jeunes seigneurs comme toi veulent bien venir nous voir.

— Dis donc, Mandron, dit Félix, veux-tu te balancer? Je parie que tu ne disparais pas tout à fait dans les arbres, comme Raoul.

Mandron refusa. — Marguerite salua et sortit du jardin avec sa sœur. — Mandron la pria *d'agréer son hommage respectueux.*

— Ah bien, dit Félix, décidément, Calixte, tu *tionnes* trop, vois-tu; — tu deviens trop monsieur. — Ton *hommage respectueux* à Marguerite, à ma sœur? Pourquoi pas à Alice pendant que tu y étais?

— Est-ce un beau pays, la Champagne? demanda Raoul.

— Magnifique, surtout l'endroit où est le château de mon oncle. — Il y a une rivière, — la Marne, où je me baignais tous les jours.

— Est-ce que tu nages à présent? dit Félix.

— Comme un poisson, reprit Mandron.

— Ah! moi, je commence... je *descends l'école.*

Mandron resta encore quelque temps, puis prit congé de ses camarades, après avoir dit à Félix : — Est-ce toujours le dimanche que vous jouez aux charades?

— Oui.

— Eh bien, je viendrai dimanche. Adieu.

A peine fut-il parti que Félix s'écria : — Ah! mon Dieu, moi qui lui dis de venir dimanche... — et nous passons la journée à la campagne, à Saint-Ouen, en bateau!

On appela Félix pour le dîner. — Raoul quitta le jardin de M. Hédouin et rentra dans la sienne, où il resta seul; — mais il lui sembla qu'il ne savait pas jusque-là ce que c'est que d'être seul. — Sa sensation ressemblait à celle d'un homme qui se serait unique *seul* dans sa chambre, — et qui se trouverait *seul* dans un désert. A l'impatience que lui avait donné Mandron, il se joignait un peu de mauvaise humeur contre lui-même; la mise de Mandron était ridicule, — mais la sienne, à lui Raoul, l'était également : il y a un milieu à suivre entre l'affectation et l'extrême négligence; — il sentit des mouvemens de haine contre ses bas bleus et ses souliers dénoués, — et sa cravate dont le nœud décorait la nuque de son col. Il se demanda si mademoiselle Hédouin, par exemple, n'aurait pas plus d'indulgence pour l'excès de Mandron que pour le sien, — puis il pensa à son isolement, à son père, doux mais toujours absent, à sa mère, toujours présente mais sévère. Il ne comprit que depuis qu'il était seul, qu'il avait été très heureux toute la journée chez la famille Hédouin. — Que fera-t-il ce soir? — Si c'était Mandron, il irait chez M. Hédouin, — comme il doit y aller dimanche... c'est-à-dire dimanche il viendra, mais il n'y trouvera personne, — et Raoul se sentit un sourire rire dans le cœur. — Il alla dîner à son tour; il feignit un grand mal de tête et obtint de ne pas accompagner sa mère chez le médecin du second; — il se renferma dans sa chambre — et là pensa encore à Mandron et à la famille Hédouin, à cette partie de campagne à Saint-Ouen, sur la rivière, — en bateau, — et ne se disait pas : — avec Marguerite;

— il sentait, en pensant à la famille Hédouin, une douce chaleur au cœur, sans savoir quel était le foyer d'où partaient ces rayons. — Que de plaisirs ils auront! quel dommage que je n'en sois pas! — moi qui conduis si bien un bateau! — et s'il arrivait un accident? — si le bateau chavirait? — moi qui ai tant prié Dieu de me faire sauver un noyé, — je retirerais de l'eau un des enfans de M. Hédouin, n'importe lequel, Marguerite par exemple. — Sans doute on dînera dans l'île; — oh! le dîner, je m'en moque! — je voudrais manger du pain et du fromage et être de la partie. J'aime tant l'eau! — et les saules! — et l'herbe! — Comme ils s'amuseront!

Et Raoul se mit à pleurer amèrement, — à pleurer avec délices; depuis le milieu de la journée, il avait ces larmes-là sur le cœur : — elles l'étouffaient. — Les larmes sont quelquefois au cœur ce que sont au goût certains bonbons renfermant une amande amère. — Raoul pleurait sans s'en apercevoir, — un coude sur la table, la tête dans la main, et de l'autre main — faisant des dessins avec l'eau de ses pleurs qui tombaient sur la table. — Après cet ébranlement nerveux, il s'endormit profondément et ne s'éveilla que fort avant dans la nuit.

En arrivant de la maison de la rue Pigale, Calixte Mandron rehaussa sa cravate, prit son lorgnon entre deux doigts, en un mot rendit à son air toute l'élégance qu'il avait cru devoir un peu modérer devant les deux écoliers moqueurs. — Il descendit la rue Pigale, la rue Blanche, traversa la rue Saint-Lazare, — et il allait entrer dans la rue du Mont-Blanc lorsqu'il entendit ce *brrrrr* impossible à traduire en lettres écrites que font entendre les peintres en bâtimens qui s'appellent. Calixte s'arrêta un moment, pâlit, mais continua son chemin sans retourner la tête, — malgré le redoublement d'énergie du terrible brrrrr — et les *Calixte, ohé!* qui ne permettaient pas de douter que les brrrrr s'adressassent à lui.

L'auteur de cette interpellation peu parlementaire était perché sur un échafaudage, et était en train de peindre un thyrse entouré de pampre sur la façade d'un grand cabaret fort connu situé rue Saint-Lazare, vis-à-vis la rue du Mont-Blanc. — Il portait un chapeau gris et un habit noir jaspé de toutes les couleurs qui entrent dans le thyrse entouré de raisins. — Le bonnet de papier appartient en propre aux badigeonneurs, aux peintres en bâtiment et aux colleurs de papier. — Mais M. Mandron père, c'est-à-dire, les ceps de vigne, les *thyrses*, — les *bons coings*, — les *pensées du bon goût*, — les *bouteilles* laissant échapper l'impétueuse *bière de mars*, qui retombe si correctement dans leurs verres, — les *mains fermées* désignant de l'index la loge du portier, auquel il faut parler.

M. Mandron avait de la réputation dans son art. — Il dédaignait les *bas* des bonnetiers et les *gants rouges* des merciers. — Il ne s'était résigné à peindre la *lettre ornée* qu'à une époque difficile de sa vie. — C'est un métier lucratif, et M. Mandron y gagnait beaucoup d'argent; — mais il avait décidé, dans son ambition paternelle, que son fils serait avocat ou médecin, — et il vivait avec madame Mandron dans la plus stricte économie — pour entretenir M. Calixte au collège et à une des meilleures pensions, — et le tenir aussi bien vêtu que les plus riches d'entre ses camarades. Mandron n'avait en apparence rien appris au collège; il était connu entre les *cancres*, mot consacré au collège Bourbon, — et qui exprime assez spirituellement les élèves qui reculent à mesure qu'ils sont censés avancer. Il était vrai que Mandron, élève en troisième composant avec la classe de cinquième, avait obtenu la 42e place sur 53 concurrens. Mais le séjour du collège n'avait pas laissé de porter pour lui quelques fruits. Élevé sur un pied d'égalité avec des jeunes gens de famille opulentes ou au moins aisées, — distinguées ou au moins bourgeoises, — il trouvait ses parens communs et mal élevés, — s'ennuyait avec eux et mourait de peur qu'ils ne se manifestassent. — Jamais il ne menait un camarade chez lui, — et il avait graduellement établi un certain nombre de mensonges magnifiques au sujet de son invisible famille. Ainsi, son père était peintre,—mais peintre d'histoire ; — il lui attribuait au salon les tableaux signés trois étoiles, — ou celui qui d'aventure portait pour désignation M***, qu'il traduisait par *Mandron.*— Le château de son oncle—était un château, en effet, dont le frère de son père était concierge.—Tous ces mensonges, et mille autres, lui étaient devenus si familiers, que non-seulement il les répétait sans le moindre embarras, — mais encore sans y faire la moindre attention. Sa mère, qui s'apercevait quelquefois de cette extrême tendance à *imaginer*, disait dans son langage plus que prosaïque : « Ce garçon-là ment sans s'en apercevoir, il ment sous lui. » On comprend facilement que rien au monde ne pouvait lui être plus désagréable que le terrible brrrrr paternel. Il devait commencer *sa seconde* l'année suivante, — mais sa réputation de menteur était déjà un peu trop établie au collège. — D'ailleurs, il voulait faire le *jeune homme*, le *monsieur.* Quand il *filait*, — mot moderne traduisant l'ancien mot *faire l'école buissonnière*,—ce n'était pas, comme ses camarades, pour aller nager et patiner. — Il avait si souvent l'hiver qu'il nageait comme un poisson, — si souvent l'été qu'il patinait admirablement, qu'il lui était devenu impossible de se livrer devant ses camarades à ces exercices, — qu'il avait fini par ne pas apprendre pour ne pas laisser voir qu'il les ignorait. Il allait jouer au billard—et avait un compte ouvert à un petit café situé sur la place Sainte-Croix, vis-à-vis le collége Bourbon. — Il était en train de persuader au père Mandron qu'il ne ferait jamais un bon avocat,—et qu'il avait une vocation insurmontable pour la peinture, — mais pour la peinture d'histoire, et non pour cette parodie de l'art qu'exerçait son père.

Les menteurs ont besoin de changer souvent d'auditeurs. — Il vient un moment où leur position n'est plus tenable. — Un menteur a besoin d'avoir le double de la mémoire d'un autre homme, il faut qu'il se rappelle et les faits réels et ceux par lesquels il les remplace. Calixte d'ailleurs voyait dans la peinture les flâneries de l'atelier et une liberté plus grande que celle du collége.—De plus, à force de mensonges, il n'arrivait qu'à l'égalité de ses camarades ; mais à l'atelier il planerait au-dessus de ses nouveaux compagnons. —Il n'avait pas encore osé faire d'ouverture sur ce sujet à ses parens, qui lui avaient fait faire jusque-là ses études à force de privations. Il était difficile de les faire renoncer tout à coup aux illusions qu'ils avaient caressées si longtemps, et qu'ils étaient loin d'avoir caressées gratis.

Félix raconta à son père qu'il avait à peu près invité un de ses camarades à venir le voir le dimanche suivant, jour destiné à la partie en bateau.

— Eh bien ! dit M. Hédouin, écris-lui de venir avec nous à Saint-Ouen. Il faut inviter aussi votre voisin Raoul, qui me convient beaucoup mieux que le petit Mandron.

M. Hédouin rencontra M. Desloges dans la cour et lui dit :

— Votre fils Raoul est plein de complaisance pour son camarade Félix, qui est plus jeune que lui et qu'il pourrait dédaigner pour prendre part à ses jeux ; je voudrais bien que vous lui permissiez de partager un plaisir que j'ai promis à mes enfans : je dois les mener dimanche à la campagne.

— Mon cher voisin, répondit M. Desloges, vous parlez bien là en homme aussi libre que veuf ; mais moi, je suis en puissance de femme : il faut que ce soit la mère qui donne la permission. Je ne puis que vous remercier avec cordialité de votre bienveillance pour Raoul, qui du reste est un excellent garçon, et un enfant qui me fait souvent regretter mes affaires extérieures et mes habitudes vagabondes.

M. Hédouin, qui avait trouvé un peu sèches les révérences que madame Desloges rendait à ses saluts respectueux depuis qu'il avait éludé des relations habituelles, se contenta de dire à son fils : — Dis à ton camarade de demander à sa mère la permission de venir avec nous dimanche.

Raoul, à cette invitation, découvrit qu'il y avait des bonheurs plus grands que de recevoir un premier prix de version au concours général, — et il monta l'escalier, tout

rouge et tout joyeux ; — mais quel ne fut pas son désespoir lorsque madame Desloges répondit nettement qu'elle serait trop inquiète, qu'elle mourrait de crainte en sachant son fils sur l'eau ; qu'on n'entendait parler que d'accidens ; — en un mot, — qu'*elle ne voulait pas*. En vain Raoul rappela à sa mère qu'il nageait bien, — et que d'ailleurs ils allaient avec un homme âgé, calme et raisonnable, qui ne s'amuserait pas à conduire ses trois enfans dans un danger. Madame Desloges fut inflexible. — Ce refus fit une révolution dans l'esprit et dans le cœur de Raoul, — il décida qu'il irait à Saint-Ouen, — et allant retrouver Félix au jardin, il lui dit sans s'expliquer davantage : — J'irai avec vous dimanche.

Le dimanche arriva, — on partait à la pointe du jour, — trois heures au moins avant le lever de madame Desloges. —Raoul mourait de peur que le départ ne réveillât sa mère, — à laquelle il avait laissé une lettre dans laquelle il lui demandait pardon de sa rébellion, — tout en se permettant de discuter ses ordres et d'établir leur absurdité.

Quelle joie quand le fiacre eut dépassé la barrière et quand il les mit tous à terre dans les champs ! — Félix s'élançait et courait à fond de train sans but, sans raison, où franchissait les fossés ; l'air de la campagne l'enivrait. — Raoul était plus calme, mais son bonheur muet tenait de l'extase. — Marguerite donnait le bras à son père et tenait Alice par la main. Enfin on arriva au bord de la Seine : — on voyait de l'autre côté de l'eau les grands peupliers et l'herbe verte de l'île. — C'est là qu'était le but de la promenade. On appela Bourdin, — et un batelier vint offrir ses services.—Toute la famille entra dans le bateau de Bourdin, et, l'on traversa la rivière. A moitié chemin, Raoul demanda au batelier la permission de le remplacer, et se servit des rames de façon à s'attirer les éloges de Bourdin, qui dit : Monsieur est marinier. — Le talent révélé de Raoul fit imaginer un autre itinéraire. — On devait d'abord traverser l'île pour aller déjeuner chez le meunier, dont le moulin est sur l'autre bras de la Seine ; mais on demanda à M. Hédouin la permission de faire le tour de l'île en côtoyant le rivage. — On garda le bateau de Bourdin. — M. Hédouin suivit sur terre les sinuosités de la rivière, tandis que Raoul — remontait le courant en les suivant sur l'eau, sous les branches des grands peupliers. — De larges nappes de feuilles vertes supportaient les petites fleurs blanches de la renoncule d'eau. — Au-dessus de ces fleurs voltigeaient des libellules aux ailes de gaze, — au corps de saphir, de turquoise et d'émeraude ; — un martin-pêcheur vert bleu et jaune, s'échappant des saules dont le pied baignait dans l'eau, poussa un cri aigu et traversa la rivière avec la rapidité d'une flèche. Le soleil ardent était tempéré par une brise rafraîchissante.

Il vient un moment où, — arrivé à la pointe de l'île, — vers Clichy, — le bateau doit passer entre l'île et un petit flot couvert de saules ; — puis on traverse la rivière, et on descend alors le courant qui conduit au moulin. — Rien ne porte à la rêverie comme le bruit d'un moulin à eau. Félix de temps en temps laissait échapper une exclamation. — Marguerite était silencieuse. — Pour Raoul, — il sentait des fleurs inconnues s'épanouir dans son âme. Il lui semblait que c'était pour la première fois qu'il voyait des peupliers, qu'il entendait le bruit d'un moulin, le murmure du vent et le bruissement de l'eau, ou du moins que ce qu'il avait vu et entendu jusque là sous ces noms usurpés — n'était que de pâles imitations de ce qu'il voyait et de ce qu'il entendait en ce moment.

Enfin, on arriva au moulin, où on amarra le bateau à un pieu. — Raoul offrit la main à Marguerite pour mettre pied à terre. — C'est le plus grand trait de courage que son historien connaisse de lui.

On trouva au moulin, où était le rendez-vous général, M. et madame Desfossés avec leur enfant, — la tante Clémence, — et un peu après on vit arriver dans tout son éclat Calixte Mandron. — Un cabaret attient au moulin. — On eut bientôt commandé le déjeuner, et quel déjeuner ! du lait, de la crème, des œufs frais et du pain bis. — Raoul n'était ni gauche ni embarrassé ; — sa force, son agilité, son adresse, son audace, l'emportaient de beaucoup maintenant sur le maintien compassé, sur la raideur de Calixte Mandron. — On servit le déjeuner, tout le monde avait un appétit dévorant ; — Marguerite seule était un peu distraite, — préoccupée. — Raoul, pour le moment, oubliait les rêveries vagues, — il dévorait.

III.

La table était mise sous de grands arbres à travers lesquels le soleil tamisait ses rayons. — Par dessous les arbres, on voyait la rivière, divisée en deux bras ; — l'un s'en allait calme, insoucieux, — baignant l'herbe, — du côté de la Garenne-Saint-Denis ; — l'autre, condamné au travail, écumeux, murmurant, faisait tourner la roue du moulin. Une troupe de canards, — le mâle avec son col d'un vert changeant, la femelle modestement vêtue de gris, voguaient avec leurs petits, couverts d'un léger duvet.

Mandron crut du bel air de traiter avec un profond mépris le vin et la chère.

Après le repas, on se promena dans l'île, on cueillit dans le foin de grandes marguerites blanches et du sainfoin aux épis roses, et l'on en tressa des couronnes. — Toutes les élégances de Mandron étaient non-seulement perdues, — mais encore elles lui donnaient un désavantage marqué. — Félix et Raoul le défièrent à la course, — puis à franchir une haie. — Il refusa. — Ses deux camarades laissèrent leurs habits au moulin. Calixte n'ôta pas même ses gants. — Aussi, quand on parla de remonter en bateau, comme la société s'était fort accrue, — et comme il n'était pas possible qu'une partie allât à pied à l'île Saint-Denis, où l'on devait dîner, — on prit un second bateau. — Raoul s'écria : Allons, Calixte, — à chacun le nôtre !

— Est-ce qu'on ne peut pas avoir un batelier ? demanda Calixte.

— Mais tu m'as dit que tu conduisais si bien un bateau...

— Oui... oui... quand je suis seul ; mais j'aime mieux causer... et d'ailleurs après déjeuner... et encore, je ne connais pas cette rivière...

On alla appeler Bourdin, mais il promenait quelqu'un et ne devait revenir que dans une heure.

— Si M. Mandron ne se croit pas capable de conduire un bateau, dit M. Hédouin, — il a parfaitement raison de ne pas courir et faire courir à d'autres un danger sans gloire. Nous allons encore nous promener pendant une heure en attendant le retour de Bourdin.

— Ah ! quel ennui ! s'écria Félix, il n'y a pas le moindre danger. — Raoul passera devant avec son bateau, et nous le suivrons avec le second ; je resterai avec Mandron.

Après quelques objections, on se divisa dans les deux bateaux. — La tante Clémence, Marguerite, Alice et le Desfossés entrèrent dans le bateau de Raoul. — M. Hédouin, la tante Desfossés et son enfant se livrèrent à la conduite de Mandron et de Félix. — Les deux bateaux passèrent devant le moulin et entrèrent dans l'autre bras, dont le courant les porta bientôt aux petits bras de rivière qui forment l'île Saint-Denis. — C'est un des plus charmans endroits du monde. — L'eau coule entre des rives si rapprochées que les saules qui les bordent des deux côtés mêlent et entrelacent les branches de leurs sommets. Marguerite était redevenue rêveuse et appuyait sa jolie tête sur l'épaule de la tante Clémence, qui elle-même paraissait plongée dans des souvenirs ou dans des regrets. — Alice, assise au fond du bateau, continuait à faire des guirlandes de marguerites. — Raoul, heureux, interdit, — sentait s'éveiller dans son âme des sensations confuses et inconnues, — Il lui semblait que son cœur s'épanouissait sous les regards de Marguerite, — comme les fleurs sous les rayons du soleil. — Il la contemplait en silence, tandis que, les yeux baissés, elle écoutait au dedans d'elle-même des voix mystérieuses qui disaient des choses qu'elle comprenait charmantes, quoique dans une langue ignorée. L'oncle Desfossés lisait le journal.

Dans l'autre bateau, la tante Desfossés tricotait. — L'enfant exigeait qu'on lui donnât un martin-pêcheur qui partait comme une flèche du feuillage d'un saule. — M. Hédouin refaisait l'addition de la carte du déjeuner chez le meunier.

— Félix ramait et riait en voyant que non-seulement leur bateau restait fort en arrière, mais encore que, loin de remonter le courant, qui leur était devenu contraire depuis qu'on avait pénétré dans la petite rivière, ils étaient inévitablement entraînés. Ce qui faisait rire Félix causait à Mandron une vive colère ; — il était humilié de voir Raoul remonter ce courant par lequel il était emporté. — Laissant échapper des demi-jurons, — il essaya de s'en prendre à Félix, mais celui-ci n'accepta pas ses reproches et lui offrit de le laisser ramer seul. — Enfin, Mandron déclara que le bateau était mauvais, — que d'ailleurs il était plus chargé que l'autre, — et que, lui, il avait des ampoules aux mains. — Pendant ce temps le premier bateau avait assez pris d'avance dans cette sinueuse petite rivière pour que les deux *navires* ne fussent plus en vue l'un de l'autre. La tante Clémence proposa d'attendre, — et Raoul amarra le bateau à un vieux saule. — On n'entendait que le bruissement de l'eau sur les flancs de la nacelle.

— Quel silence ! dit Marguerite ; quelle solitude ! — et comme on est heureux ici !

Puis elle s'arrêta, car elle se sentait prête à pleurer.

— Quel bonheur il y aurait, dit Raoul, à avoir une petite maison sous ces arbres et à y passer sa vie entière !

Il regarda Marguerite.

— Comme on serait seul, continua Raoul, dans une de ces petites îles !

— Ah ! dit Marguerite, je voudrais y avoir avec moi — mon père, Félix, Alice, ma tante Clémence, et... ajouta-t-elle en rougissant... et quelques amis fidèles.

La tante Clémence montra à Marguerite, d'un signe de tête, — que l'oncle Desfossés était un peu bien près pour qu'on l'oubliât ainsi tout haut. — Mais elle fit voir à sa tante, avec un sourire, que l'oncle Desfossés était absorbé par son journal.

— Quel malheur, dit Raoul à demi-voix, que ce ne soit pas votre père qui soit avec nous, ainsi que Félix ! Je ne demanderais qu'un naufrage. Comme notre île serait plus charmante que celle de Robinson !

Au bord de l'eau avait fleuri dans l'herbe une petite fleur bleue. Quel vent ou quel oiseau avait jeté sa graine sur ce rivage désert ? combien de fois avait-elle déjà ouvert sa corolle d'azur sans qu'aucun regard se fixât sur elle ? — Marguerite l'aperçut et dit à la tante Clémence :

— Ah ! ma tante, la jolie fleur ! c'est le *ne m'oubliez pas*.

Raoul cueillit la fleur, et comme il hésitait à l'offrir à Marguerite, Alice la demanda et la lui prit.

— Ah ! ma sœur, dit Marguerite, donne-moi cette fleur. Alice semblait vouloir la garder, — mais Marguerite lui promit tout bas des choses sans doute si magnifiques qu'elle accepta l'échange avec un sourire de satisfaction et livra la petite fleur bleue.

À ce moment — arrivait le second bateau, grâce à l'assistance d'un pêcheur que l'on avait recruté. — Mandron ne parlait pas et semblait de mauvaise humeur. — Félix raconta que sans le pêcheur qu'ils avaient *pris à bord*, ils seraient restés dans les branchages d'un saule tombé dans l'eau.

— Horrible situation ! dit Félix, nous n'avions pas de vivres, — et j'ai compris toutes les horreurs que nous racontent les historiens de naufrages. — Je sentais mon affection pour l'enfant de ma tante Desfossés dégénérer tout doucement en appétit. — Je devenais moins sensible à son intelligence précoce qu'à son embonpoint, — et je choisisçais une sauce à mon cousin, — lorsque ce *naturel*, auquel nous donnerons avec plaisir quelques *verroteries*, — nous a enfin tirés de notre position désespérée.

— Pour nous, — dit Raoul, — nous pensions à nous établir Robinsons dans cette île déserte.

— Une seule chose nous aurait embarrassés, dit la tante Clémence, à cause de Desfossés ; — comment aurait-il reçu son journal, — lui qui est de si mauvaise humeur quand il arrive une demi-heure plus tard que de coutume ?

— Ah bien! dit Félix, Raoul n'aurait pas été embarrassé pour en faire un.— On m'a raconté qu'il rédigeait un journal pendant sa cinquième ; l'abonnement se payait en nature. — Le journal paraissait tous les jeudis. — Le prix était d'une plume ou de deux carrés de papier appelés *copies*. Cela a fait du bruit dans le temps, — et le rédacteur a été exilé pour un mois.

— Est-ce vrai? demanda M. Hédouin.

— Oui, monsieur, répondit Raoul en rougissant, c'était une plaisanterie qui n'a pas été continuée.

— Ah! M. Raoul, dit Marguerite, vous me montrerez ce journal.

— Je tâcherai, mademoiselle, d'en retrouver quelques numéros ; — j'ai été en effet un martyr de la liberté de la presse ; — je vous dirai comme Énée dit à Didon au second livre de l'*Énéide : Infandum regina jubes...*

— Eh quoi! monsieur Raoul, — allez-vous donc me parler latin !

— Plus, mademoiselle, c'est tout ce qu'on m'a appris, — On nous disait encore, il y a six semaines, à Félix et à moi, à la Sorbonne, que *cela conduit à tout ;* — cela me conduit pour le moment à être très ridicule. — La citation que vous avez si bien fait d'interrompre veut dire en français : — Vous voulez, madame, que je rappelle de cuisantes douleurs !

A ce moment on quittait les petites rivières pour rentrer dans la grande, — on se trouvait à la pointe de l'île Saint-Denis, — à laquelle demeure M***, restaurateur et maire de l'île, — un excellent homme d'un embonpoint formidable, — qui, par la réunion de ses titre et profession, peut marier au dessert des cliens que son vin aurait trop attendris.

Pendant le dîner, on causa de choses et d'autres, — Calixte parla des étangs du château de son oncle et des charmantes barques avec lesquelles il voguait dessus. — Là au moins il n'y a pas de courant ni de ces vieux saules qui entraînent ou arrêtent les bateaux. — La tante Clémence et Marguerite ne veulent pas croire qu'il y ait en aucun lieu du monde quelque chose d'aussi charmant que le pays qu'elles viennent de parcourir.

— Ah! dit Calixte, vous connaissez l'étang du château de mon oncle! Au lieu de ces vilaines barques plates et lourdes, de petits canots légers comme des cygnes, des avirons qu'on ne sent pas dans les mains.

— Cela, dit Marguerite, nous intéresse peu ; nous avions un batelier qui n'avait pas l'air d'éprouver la moindre fatigue.

Raoul ne répondit pas, mais il pensa encore ce qu'il avait déjà songé, c'est qu'il aurait consenti volontiers à passer le reste de sa vie à remonter le courant de l'île Saint-Denis avec Marguerite devant les yeux. — Une chose cependant l'inquiétait, sans qu'il démêlât bien pourquoi : — Marguerite n'avait plus à la main la petite fleur bleue qu'il avait cueillie pour elle ; — il pensait qu'elle l'avait ou jetée ou perdue ; — cette pensée lui causait un chagrin mêlé d'étonnement ; il lui semblait que cette fleur méritait un meilleur sort.

Après le dîner on songea à partir. — Calixte Mandron et M. et madame Desfossés avec leur enfant, qui criait maintenant pour avoir la lune qui se levait derrière les saules, traversèrent la rivière pour aller prendre les voitures de Saint-Denis. — La tante Clémence resta avec son frère, son neveu, ses nièces et Raoul. — On reprit le chemin par où on était venu, mais cette fois en descendant le courant. —D'un côté, le soleil couchant montrait l'horizon orange tandis que, à l'opposé, montait le croissant blanc de la lune,

— Il serait impossible de dire ce qui se passait dans les esprits ; — la petite Alice s'endormit la tête sur les genoux de son père. Félix avait voulu prendre les avirons, que Raoul lui avait volontiers abandonnés. — Pour lui, ses regards contemplaient le ciel et les arbres et l'eau, — puis quelquefois Marguerite, dont le soleil couchant colorait le charmant visage d'une teinte ravissante. — Marguerite avait repris sa position et appuyait sa tête sur l'épaule de la tante Clémence. — La tante Clémence, qui avait une belle voix, se mit à chanter un air lent et mélancolique. Marguerite mêla sa douce voix à celle de sa tante pour chanter une barcarolle. — On arrivait à la rivière du côté de la Garenne ; il fallait recommencer à remonter le courant.— Raoul reprit les rames.

. . . .

Madame Desloges n'était pas couchée, — elle attendait son fils.—Il reçut, sans y répondre un mot, les reproches qui ne lui furent pas épargnés. — Il attendit que ce fût fini, puis il se mit au lit, où il s'endormit profondément.

Le lendemain, — Marguerite donna à sa sœur Alice sa dernière, sa magnifique poupée, — avec tous ses costumes. Raoul donna à Félix sa balle élastique, qu'il avait faite, recouverte et cousue lui-même en classe.

Peu de jours après, c'était la rentrée du collége, Félix retourna à sa pension pour ne sortir que le dimanche. — Raoul recommença à aller passer chaque jour quatre heures au collége en deux séances. On remarqua en lui une transformation : il ne portait plus ses livres en les balançant au bout d'une courroie, — il en tenait quelques-uns cachés dans son chapeau, par lequel il avait, après de longues discussions, obtenu de remplacer la casquette ; les autres, ouverts et appliqués sur la poitrine, formaient une sorte de cuirasse retenue par l'habit boutonné par-dessus ; des sous-pieds, tirant cruellement le pantalon, donnaient à ses souliers lacés un certain air des bottes à l'endroit desquelles madame Desloges s'était montrée inflexible. — Il marchait posément dans les rues. — Mais ce qu'on ne remarqua pas moins, c'est qu'il avait perdu toute son ardeur et toute son ambition. — Il fut le premier à la première composition, — mais à la seconde il ne parut pas au collége.

La classe de rhétorique a une particularité remarquable : — au banc d'honneur, où sont mis ceux qui obtiennent les premières places, est adjointe une table ; — sur cette table un échafaudage de chapeaux permet de dérober aux yeux du professeur les romans et les journaux qu'il est d'usage de lire pendant toute la classe, — Les cabinets de lecture du quartier comptent un grand nombre de rhétoriciens parmi leurs abonnés. Dans les autres classes, les élèves placés sur des gradins écrivent sur leurs genoux,—comme font du reste les rhétoriciens qui n'ont pas leur place au banc d'honneur.— Raoul se trouva fort gêné de ne plus être au banc d'honneur, et il y reconquit sa place à la troisième composition, où il fut le second. Il ne lisait pas toujours, et ses voisins, à l'affectation avec laquelle il cachait des petits carrés de papier sur lesquels il écrivait, — à la longueur inégale des lignes qu'un regard furtif avait pu discerner, ses voisins le soupçonnèrent de faire des vers.

Entre les deux classes, — Raoul revenait à la rue Pigale ; il se hâtait de faire le devoir imposé, puis il descendait au jardin ; — mais on était à la moitié d'octobre, — il pleuvait souvent ou il faisait froid, — et il était bien rare qu'il y rencontrât Marguerite. — Quelquefois cependant elle s'y trouvait avec sa sœur ; — ils échangeaient quelques paroles.

— A-t-on des nouvelles de Félix?

— Il a fait demander des plumes ou du papier ; — il a renvoyé un habit en lambeaux ; — il est en retenue pour dimanche et ne viendra pas à la maison.

D'autres fois la conversation prenait une autre tournure:

— Il fait froid.

— Oui, mais moins froid qu'hier.
— Je ne suis point de votre avis.
Ou bien encore : — C'est aujourd'hui vendredi.
— Oui, c'est après-demain dimanche.

Eh bien, pour ne pas perdre une semblable conversation, toute insignifiante qu'elle puisse paraître, Raoul avait renoncé à tous les jeux, à toutes les promenades. — Et Marguerite préparait deux jours à l'avance un prétexte de descendre au jardin. — Que d'adresse cette pauvre jeune fille, si franche, si naturelle jusqu'alors, employait pour se le faire demander par Alice! Combien de fois elle y oubliait, ou un livre, — ou son dé, — ou ses ciseaux!

Raoul, qui avait, comme nous l'avons dit, sa chambre sous les toits, montait et descendait vingt fois par jour. — Marguerite reconnaissait son pas; elle était triste, elle était inquiète; elle recherchait plus que de coutume sa tante Clémence; elle se sentait avec elle une sorte d'affinité mystérieuse; il lui semblait que la tante Clémence aurait pu lui dire de quoi elle souffrait, — de quoi elle avait si souvent envie de pleurer; quand elle la voyait arriver, ou quand M. Hédouin lui permettait de se faire conduire chez elle par la servante, elle se sentait heureuse. Jamais elle ne lui disait un mot de ce qu'elle éprouvait; mais elle se sentait auprès d'elle plus forte, plus assurée contre des dangers, contre des obstacles qu'elle redoutait sans les connaître, sans même les deviner.

Raoul ne tarda pas autant à donner un nom au sentiment nouveau qui s'était emparé de son cœur. Ses lectures l'avaient instruit; il vit bien qu'il était amoureux. — Il en fut aussi fier — que d'un léger duvet qui depuis quelque temps paraissait au-dessus de sa lèvre inférieure, quand on était placé *en un certain jour*. — Il savait bien qu'il fallait *déclarer son amour*; mais un jour qu'il alla jusqu'à dire à Marguerite, en la rencontrant au jardin : — Il fait froid, je n'espérais pas vous voir, — ces mots faillirent l'étrangler au passage, — et il resta tout tremblant. — Il faisait des vers, mais il les déchirait ensuite. — Il vint un moment où il fut irrité contre lui-même de sa timidité, — où il se dit qu'il fallait faire *sa déclaration* ; — et il fut comme délivré d'un grand danger, lorsqu'une pluie inflexible, qui tomba pendant huit jours, — l'empêcha de rencontrer Marguerite au jardin, — pendant le plus fort de l'averse et de l'impossibilité, il se sentait plus brave qu'il n'était nécessaire, — mais son courage diminuait sensiblement au premier point bleu qui reparaissait au ciel, — au premier rayon de soleil qui perçait les nuages. — Il se mit ensuite à geler avec violence, et Calixte l'entraîna à la Glacière derrière l'Observatoire, — pour patiner pendant l'heure des classes. — Il s'étonnait lui-même de ne plus autant penser à Marguerite.

Un jour, à l'heure du dîner, madame Desloges avertit son fils qu'il passait la soirée avec elle chez le médecin. Raoul avait le médecin en horreur. — Il prétexta des devoirs à finir; — madame Desloges lui permit de venir seulement la rejoindre à dix heures. — A peine fut-elle partie que Raoul, qui avait patiné toute la journée, se mit dans un fauteuil et s'endormit; — il ne se réveilla qu'à dix heures passées; — il appela la servante et lui dit : — Rose, vous allez monter chez le docteur, vous direz à ma mère que j'ai un horrible mal de tête, et qu'il m'est impossible d'avoir le plaisir de l'aller chercher.

— Ah! monsieur, dit Rose, ne faites pas cela, madame sera trop en colère!

— C'est que ça m'ennuie, dit Raoul.

— Vous serez habillé en cinq minutes, toutes *vos affaires* sont prêtes. — D'ailleurs vous vous amuserez peut-être. On fait de la musique, — on l'entend de la cuisine comme si on y était.

Raoul se décida en rechignant, — il s'habilla de mauvaise grâce, — puis il finit par monter. — Quand le domestique lui demanda son nom pour l'annoncer, il put à peine le dire, et eut un moment envie de s'enfuir sans répondre, et d'aller se coucher. — C'était la première fois de sa vie que Raoul entrait seul dans un salon. — Jusque-là, chaque

fois qu'il avait été dans le monde, c'avait été pour accompagner sa mère, et on n'annonçait qu'elle.

Le domestique ouvrit la porte du salon, — et dit à haute voix : — M. Raoul Desloges. — Raoul sentit ses jambes trembler, — sa vue se troubla, — il chercha autour du salon et aperçut sa mère, auprès de laquelle il se réfugia en toute hâte; — il se sentait le visage en feu; — madame Desloges lui dit tout bas d'aller saluer la maîtresse de la maison.

— Qui? moi? — dit-il, — que je traverse encore une fois le salon, que je passe devant ces femmes? que j'aille dire... — Et que dirai-je d'ailleurs?... J'aimerais mieux me sauver et aller me coucher.

En ce moment la femme du médecin se rapprocha, — madame Desloges présenta son fils, — qui en fut quitte pour quelques saluts assez gauchement exécutés.

Le docteur vint à son tour — et le trouva *grandi.* — Raoul fut d'autant plus irrité de cet éloge — qu'on lui adressait, — qu'il aperçut en ce moment Marguerite Hédouin dans l'embrasure d'une fenêtre : — il alla à elle avec empressement — comme à un lieu de refuge. — Il se moqua le premier du compliment du docteur. — Il y a un de mes camarades, dit-il, qui a été mis, étant très enfant, dans une petite école dont le maître, pour contenter les parents, trouvait une foule de prétextes — ingénieux pour donner des prix à tous ses élèves : — prix d'application, prix d'encouragement, prix d'émulation, — prix de douceur, prix de docilité, etc. — Cependant, malgré l'élasticité de ce cadre, mon camarade, — qui n'est autre que Calixte Mandron, ne pouvait, sans faire murmurer, fournir un prétexte suffisant pour avoir de ces prix. — Le maître ne se décourageas pas, il lui donna un *prix de croissance.* — Il paraît que j'aurais été pour lui un concurrent redoutable si le docteur avait été chargé de décerner les prix.

Raoul était plus heureux qu'on ne le saurait dire de la contenance que lui donnait sa conversation avec Marguerite, — mais le piano fit entendre une ritournelle, et un jeune homme vint chercher Marguerite, avec laquelle il dansait. — Raoul se trouva seul derechef, — il se leva, — mais il n'osait marcher, — il alla s'appuyer contre une porte derrière Marguerite et son danseur. Il la vit alors sous un nouveau jour, — la souplesse et l'élégance de sa taille paraissaient avec tous leurs avantages; — elle était vêtue d'une robe de crêpe blanc, — sur ses cheveux bruns lisses et brillans était posée une couronne de roses simples jaunes, — ses petits pieds étaient renfermés sans contrainte dans des souliers de satin blanc. — Elle dansait avec grâce et avec simplicité, — elle écoutait avec une négligence sans affectation les lieux communs que lui adressait son danseur, — tout le monde la trouvait charmante. — Raoul se sentit à un certain point irrité contre elle, — il se compara aux autres hommes — et il reconnut l'insuffisance de toute son industrie pour donner l'air de bottes à ses souliers lacés, — sa cravate surtout lui rendait honteux, — le danseur de Marguerite avait attaché la sienne d'un certain nœud qui faisait grande envie à Raoul, — il se rappela que Calixte savait faire ce nœud, et il se promit bien de ne pas tarder à se faire initier. Malgré la grâce naturelle qu'ont toutes les femmes, auxquelles d'ailleurs un peu de gaucherie et d'embarras ne messied pas, Marguerite n'était pas tout à fait à son aise chez le docteur. — Son père, qui avait pour cette fois cédé à de nouvelles instances, — jouait dans une autre pièce et laissait sa fille confiée aux soins de la maîtresse de maison, — qui était obligée de s'occuper de tout le monde; elle se fit reconduire à la place qu'elle avait quittée, et ne fut pas fâchée d'y retrouver Raoul, — qui, voyant la contredanse finie, était allé l'y attendre. Elle le trouva très malveillant pour les *riches habits*, pour les *bottes vernies*, pour les plaisirs et pour les manières du monde. Jamais philosophe ne professa autant de mépris pour les choses qu'il ne pouvait atteindre, et ne traita si dédaigneusement de futilités les objets de sa secrète et malheureuse ambition.

— Combien je préfère, dit-il, à ces réunions brillantes nos promenades sur l'eau ! combien sont différentes les rêveries qu'inspirent les molles clartés de la lune, des pensers qui éclosent à la lueur des lustres et des bougies !

— Écoutez donc, dit Marguerite, on ne peut se promener sur l'eau au clair de la lune dans le mois de novembre. N'aimez-vous donc pas la musique ?

— Oui, mais j'ai la danse en horreur.

Raoul ne savait pas danser, — et d'ailleurs, dans ce salon où Marguerite était une femme, lui qui n'était qu'un enfant, grâce à ses souliers lacés, à sa timidité et à son titre de lycéen, il voulut, à force de gravité, se faire prendre au sérieux.

— Vous pouvez ne pas aimer la danse, dit Marguerite, mais cependant il faut savoir danser.

Raoul fit un geste dédaigneux.

— Si vous saviez danser et si vous vouliez danser, dit Marguerite, je pourrais vous raconter le malheur arrivé à Félix, qui est en retenue pour dimanche prochain, — tandis que... Tenez, la musique commence et on vient me chercher.

Pendant cette contredanse, madame Desloges fit un signe à son fils, — et quand il fut auprès d'elle, elle lui annonça qu'il était temps de partir. — Raoul fut un peu plus contrarié de s'en aller qu'il ne l'avait été de venir ; — mais il fallait obéir. — Il ne dormit pas de la nuit : cette musique, ces bougies, ces parures dont il avait parlé avec tant d'âcreté, lui avaient causé une complète ivresse. — Que Marguerite était donc jolie et gracieuse ! — comme elle avait dû le trouver laid et maladroit ! Il la haïssait presque à cette pensée. Il haïssait tout à fait ces jeunes gens, si beaux, si bien habillés, qui lui avaient parlé, qui avaient dansé avec elle. — S'il savait seulement faire ce nœud de cravate ! — s'il savait danser ! — Mais danser avec des souliers lacés !

Au déjeuner, il annonça formellement à sa mère qu'il n'irait plus nulle part tant qu'il ne serait pas riche comme tous les jeunes gens qu'il voyait dans le monde. Madame Desloges sourit et lui répondit qu'il n'était qu'un enfant, qu'il serait ridicule qu'il fût mis autrement.

IV.

Raoul avait rendez-vous ce jour-là avec Mandron aux Tuileries. — La glacière était décidément trop loin ; on dépensait plus de la moitié de son temps sur la route et il n'en restait pas assez pour patiner, — et on avait décidé qu'on courrait les risques d'être rencontrés, mais qu'on patinerait désormais sur le grand bassin des Tuileries.

Calixte avait quitté le collège, — il était artiste ! — il ne parlait plus que d'académies, — de modèles. — La vérité est qu'il copiait des nez, ce que même la plus stricte décence n'ordonne pas de voiler, du moins dans ce pays-ci. Sa mère était persuadée qu'il deviendrait un grand peintre, — son père se contentait de le désirer.

Raoul avait le cœur plein ; au lieu de descendre sur le bassin pour patiner, il appela Calixte, et en se promenant avec lui sous les arbres chargés de givre, il lui avoua — qu'il était amoureux. Mais Calixte n'apporta pas dans cette conversation tout le sérieux, toute la solennité qu'y mit Raoul, de sorte que celui-ci ne tarda pas à s'arrêter dans ses confidences, il refusa de nommer, et même de désigner la personne objet d'une si belle flamme. — Néanmoins, Mandron se récria fort à certains détails, — et quand Raoul parla du respect, de la timidité qu'il ressentait en présence de Marguerite, Mandron, qui n'aurait pas été plus brave, le plaisanta amèrement sur son platonisme, et développa sur les femmes et sur l'amour des théories assez risquées, qu'il avait entendu précisément la veille émettre par un autre.

Raoul ne laissa pas pénétrer Calixte plus avant dans le sanctuaire de son cœur. Cependant il fut honteux de l'excès de la terreur que lui inspirait cette douce jeune fille, et il résolut de lui déclarer son amour. — Elle lui avait demandé à voir le journal qu'il avait rédigé étant en cinquième. — Il en retrouva un numéro, et y joignit un petit billet cacheté. — En vain il descendit au jardin, — en vain il monta à sa chambre, — il ne put réussir à rencontrer Marguerite. Mais un dimanche, Félix lui demanda pourquoi il ne venait pas, le soir, jouer au loto avec eux. Il ne se fit pas beaucoup prier.

Le journal était calqué sur les journaux politiques qui paraissaient tous les jours. Il est inutile de dire que c'était un journal d'opposition. — Voici ce que contenait le numéro retrouvé par Raoul :

L'IMPARTIAL.

Rien n'est beau que le vrai ; le vrai seul est aimable.
(BOILEAU.)

« Le professeur a dîné la semaine dernière chez les parens de Jules Parfait. — Jules Parfait a été le premier à la composition qui a suivi ce dîner. »

« Le rédacteur de cette feuille indépendante a été condamné à un pensum exorbitant de cent pages de Quinte-Curce à traduire mot à mot à cause du numéro de jeudi dernier. — Quelques bons camarades ont ouvert une souscription pour l'aider à compléter ce pensum. — Déjà plus de cinquante pages ont été réunies ; — ce n'est qu'une page et demie à faire pour chaque élève. »

« Un pensum général a été donné à la classe à cause d'un carreau qu'un élève que nous connaissons, mais que nous ne voulons pas nommer, a cassé avec une bille. — On attend qu'il se déclare et qu'il ne laisse pas punir tous ses camarades pour un fait dont il est l'auteur. »

« Ernest Frénot ayant dit qu'il ne craignait pas Edouard Lacheul, une rencontre a été jugée nécessaire entre ces deux élèves ; — elle a eu lieu dans la petite cour. — Le combat a été arrêté par la cloche qui annonçait la rentrée de la classe, — sans qu'aucun des deux adversaires eût un avantage marqué. Les témoins ont déclaré l'honneur satisfait, — après que Edouard Lacheul a affirmé que s'il avait dit que Ernest Frénot lui avait chippé deux billes en stuc, c'était sans intention de l'offenser. »

« On attire l'attention des élèves de cinquième sur l'état désastreux dans lequel est tombée la toque du professeur : — de noire qu'elle était, elle est devenue grise. — Pour nous servir d'une expression de Racine, — nous dirons qu'elle a cet éclat emprunté — qu'elle doit à la graisse. »

« Depuis quelques jours on remarque avec étonnement que les chaussons de pommes que l'on vend à la porte du collège ne sont plus chauds. — On parle de ne plus rien acheter à la marchande. — Il est juste de protéger le commerce, — et les élèves de cinquième n'en laissent échapper aucune occasion, mais les négocians, de leur côté, ne doivent pas user de fraude et mettre en circulation des marchandises avariées. On a décidé que des remontrances sévères seraient adressées à la marchande de chaussons. — L'élève Mandron a été chargé de cette mission délicate. »

« Au moyen d'une traduction de Quinte-Curce qu'a apportée en classe l'élève Léon Noël, — il a été reconnu que dans la version de mardi le professeur a fait un contresens. »

« On avertit les fileurs que le pion de la pension *** se promène quelquefois dans la cour un quart d'heure avant la fin de la classe. — Ce ne peut être que pour voir revenir les élèves qui, après avoir filé, veulent rejoindre leur pension à la sortie ; nous croyons devoir les mettre en garde contre cette ruse machiavélique. *Ab uno disce omnes.* »

« Un article expliquait la situation de la *société d'assurance mutuelle contre les pensums.* La caisse de réserve et de prévoyance contenait pour le moment 15,000 vers de douze syllabes et seulement trente pages de Quinte-Curce.»

« Avis. — La glace est prise au grand bassin des Tuileries. »

LETTRE.

MARGUERITE HÉDOUIN A SA TANTE CLÉMENCE.

« Il me semble, ma chère tante, que tu nous négliges beaucoup. — Je ne puis aller te voir parce qu'Alice est un peu souffrante d'un gros rhume. Il y a un siècle que tu n'as gravi la rue Pigale. — N'as-tu pas à nous donner quelques nouvelles de ton fils ou à venir t'inquiéter avec nous de ce que tu n'en reçois pas ? — J'ai à te consulter sur une robe que je fais faire. — Et d'ailleurs je voudrais te voir pour te voir.

» Mais, — tiens, — ce n'est pas de tout cela qu'il s'agit. — Viens, — parce que je suis dans un trouble extrême, — parce qu'il se passe dans mon esprit et dans mon cœur des mouvemens étranges ; — je ne sais si je suis heureuse ou malheureuse, — mais je pleure au moindre prétexte ; — je n'ai rien à te dire, rien à t'expliquer ; — car je ne comprends rien moi-même. Viens, car j'entasse les mensonges dans ma lettre. — Et quand tu seras là, — quand j'aurai ma tête doucement appuyée sur toi, — quand de ta voix caressante tu me demanderas ce que j'ai, — je suis sûre que je te dirai une foule de choses que je ne me dis pas à moi-même. Viens, ma bonne tante, j'ai besoin de toi. »

La tante Clémence arriva aussitôt qu'elle eut reçu la lettre ; — elle demanda à son père la permission d'emmener Marguerite dîner avec elle. — La tante Clémence demeurait en dehors de la barrière ; — elle avait là un tout petit logement dans lequel elle vivait seule, — inventant chaque jour des économies pour en envoyer le produit à son fils. Marguerite l'aida de bonne grâce dans les apprêts de leur dîner ; — puis, le soir, quand il commença à faire un peu sombre, — la tante Clémence attira Marguerite sur ses genoux — et lui dit :

— Il paraît que mon enfant a quelque chose à raconter à sa mère ?

— Oh ! oui, ma mère, mon excellente mère !...

— Est-ce un chagrin ?

— Je n'en sais rien... mais... tiens... tu sais... l'ami de Félix... M. Raoul...

— Eh bien ?...

— Tu sais qu'il devait me montrer un journal qu'il avait fait au collège *étant enfant*... il me l'a donné avant-hier, — mais dans le journal... il y avait une lettre...

— C'était sans doute une erreur, — cette lettre n'était pas pour toi.

— Hélas ! si, ma tante, elle est pour moi : — il y a mon nom sur l'adresse.

— Et qu'as-tu fait de la lettre ?

— La voici, dit Marguerite en la tirant de son sein ; — je n'ai pas osé la décacheter ; il me semblait que de cette lettre ouverte il allait s'échapper des choses effroyables.

— Tu as bien fait...

— Mais en même temps que cette lettre me faisait peur, il me semblait presque que je l'attendais ; — je la pressais sur mon cœur avec enthousiasme. — Cette nuit, je l'ai mise sous mon oreiller ; — tout le jour, quand je pensais qu'elle était là, dans mon sein, — je sentais comme une commotion électrique ; — deux fois je suis allée dans ma chambre pour la décacheter, — et je suis revenue après m'être contentée de la regarder.

— Mais que penses-tu que puisse te dire ce jeune homme ?

— Je ne le sais pas trop bien, ma tante, — mais quand il arrive à la maison, le son de sa voix me cause une impression singulière ; — quand il me regarde, je sens ma respiration gênée ; — quand il est parti, tout reste froid, triste, décoloré autour de moi. C'est comme lorsque le soleil se cache sous des nuages. Je ne sais pas ce que renferme cette lettre... mais je crois que ce sera comme sa voix, et quelque chose de plus. — Je voudrais qu'il fût triste et inquiet comme moi !

— Ma pauvre enfant, dit la tante Clémence, — le mystère est comme le brouillard, qui grossit les objets ; je gagerais que cette lettre ne contient qu'une commission pour ton frère, dont il te prie de te charger... la proposition d'une grande partie de balle...

— Non, ma tante, je suis sûre que non.

— Tu as néanmoins bien fait de ne pas la décacheter, parce que tu ne dois pas recevoir de lettres.

— Et... si tu la lisais, toi ?

— Non ; il faut que tu rendes la lettre avec le journal, comme tu l'as reçue.

— Ah ! ma tante, je n'oserai jamais.

— Eh bien ! laisse-la-moi, je la lui rendrai.

— Non, ma tante, cela serait trop dur ; il se fâcherait, il ne viendrait plus.

— Eh bien... s'il ne venait plus...

— S'il ne venait plus, ma tante, je serais malheureuse pour toute ma vie ! il n'y a que lui que j'aie du plaisir à voir et à entendre ; il est si bon, si noble, si fier !

— Mais, ma pauvre Marguerite, dit la tante, tu m'effraies, on ne doit aimer ainsi que son mari.

— Et pourquoi ne serait-il pas le mien, ma tante ?

— Vous êtes tous les deux des enfans encore.

— Oh ! ma tante, j'attendrai ; j'attendrai dix ans, j'attendrai toujours... pourvu que je le voie, que je l'entende.

— Laisse-moi la lettre ; je causerai avec lui... dimanche prochain... vraiment cela n'a pas le sens commun !

— Tiens, ma tante, voici ma pauvre lettre.

La tante Clémence reconduisit Marguerite chez son père ; puis, rentrée chez elle, elle décacheta la lettre de Raoul ; — elle espérait que cette lettre lui ferait connaître ce jeune homme, ce qui lui apprendrait comment elle devait se conduire avec lui. — La tante Clémence avait aimé ; quoique cet amour eût fini par un mariage qui l'avait rendue bien malheureuse, elle n'avait trouvé aucun argument contre l'amour. — Elle n'avait pu se décider à débiter à Marguerite les phrases toutes faites qu'on lui avait récitées à elle en pareille circonstance. — Cela n'aurait servi encore une fois, sans doute, qu'à effaroucher la confiance. D'ailleurs, pourquoi ces jeunes gens ne s'aimeraient-ils pas ? la seule objection était leur âge ; mais c'est en même temps, de tous les obstacles, celui qui s'aplanit le mieux de lui-même.

Voici ce que contenait la lettre de Raoul :

« Pardonnez-moi, mademoiselle, la liberté que je prends de vous écrire ; mais je ne puis vous cacher plus longtemps les sentimens que vous m'inspirez. D'ailleurs, jamais on ne réussira à me persuader que l'affection la plus douce, que l'amour le plus respectueux, que le dévoûment le plus absolu, soient de mauvais sentimens qu'il faille cacher et dont la personne qui les inspire puisse à bon droit se trouver offensée. — Je vous aime, mademoiselle, je vous aime comme vous aimez votre père et votre frère, — et mille fois plus qu'eux. Je vous aime et je trouve dans cet amour tant de force et tant de courage, tant de bonheur, tant d'espérance, tant de foi, — que je ne puis penser que ce sentiment qui me rend plus grand, plus généreux, plus sensible, soit pour vous une offense et pour moi un crime. Si vous me permettez de vous aimer, si vous permettez que ce soit pour nous deux que j'aie à conquérir les choses de la vie qui sont réputées être le bonheur, — je ne vois plus dans l'avenir rien d'impossible, rien que mes efforts ne puissent surmonter. Il est vrai que lorsque je songe au bonheur de vous posséder, de vous voir ma femme, je ne trouve pas bien ce qu'il me resterait à désirer dans la vie, mais je crois que je serais ambitieux pour vous, — et d'ailleurs je serais assez curieux de voir ce qu'on pourrait opposer à un homme aimé de vous, et quelle force auraient mes adversaires aux combats de la vie, à opposer à celle que je puiserais dans un regard, dans un sourire, dans un mot prononcé avec votre voix.

» Peut-être cependant vous a-t-on appris des raisons de prendre en mauvaise part la démarche que je fais aujourd'hui après tant d'hésitations, après tant de combats avec moi-même ; — mais cependant je ne puis deviner quelles craintes peut inspirer un amour comme le mien. — Vous devez aimer un jour, vous ne serez pas toujours une douce et craintive jeune fille, vous serez épouse, vous serez mère à votre tour ; eh bien ! ce que vous voulez que soit l'heureux mortel qui partagera avec vous ces félicités et ces devoirs, quelque exigeante que puisse être à bon droit une personne si heureusement douée et si parfaite, — ce que vous voulez que soit votre époux, je le serai. Je sens à la fois tout le peu que je suis et tout ce que je peux devenir ; — je sais que je ne suis qu'une graine, — petite, sans éclat, confondue avec la terre, mais je sens qu'un rayon de soleil fait sortir de la graine une tige élevée, un riche feuillage, des fleurs éclatantes et de suaves parfums.

» Laissez-moi être votre frère, jusqu'à ce que je puisse être votre mari.

» RAOUL. »

La tante Clémence s'attendait à trouver dans cette lettre plus d'emphase et de phrases ampoulées, quelques menaces de trépas, quelques comparaisons mythologiques, etc. La simplicité de cette déclaration était à la fois inquiétante et rassurante, parce que c'était l'indice d'un sentiment sérieux et qu'il fallait prendre en considération. Elle n'avait jamais songé à mettre sa nièce à l'abri de l'amour, — dont elle ne médisait pas, — quoiqu'il lui eût apporté tant de cruels chagrins, — elle était convaincue que si elle avait été destinée à être heureuse, c'était à l'amour qu'elle aurait dû son bonheur. — Mais Raoul était si jeune, cet amour noble et généreux braverait-il les obstacles triompherait-il également des années ? — Si elle le favorisait, que de chagrins peut-être n'amassait-elle pas sur la tête de sa nièce chérie ! — Si elle le repoussait, au contraire, il était probable qu'elle ne serait ni écoutée ni obéie. — Et d'ailleurs, à quel amour réserverait-elle Marguerite ?

Le dimanche suivant, en sortant de chez son frère, elle pria Raoul de lui donner le bras pour le reconduire chez elle. — Raoul était on ne peut plus malheureux. — Marguerite lui avait rendu son journal, et il avait inutilement cherché dans ses plis la réponse à sa lettre. — Ne l'avait-elle donc pas vue, ou était-ce une marque de dédain ? — Il trouva mademoiselle Hédouin moins familière avec lui que de coutume, plus sérieuse et un peu embarrassée. — La tante Clémence, aussitôt qu'ils furent dans la rue, lui dit :

— Monsieur Raoul, vous avez écrit à Marguerite ?

Raoul fut anéanti ; il répondit à tout hasard un — Moi, madame ?

— Il faut être franc avec moi, dit la tante d'une voix douce, vous avez écrit à Marguerite, j'ai votre lettre, elle me l'a donnée et ne l'a pas lue, — mais moi je l'ai lue.

— Vous me permettrez, madame... dit Raoul.

— De trouver mauvais ce que vous avez bien envie d'appeler ma curiosité, n'est-ce pas ? J'ai été conduite par un meilleur sentiment que vous ne le supposez. Marguerite n'a pas de mère ; j'ai hérité de toute la tendresse que ma sœur aurait eue pour sa fille ; j'ai joué mon rôle dans la vie, il a été assez court et assez mal joué ; — je n'ai plus que deux intérêts, le bonheur de mon fils, — qui en ce moment peut-être reçoit une balle dans la poitrine, et celui de cette douce créature. J'ai lu votre lettre, je vous

crois sincère, mais quel est le but de cet amour d'enfans ? En admettant que toutes les chances vous soient favorables, il se passera de longues années avant que vous puissiez être unis. Penserez-vous, sentirez-vous dans huit ans comme vous pensez, comme vous sentez aujourd'hui ? pouvez-vous le promettre ? non, — car vous ne pouvez le savoir. Marguerite est charmante, — je n'ai pas besoin de vous le faire remarquer ; les qualités de son cœur et de son esprit l'emportent sur les agrémens de son visage. — Bientôt des occasions se présenteront de l'établir ; son apparition dans le monde ne peut manquer de faire quelque sensation. — Si elle doit vous attendre, si elle doit repousser toutes les propositions, et qu'ensuite votre amour éteint la laisse seule, abandonnée dans la vie, lorsqu'elle aura perdu peut-être son père et moi...

— Ah ! madame !...

— Je sais que cela vous paraît impossible... que vous n'êtes pas bien sûr peut-être que les étoiles ne se décrocheront pas du ciel et ne tomberont pas sur la terre, parce que l'avenir est incertain ; mais vous croyez pouvoir répondre de votre amour. — Je ne veux pas lutter contre cette conviction, mais je veux vous faire voir seulement que dans cet engagement Marguerite mettrait toute sa vie en jeu, quand vous n'y mettriez que quelques années de la vôtre. Mais votre lettre n'est pas une lettre d'enfant, — elle m'a touchée ; je vous crois l'âme élevée, — je vous crois vrai ; — je vous aimerais pour mari de Marguerite, — je serais heureuse de vous confier plus tard le bonheur de cet ange que vous ne connaissez pas comme je la connais, — mais il y aurait besoin de plus de courage que vous ne le supposez pour parvenir à notre but.

Raoul, à ces mots, ne put s'empêcher de baiser la main de la tante Clémence.

— Madame, dit-il, ma bonne tante, ma chère tante Clémence, un mot, de grâce, un seul mot : Marguerite n'a pas lu ma lettre... Sait-elle que je l'aime ? m'aime-t-elle ?

— Vous me demandez là plus que je n'en sais moi-même ; mais écoutez bien ceci : je vais faire une action bien grave et bien effrayante. — Vous viendrez demain chez moi et vous y verrez Marguerite. — Si je ne me trompe pas, si vous ne vous trompez pas, si l'amour que vous ressentez est de ceux qui font le destin de toute la vie, je serai fière et heureuse. Si au contraire vous devenez plus tard inconstant, si vous manquez de courage et de force, — j'aurai joué un rôle plus ridicule et plus odieux que ne l'a jamais fait une vieille tante de roman ou de comédie. Je vous attends demain à quatre heures. — Bonsoir.

V.

Raoul se promena une partie de la nuit dans le jardin. — Le lendemain, — au lieu d'aller au collège, il alla errer dans la campagne ; — à quatre heures, il arriva chez la tante Clémence. — Marguerite pâlit en le voyant entrer dans la chambre ; — la tante avait le visage fatigué. — Elle s'assit entre eux deux, — laissa Marguerite cacher son visage sur son sein, — et prit une main de Raoul.

— Mes enfans, dit-elle, j'ai passé toute cette nuit à pleurer et à prier Dieu ; je l'ai supplié de ne rien me laisser faire qui ne fût pour le bonheur de Marguerite, et malgré la ferveur de mes prières, j'ai encore peur et j'ai en ce moment le cœur aussi serré que je l'ai eu de ma vie. Au nom du ciel, mes enfans, faites que cette heure ne soit pas pour moi une source éternelle de remords et de regrets, — faites que je ne sois pas en ce moment une vieille femme folle, — qui se plaise à rentrer dans l'amour à tout prix. Mes enfans, je ne vous ferai pas de ces grandes phrases que l'on m'a rabâchées quand j'avais l'âge de Marguerite ; — elles sont trop inutiles pour qu'on puisse leur pardonner d'être aussi ennuyeuses. Vous vous aimez, mes enfans ; — cet amour peut vous donner toute une vie de bonheur si vous en faites une vertu et un devoir.—Vous, Raoul, cet amour doit vous rendre fort contre tous les obstacles de la vie ; vous devez vous élancer au combat avec résolution.— Et toi, ma bonne chère Marguerite, cet amour termine avant seize ans ta vie de jeune fille ; tu ne dois plus entendre le fade langage de la galanterie ; tu ne dois plus aller dans le monde, tu dois renoncer à tous les plaisirs de ton âge ; ton amour est le feu sacré que la vestale doit entretenir dans la solitude. Te sens-tu le courage, Marguerite, de fouler ainsi aux pieds les riantes fleurs de ton printemps ? — te sens-tu la force de commencer dès aujourd'hui une vie sérieuse et remplie de devoirs ?

Marguerite ne répondit que par des sanglots.

— Et vous, Raoul, dit la tante en laissant couler des larmes que depuis quelque temps déjà elle avait peine à retenir,—et vous, Raoul, serez-vous un homme courageux ? saurez-vous supporter la lutte, le découragement ? saurez-vous marcher droit à un but, sans reculer devant les obstacles , sans vous arrêter aux séductions ? penserez-vous sans cesse à cette jeune fille qui vous attendra ? reviendrez-vous à elle digne des richesses qu'elle vous aura amassées dans son âme virginale ? Oh! mon Dieu, — donnez-lui la force et le courage, — donnez-lui le dédain des faux plaisirs?—Raoul, si vous faiblissez, si vous tombez en route, vous aurez assassiné Marguerite et j'aurai été votre complice. — Oh! mon Dieu, vous qui en reprenant ma sœur m'avez faite la mère de cette enfant, mon Dieu ! m'avez-vous en même temps donné les lumières et la prudence? Mon Dieu! si je me trompe, si c'est son malheur que je fais aujourd'hui, mon Dieu! ne me pardonnez pas!... donnez-moi autant de remords et de souffrances qu'en puisse supporter une de vos créatures.

Raoul et Marguerite pleuraient. — Elle prit leurs deux mains et, les réunissant l'une dans l'autre,—elle dit : — Enfans, aimez-vous ; — l'amour est l'origine de toutes les vertus. Raoul, Marguerite est votre fiancée, — toutes les actions de votre vie doivent avoir pour but son bonheur. —Marguerite, Raoul est ton fiancé ; — tu dois lui réserver le moindre de tes cheveux et la plus futile de tes pensées.

Elle les réunit alors tous deux sur son sein et les embrassa.—Puis elle leur dit :

— Maintenant, Raoul, mon neveu, mon fils, tu as ce que tu demandais dans ta lettre, — « tu seras le frère de Marguerite jusqu'à ce que tu sois digne d'être son mari. »

Il y eut quelques instans de silence, pendant lesquels la tante Clémence calma en partie son émotion.

— Raoul, dit-elle, il faut maintenant descendre du ciel et causer un peu avec moi des choses de la terre.—Vous n'avez pas de fortune et vous n'en avez pas à attendre ; — Marguerite aura peu de chose pour que cela puisse être compté. — Il faut vous faire une position. Quels sont vos projets?—quelles sont vos espérances ?

— Chère tante, dit Raoul, je ne sais encore où doit me conduire cette éducation qui, dit-on, doit me conduire à tout; — mais ce que je sais, — c'est que je m'ouvrirai une carrière,—c'est que je triompherai des obstacles qui se rencontreront sur mon chemin,—c'est que je...

— N'allons pas si vite, Raoul ; n'usons pas notre énergie contre des fantômes et des dragons, et occupons-nous de ne pas buter contre le caillou qui est sous nos pieds. Tout irait fort bien dans la vie, s'il ne s'agissait que de ces grands coups d'épée ou de ces grands coups de dévouement qui remplissent les romans. Mais c'est la continuité des petits efforts qui est une chose difficile, c'est la monnaie du courage et de la force qu'il faut savoir dépenser. Il ne faut pas imiter ces avares qui épargnent sur les besoins de chaque jour, en prévoyance d'événemens qui n'arrivent pas. Il ne faut pas céder au petit ennui d'aujourd'hui, sous prétexte de se réserver pour le grand combat qui arrivera peut-être demain.—Beaucoup de gens ont le courage des fêtes et dimanches. — Le courage de tous les jours est plus rare,—

parce qu'il se dépense sans éclat, sans gloire.—Les grands périls grandissent l'homme suffisamment. Par exemple, — qu'avez-vous fait aujourd'hui ?

— Ah! aujourd'hui j'étais si ému, j'étais si troublé ; j'ai marché au hasard dans la campagne.

— Je vous le pardonne pour la dernière fois. Chacun de vos pas doit maintenant vous rapprocher de votre but.—Il faut être assidu au collège.

Raoul fit un geste de dédain.

— Je vous gronde, Raoul.—Certes, pour vous, pour Marguerite, pour nos projets, il vaudrait mieux que vous ne fussiez plus au collège, mais vous y êtes, et il faut que ce temps ne soit pas perdu. — Ce sont, disent les savans, des armes dont vous apprenez à vous servir pour les combats de la vie.—Je ne sais s'ils ont raison, et si cette éducation est aussi parfaite qu'ils le disent, mais ce sera au moins un préjugé en votre faveur. Vous devez terminer vos études comme vous les avez commencées, par des succès. Maintenant que vous êtes fiancés, que vous pouvez et devez compter l'un sur l'autre, vos devoirs vont commencer. — Vous, Raoul, vous n'écrirez plus à Marguerite, vous n'essaierez plus de la rencontrer seule au jardin.—Vous vous contenterez de la voir le dimanche chez son père, — et vous n'oublierez pas que « vous êtes son frère, jusqu'à ce que vous soyez son époux; » vous me tiendrez au courant de vos affaires, de vos démarches, de vos succès, de vos chagrins. Je dirai à Marguerite ce qu'elle devra savoir.—Embrassez-vous, mes enfans, ce baiser vous engage l'un à l'autre. — — Marguerite, tu appartiens à l'homme dont les lèvres ont touché les tiennes ; — tu ne pourras sans honte et sans infamie appartenir à un autre. — Vous vous donnerez le second baiser dans cinq ans, lorsque Raoul viendra te demander à ton père. Maintenant, Raoul, adieu ! — Emportez d'ici la pensée que vous êtes maintenant un homme, et que la destinée de deux femmes s'est enchaînée à la vôtre.

VI.

Nous allons maintenant abandonner nos personnages à eux-mêmes pendant deux années, et nous continuerons notre récit après avoir expliqué sommairement les changemens qui sont arrivés dans l'existence de chacun.

M. Desloges est mort. — Madame Desloges s'est retirée en province chez un de ses frères, qui a recueilli la veuve de l'artiste mort pauvre. M. et Madame Mandron continuent à se *saigner* pour Calixte. M. Mandron peint toujours des ceps de vigne et des hures de sanglier. — Calixte Mandron, après avoir abandonné la peinture, a fait semblant de faire son droit ; il a bu, mangé et joué l'argent de ses inscriptions et de ses examens successifs ; — ses parens le croient avocat, et il n'a jamais mis les pieds à l'école de droit qu'une seule fois, et un jour qu'on sifflait un professeur et qu'on lui jetait des pommes que les gens indulgens appelaient des pommes cuites. L'oncle Desfossés n'est plus abonné à son ancien journal, il le trouve trop pâle, et a pris un journal plus téméraire. La tante Desfossés tricote ; leur enfant est de plus en plus insupportable. — Félix fait sa seconde, toujours au collège Bourbon. — Alice grandit. — Sa sœur lui donne tous ses rubans, tous ses bijoux, comme elle lui a donné, il y a deux ans, sa dernière poupée. Pour elle, elle s'occupe sérieusement de tenir la maison de son père. — Elle est sérieuse sans être triste ; son père, qui ne la menait dans le monde qu'en s'en imposant à lui-même le devoir, n'a pas beaucoup insisté quand elle lui a dit que le monde la fatiguait sans l'amuser. — Ses grands plaisirs sont d'attendre et de voir la tante Clémence. Félix, qui a fait des amis et des connaissances, ne reste pas bien souvent le dimanche à la maison.—La tante Clémence a pensé qu'il n'était pas convenable que Raoul y vînt quand Félix n'y était pas; d'ailleurs son amour constant pour le jeu de loto commençait à manquer de vraisemblance. Il ne vient plus que de temps à autre, — mais il va voir la tante Clémence deux ou trois fois par semaine. — Tous deux parlent de Marguerite; — mais il s'en faut de beaucoup que l'avenir se présente aussi beau à mesure qu'il devient le présent.

— Quand Raoul était au collège, il disait : « En sortant du collège, je ferai mon droit ou j'apprendrai la médecine. » — Mais la mort de son père lui a enlevé les ressources sur lesquelles il comptait pour commencer cette nouvelle éducation; — il ne lui reste que la carrière de l'instruction; — mais il ne peut encore admettre les dépenses et les lenteurs de l'école normale, — et des grades de bachelier et de docteur. — Il est des difficultés de sa vie qu'il cache à la tante Clémence, et qu'en effet il est obligé de lui cacher. Il ne peut parler de ses affaires d'argent qu'au degré où il n'est plus l'aveu d'un besoin matériel qui entraîne l'offre d'un secours.

Sa pauvreté lui ferme les deux ou trois carrières au terme desquelles le travail trouve une récompense dans un travail plus facile et enfin dans le repos; les deux ou trois carrières que l'on suit en ligne droite. — Il lui faut rester une sorte d'ouvrier, travaillant à la journée, — n'étant pas plus avancé aujourd'hui qu'il ne l'était hier et qu'il ne le sera demain. Il donne des leçons, — de ce qu'il a appris, — de latin et de grec. — Son seul espoir avoué est un hasard qui lui donnera un bon écolier, c'est-à-dire l'éducation de quelque enfant de famille, — pour que le produit de son travail dépasse quelque peu ses plus stricts besoins. Alors il pourra recommencer à travailler, — acquérir dans la seule carrière qui lui reste un grade qui soit un titre et une propriété. Il ne parle à la tante Clémence que du but, sans dire qu'il n'a pas pu encore se mettre en route. Il a revu Marguerite une fois chez la tante Clémence, c'est lorsque son père est mort; elle a voulu lui montrer ses yeux rouges des larmes qu'elle avait versées sur la douleur de son fiancé; et la tante a consenti à cette entrevue. — Marguerite vit dans la retraite, avec ses trésors, — la lettre de Raoul, la petite fleur cueillie dans l'île Saint-Denis, et sa foi, que ne vient jamais obscurcir le doute le plus léger. Elle s'est enveloppée si chastement de son amour, que par un instinct secret, et sans comprendre pourquoi, aucun homme ne songe à s'occuper d'elle, jolie et charmante qu'on la trouve avec raison. Elle a réalisé la figure de la vestale entretenant religieusement le feu sacré, que sa tante lui a donnée pour modèle.

VII.

Raoul rencontra un jour Calixte Mandron; — ils ne s'étaient pas vus depuis fort longtemps. Ils s'arrêtèrent et se firent cette question inévitable que s'adressent deux camarades de collège qui se rencontrent après les études finies : — Que fais-tu maintenant? question dont la réponse, — jointe à l'inspection du costume, suffit le plus souvent pour que les deux camarades ne s'abordent plus le reste de leur vie.

— Moi, dit Mandron, je suis avocat.
— Moi, dit Raoul, je ne suis rien, je vends à la génération qui me suit l'ennui que m'a vendu la génération qui me précède, — et j'ai beau du mal à ne pas perdre sur ma marchandise. — Je donne des leçons de latin et de grec.
— En as-tu beaucoup à me donner?
— Pas assez pour que je n'accepte pas avec empressement celles que tu pourrais me procurer. — Et toi, as-tu beaucoup de causes?
— Hum! hum! ça commence... Mais je ne suis pas pressé, le père Mandron est là.

— Tu sais que j'ai perdu le mien?
— Oui, il n'a pas fait comme fait le père Mandron; ton pauvre diable de père ne t'a rien laissé.

L'air dédaigneux de Calixte blessa Raoul qui répondit :
— Non, ce n'était qu'un peintre d'histoire et un homme de talent; tout le monde ne peut pas être peintre d'enseigne.

Mandron pâlit de colère de voir son grand secret connu et son origine dévoilée. Cependant, après un moment d'hésitation, il sentit une espèce de soulagement de se trouver avec quelqu'un devant qui il n'avait pas à jouer le rôle un peu difficile de fils de famille. Et d'ailleurs, malgré l'opposition complète de leurs caractères, qui ne pouvaient se toucher sans se froisser, il y avait entre eux une habitude qui les faisait se rencontrer avec plaisir. — Raoul, d'ailleurs, vivait tellement seul depuis la mort de son père, et ses confidences à la tante Clémence avaient nécessairement des bornes si étroites, qu'il accepta la proposition que lui fit Calixte de dîner ensemble.

Calixte mena Raoul dans une sorte de restaurant situé dans la cour des Fontaines, auprès du Palais-Royal, où le dîner, composé d'un potage, de trois plats au choix, d'un dessert, de pain à discrétion, et d'une goutte de vin délayée dans un carafon d'eau, est fixé au prix de 22 sous par personne. Comme Raoul s'obstina à vouloir payer son écot, Calixte de son côté voulut absolument consacrer les 22 sous dont il avait prétendu nourrir son ami à aller boire du café au Palais-Royal. Une confiance entière finit par naître entre les camarades.

— Tu sais, dit Mandron, que je ne suis pas plus avocat que toi? — C'est une histoire que j'ai faite au père Mandron, c'est une récompense qu'il a cru devoir décerner au zèle et à la ponctualité avec lesquels il a payé mes inscriptions et tout ce qui s'ensuit. J'ai même pris la thèse d'un de mes amis, que j'ai fait précéder d'un titre imprimé (à mes frais, avec de l'argent que j'ai eu la conscience de prélever sur celui qu'avait donné le père Mandron pour l'impression de la thèse entière) où on lit que cette thèse a été soutenue le... 18... par Calixte Mandron, docteur en droit, et dédiée à son père Jean-Baptiste Mandron, artiste peintre. Le père Mandron a fait encadrer le titre, et comme il m'a chargé de cette mission, j'ai encore gagné cent sous sur le cadre; voilà ce que c'est que d'avoir un père et la manière de s'en servir.

— Mais enfin, dit Raoul, que comptes-tu faire?
— Je ne sais; je ne crois pas en réalité que le père Mandron me laisse rien, parce que, entre nous, je suis très-bien de ses affaires, il a, à ce que je crois, entre nous, je crois, mangé un argent fou. — Mais il se présentera quelque bonne occasion dont je ne manquerai pas de profiter. Avec les hommes, le principal est de *paraître*. — Il faudrait que je fusse un imbécile, — ce que j'ai la prétention de n'être pas, — pour ne pas me passer la fantaisie de mentir un peu, quand je vois que les mêmes gens qui ne me salueraient pas si je leur disais la vérité, m'entourent d'amitiés et de prévenances, parce que j'arrange un peu les choses. — Quoi! je saurais quelques paroles magiques qui font de moi en un instant un objet d'estime et de vénération, — et je consentirais à vivre dans l'abjection et l'humilité! — Il m'a suffi de dire à certaines personnes : je suis avocat, pour qu'elles m'aient accablé d'invitations à dîner. — Et compte un peu combien tu as dû dire de mots en donnant tes leçons pour payer les vingt-deux sous du misérable festin que nous venons de faire.

Malgré cet accès de franchise, Calixte ne put prendre sur lui de dire toute la vérité à Raoul. Ainsi, quand celui-ci lui demanda des nouvelles de son oncle, du fameux oncle au château, — Mandron répondit qu'il n'y était pas allé cette année, parce que l'oncle avait vendu son château. La vérité était que l'oncle n'avait pas vendu son château, qui n'était pas à lui, — dont il était concierge, mais seulement une partie de bois qu'il s'était avisé de couper, — par suite de quoi on l'avait chassé, — et il était devenu portier d'une maison de la rue Saint-Denis, — grâce à la protection de son frère, le père de Calixte, qu était un des plus anciens locataires de cette maison. — C'est pourquoi Calixte se trouvait très heureux de ne plus habiter une maison où son oncle était portier et où son père avait une enseigne. — Il donna sa carte à Raoul;—sur cette carte il avait abusé de son prénom de Calixte de la manière que voici :

Cte MANDRON.

Et il ne démentait pas ceux qui, d'après sa carte, croyaient devoir l'appeler monsieur le comte, ou lui écrivaient *à monsieur le comte de Mandron*.

Raoul avait parmi ses élèves un tailleur qui avait un fils et une fille. — Ce tailleur, appelé Seeburg, — faisait donner à son fils, dont il voulait faire un notaire, des leçons de latin et de grec, — et à sa fille des leçons de français par-dessus le marché du prix dont il était convenu avec Raoul pour les leçons de son fils. — Il chercha néanmoins à diminuer encore ce prix, et voici le procédé ingénieux qu'il employa. Il dit un jour à Raoul : — Parbleu, monsieur Desloges, il faut avouer que vous n'êtes pas coquet, et que si vous plaisez aux dames, ce n'est pas par le luxe de votre toilette. — Raoul devint rouge, — et la fille de monsieur Seeburg, qui assistait à cette sortie, ne devint pas moins rouge que lui.

— Ce n'est pas pour vous être désagréable que je vous dis cela, — monsieur Desloges; — bien au contraire, reprit monsieur Seeburg ; — c'est que si vous n'êtes pas content de votre tailleur, ou s'il n'est pas content de vous; — en un mot, si vous voulez me donner votre pratique, nous nous arrangerons facilement ensemble; nous déduirons chaque mois sur ce que vous me devrez le prix de vos leçons à mes enfans. — Ce sera un peu long, mais avec le temps cela finira par être payé. Quoique cette proposition comblât un des désirs les plus ardens de Raoul, qui souffrait de l'exiguité de son costume, il répondit le plus froidement qu'il lui fut possible, qu'il verrait, — que ce n'était pas impossible.

La fille de monsieur Seeburg comprit par un instinct féminin que sa présence empêchait Raoul d'accepter une offre qui lui était peut-être avantageuse. — Elle se retira sans rien dire, — et Raoul continua de donner la leçon à son frère. Monsieur Seeburg ne tarda pas à revenir à la charge, et dit en tâtant le drap et en le faisant claquer entre ses doigts :

— Je ne crois pas trop me flatter en vous disant que je vous donnerais de meilleure marchandise que cela. Et puis, quelle coupe! Vraiment, monsieur Raoul, vous êtes bien fait, vous avez la tournure naturellement élégante, — eh bien! je suis sûr que personne ne s'en doute. Un jeune homme ne peut parvenir à rien s'il n'est pas bien habillé; — et moi-même, — moi qui dois savoir à quoi m'en tenir sur les habits, j'ai failli ne pas vous accepter pour donner les leçons à Lucien, — à cause de la coupe et de la vieillesse de votre redingote.

— Écoutez-moi, monsieur Seeburg, dit Raoul, j'accepterais votre offre volontiers; — mais le paiement serait trop long, — et...

— Que vous fait cela, si ça me convient ainsi? dit monsieur Seeburg. — Laissez-moi faire, — je sais ce qu'il vous faut, — je veux qu'il n'y ait pas à Paris un jeune homme mieux mis que vous, et cela finira par être payé tout doucement. — Laissez-moi faire, — et vous m'en direz des nouvelles. — La leçon finie, monsieur Seeburg prit mesure à Raoul, et tous deux se séparèrent enchantés. — Monsieur Seeburg, en effet, avait à *écouler une partie* d'un certain drap vert bronze qui n'avait pas *trop bien réussi à la teinture*, et d'autre part il n'y avait rien de si facile, en enflant convenablement le mémoire, en faisant payer deux cents francs ce qui en valait cent cinquante, de réduire à bien peu de chose le prix qu'il donnait pour les leçons de ses enfans. Raoul, d'un autre côté, — était depuis longtemps fort attristé de la décadence visible de ses vêtemens; — c'est un genre de pitié qu'il n'est pas prudent d'inspirer aux femmes, et tout en se réjouissant de ce qu'il pourrait paraître convenablement vêtu rue Pigale et chez la tante Clémence,

il était mécontent que son écolière, — la fille du tailleur,— fût initiée aux nécessités qui lui avaient fait prendre ces arrangemens avec monsieur Seeburg.

VIII.

Raoul eût volontiers embrassé le tailleur Seeburg,—lorsque celui-ci lui fit la proposition de lui *confectionner* des habits neufs. — Aussi, n'hésita-t-il pas à serrer la main que celui-ci lui tendit, lorsqu'il vint donner sa leçon le surlendemain. Après sa leçon, monsieur Seeburg revint parler des habits. — Esther se livrait dans l'embrasure de la fenêtre à un petit travail de broderie, et semblait ne prendre aucune part à ce qu'on disait dans la chambre. — Monsieur Desloges, dit M. Seeburg, nous allons d'abord vous faire un habit. J'entends par habit — l'habillement complet : — habit, pantalon et gilet.

— Mais, monsieur Seeburg, je crois que le noir est ce qui me conviendra le mieux.

— Nous vous ferons donc un habit noir... On ne porte plus de noir... mais, c'est égal... Vous préférez le noir, on vous fera un habit noir...: A moins cependant que vous ne préfériez le vert bronze.

— Non, j'aime mieux le noir.

— Soit, n'en parlons plus ; si je vous disais cela, c'est que c'est une couleur très à la mode et *fort bien portée ;* monsieur le comte Mandron m'en a commandé un hier. C'est une couleur bien supérieure en qualité au noir, — qui est presque toujours brûlé à la teinture. — Un habit vert bronze vous durera le temps que vous dureront deux habits noirs... Mais quand celui qu'on va vous faire sera usé, nous vous en ferons un autre, —voilà tout.—Va donc pour l'habit vert... je veux dire pour l'habit noir—et le pantalon... du même... vert... je veux dire pareil,— le pantalon également noir.— Quand Raoul fut parti, monsieur Seeburg dit à sa fille : — Esther, donne-moi cette pièce de drap vert bronze... tu sais... je vais couper l'habit de monsieur Desloges.

— Mais, mon père, vous vous trompez... vous savez bien que c'est un habit noir.

— Je ne me trompe pas, il aura un habit vert bronze... et il en sera content... Que veux-tu que je fasse de ce coupon de drap?...

— Ah! mon père, un habit noir serait beaucoup mieux...

— Idée de jeune fille et de jeune homme... pour lui ce sera absolument la même chose... crois-tu que c'est cela qui lui fera trouver une leçon de plus ou de moins, d'avoir un habit vert ou un habit noir... et d'ailleurs, il faut que je retrouve quelque avantage... un habit qui ne sera pas payé dans deux ans!

— Vous verrez, mon père, qu'il ne le prendra pas, — et il aura bien raison.

— Tu crois... et moi je t'assure qu'il le prendra, qu'il le prendra avec empressement, qu'il le prendra malgré moi.

Il se passa quinze jours pendant lesquels Raoul n'osait pas demander si *l'habit* serait bientôt prêt. Il n'osait pas seulement dire *mon* habit en parlant de ce qui lui paraissait presque un présent de monsieur Seeburg ; mais le tailleur finit par lui en parler le premier et lui dit : — Imaginez-vous que je suis furieux,—j'ai donné votre habit à faire dehors, parce que je veux absolument qu'il soit fait par mon meilleur ouvrier. Je le croyais fini ; il devrait l'être ; eh bien! j'envoie chez lui ce matin, il n'est pas seulement coupé. — Mais, soyez tranquille, cela ne tardera pas maintenant.

— Monsieur Seeburg, dit modestement Raoul, je serais bien content de l'avoir pour le quinze de ce mois.

— Il sera prêt, monsieur Desloges,—le quinze, à dix heures juste, il sera chez vous, — vous pourrez commencer vous habiller : au moment de passer les manches je serai à votre porte avec l'habit.

Raoul donna la leçon à Esther.

— Est-ce que vous allez au bal le quinze de ce mois ? demanda-t-elle à Raoul.

— Non, mademoiselle, — mais je dois accompagner au Conservatoire une famille de mes amis... et mes habits, ajouta-t-il avec un sourire un peu forcé, qui vont encore à peu près le soir, — ne me feraient pas honneur de jour.

— Vous avez là de singuliers amis, monsieur Desloges.

— Pourquoi dites-vous cela ? mademoiselle.

— Parce que, moi, je m'occupe peu de la manière dont mes amis sont habillés...

— J'espère, mademoiselle, qu'ils auraient votre esprit et votre raison, mais c'est pour ceux qui me verront avec eux... je ne veux pas faire rejaillir sur eux le peu de considération qu'on accorde d'ordinaire à un homme mal vêtu... je veux réserver l'héroïsme de mes amis pour d'autres circonstances.

— Eh bien ! moi, monsieur Raoul, — moi, *qui dois m'y connaître*, je n'avais jamais remarqué si vos vêtemens étaient plus ou moins frais... C'est un concert qu'il y a au Conservatoire ?

— Oui, mademoiselle.

— On dit que c'est la plus magnifique exécution du monde entier... Je n'y suis jamais allée... J'aime passionnément la musique... Vous n'êtes pas musicien ?

— Non, mademoiselle, je n'ai jamais appris que le grec et le latin.

— C'est dommage, je vous aurais prié de faire de la musique avec moi...

— On dit que vous jouez admirablement du piano ?

— Je dois être assez forte, parce qu'il y a longtemps que j'apprends et que je travaille avec plaisir. Il ne me manque qu'un auditoire un peu sympathique ; — mon père s'endort aussitôt que je commence... Je vous prierais bien de venir un de ces soirs... mais vous ne voudriez pas passer la soirée chez un tailleur.

— Mademoiselle... c'est sans doute un sarcasme... puis-je me croire supérieur à un homme dont j'accepte un service ?

— Ne vous montez pas trop la tête à propos de la reconnaissance que vous devez à mon père... Je vous ferai inviter par lui un de ces jours... Ne croyez pas au moins que ce soit par vanité, — pour recevoir des complimens sur un talent au sujet duquel je ne sais pas moi-même à quoi m'en tenir... Je crois que vous comprenez la musique... et cela m'ennuie d'en faire pour les gens que vous rencontrerez ici.

Le 15 arriva, Raoul devait à une heure aller prendre monsieur Hédouin, Marguerite et la tante Clémence. Monsieur Hédouin lui avait offert longtemps à l'avance une place dans une loge qu'il avait ce jour-là au Conservatoire. — Il devait passer une partie de la journée avec Marguerite, entendre avec elle cette langue divine qui monte au ciel comme un parfum de l'âme. Dix heures sonnent, — les habits n'arrivent pas ; dix heures et demie sonnent, — pas d'habit ; — onze heures... onze heures un quart, — Raoul — regarde son vieil habit, il est plus affreusement râpé qu'il n'avait voulu se l'avouer à lui-même jusqu'au moment où il avait conçu l'espoir de le remplacer. Il est impossible qu'il le mette... au grand jour... pour accompagner des femmes... Il faut écrire — qu'une occupation imprévue... un accident... une indisposition le priveront d'avoir le plaisir... et cætera. Mais on frappe... c'est monsieur Seeburg — tenant sous le bras un foulard qui contient l'habit. Monsieur Seeburg — pose le paquet sur une chaise — et s'essuie le front.

— Il fait un temps magnifique... et j'ai couru... Ce maudit Fregger a encore été en retard ; — décidément, je renoncerai à le faire travailler. Mais enfin voilà l'habit.

— Monsieur Seeburg, je suis réellement fâché...

— Du tout... Du tout... J'avais promis pour huit heures, j'aurais dû sonner à votre porte en même temps que le premier coup de dix heures sonnait à la pendule... (Monsieur

Seeburg regarde sur la cheminée et ajoute :) à la pendule que vous pourriez avoir.

— Oh ! dit Raoul en souriant, j'entends d'ici l'horloge de l'église.

— N'importe... mettons l'habit... Je n'appelle pas cela essayer, car si Fregger est un paresseux, c'est un gaillard qui sait travailler : jamais je n'ai retouché un habit sortant de ses mains.

Monsieur Seeburg ouvre le foulard... prend l'habit, — paraît surpris... le porte auprès de la fenêtre, et fait entendre sa plus terrible imprécation (que nous remplacerons par celle-ci que nous avons vue dans un vieux livre) : — Que mille millions de diablotins lui cassent un boisseau de noisettes sur la nuque ! — Elle est moins énergique, mais plus présentable que celle dont se servit le tailleur. — Ah ! l'animal ! ajouta-t-il, — ah ! le bélître ! — ah ! le scélérat ! — et il renferma l'habit dans le foulard.

— Qu'avez-vous donc monsieur Seeburg ?

— J'ai que vous ne mettrez point cet habit-là.

— Pourquoi cela ?

— Parce que je le remporte... Ah ! brigand de Fregger...

— Mais qu'a donc cet habit, monsieur Seeburg ?

— Il a, — il a... Il ne sera pas dit qu'une semblable chose se fasse dans mes ateliers... Mais c'est ma faute... Il y a trois ans que j'aurais dû le mettre à la porte. Allons, allons, c'est un habit à refaire... voilà tout.

— Mais, monsieur Seeburg...

— Ce sera une perte pour moi ; — mais je jure sur mon âme que je lui en retiendrai la façon.

— Mais enfin...

— Il m'a déjà fait de mauvais tours, mais pas encore un de la force de celui-ci.

— Mais, monsieur Seeburg, — enfin, — quel est le grand malheur ?...

— Le grand malheur, je vais vous le dire : vous m'avez commandé un habit, n'est-ce pas ?

— Oui.

— Un habit noir, n'est-ce pas ?

— Oui.

— Eh bien ! que pensez-vous que m'ait fait ce drôle de Fregger ?

— Quoi ! une redingote ?

— Non.

— Une camisole ?

— Vous riez... mais moi je suis furieux... Il ne m'a pas fait une camisole, — il m'a fait un habit... et sans aucun doute un habit très bien fait, — mais un habit qui n'est pas noir...

— Diable !

— Un habit... je ne sais pas seulement de quelle couleur... Quand j'ai vu qu'il n'était pas noir, j'ai eu envie de le jeter par la fenêtre...

— Mais enfin, monsieur Seeburg, voyons cet habit.

— Non, non, — on va en faire un autre... vous l'aurez dans quatre jours...

Ici, monsieur Seeburg délia le foulard et regarda l'habit.

— Non, certes, il n'est pas noir... brigand ! — il est vert, — d'un très beau vert même, d'un magnifique vert bronze, mais quand on demande un habit noir, — c'est un habit noir que je dois fournir. — Adieu, monsieur Desloges, dans quatre jours vous aurez votre habit noir, — et cette fois je le couperai moi-même.

— Cependant, monsieur Seeburg...

Je sais bien que c'est la couleur à la mode... Mais vous aviez demandé un habit noir.

Et monsieur Seeburg rattachait les nœuds du foulard.

— Je sais bien que le vert vaut mille fois mieux que le noir... Mais c'est là une question de goût... Chacun a le sien.

— Si j'avais porté hier un habit noir à monsieur le comte Mandron, qui m'a demandé une vert bronze, il l'aurait jeté dans le feu et il aurait eu raison... Eh bien !... c'est la même chose pour vous qui m'en avez demandé un noir.

— C'est cent quarante francs que je perds... mais c'est ma faute.

— Voyons un peu, monsieur Seeburg, ce vert me paraît très sombre.

— Si sombre que Fregger s'y est trompé et qu'il l'a pris pour du noir... et que bien d'autres s'y tromperaient également ; — mais enfin ce n'est pas du noir, — et vous avez demandé du noir. — Ainsi donc je le remporte, et dans quatre ou cinq jours... six jours au plus... l'habit noir paraîtra. Regardez bien celui-ci, — car vous croiriez que c'est le même, — tant ce vert bronze est foncé.

Et monsieur Seeburg détache le foulard.—Voyez comme c'est cousu... Ah ! pour cela, Fregger n'a pas son pareil. — Monsieur le comte Mandron ne voudrait pas d'un habit qui n'aurait pas passé par ses mains ; — mais tout cela n'est pas une raison pour faire un habit vert à un client qui a commandé un habit noir.

— Laissez-moi l'essayer, monsieur Seeburg.

— C'est un enfantillage, monsieur Desloges, vous ne le garderez pas ; — cependant... je ne suis pas fâché... cela vous montrera comment ira l'habit noir que je vous apporterai dans une huitaine de jours.

Raoul endosse l'habit vert bronze, qui va — comme tous les habits. — Monsieur Seeburg s'extasie.—Comme cela va ! —comme cela est coupé !—comme cela est cousu ! — Tenez, j'aurai encore la faiblesse de ne pas jeter Fregger à la porte pour cette fois. — Je doute que l'habit noir que vous aurez avant la fin du mois — aille comme celui-là ; — cependant nous ferons en sorte qu'il aille bien ; — mais Fregger n'y mettra pas la main ; — il vous ferait un habit noisette.

— Monsieur Seeburg, j'ai bien envie de garder l'habit.

— Je sais qu'il vous va extrêmement bien... mais nous réussirons peut-être aussi bien à l'autre. — Vous n'êtes pas difficile à habiller, — vous êtes très cambré.

— Monsieur Seeburg, je garde l'habit.

— Non, non, monsieur Desloges, cela me désobligerait ; il faut que je puisse dire à Fregger : — On n'a pas pris l'habit. — Je sais que cela me coûtera cent quarante francs, — mais je pourrai lui dire une fois ce que je pense.

— Décidément je garde l'habit.

Monsieur Seeburg se fait longtemps prier ; mais puisque monsieur Desloges le veut absolument...

— Et le pantalon ?...

— Oh ! le pantalon est vert... Nous avions dit un pantalon de la même couleur... oui, il est vert. — Je parie que tout le monde le croira vert.—Mais, malgré cela, vous avez tort. — A votre place, je dirais : — J'ai demandé du noir, — je veux du noir.

Monsieur Seeburg s'en va et Raoul s'habille. — Monsieur Seeburg remonte.

— A propos, monsieur Desloges, — j'oubliais. On ne sait qui vit ni qui meurt ; — certes, j'ai la plus grande confiance en vous, je vous en donne une preuve... en vous faisant un crédit peut-être de deux ans, — que dis-je de trois ans, — car il vous faut maintenant un manteau, — une redingote, — et encore un pantalon, — mais il faut donc nous mettre en règle. — Vous allez me faire un petit bon de la somme que vous me devez... un chiffon de papier... Mais enfin si je venais à mourir, il faut que mes enfans trouvent cela. — Je ne vous le réclamerai pas. — Nous le renouvellerons à l'échéance... Tenez, j'ai justement du papier dans ma poche.

Et monsieur Seeburg tira de sa poche un petit carré long orné d'une vignette ronde, — que le fisc vend cinq ou sept sous, je crois.

Raoul savait bien à peu près comment se faisaient les cédules chez les Romains, — il connaissait l'intérêt de l'argent chez les Grecs, mais il ignorait entièrement la forme et les conséquences d'un billet ou d'une lettre de change chez ses contemporains et en France.

— Que faut-il mettre là dessus, monsieur Seeburg ? demanda-t-il.

— Ah ! — bon jeune homme ; j'oubliais que vous n'entendiez rien au commerce ; — surtout ne faites jamais d'affaires... Il y a des gens qui vous tromperaient. — Tenez, te-

nez, cela vous ennuie, ce grimoire commercial ; — mettez seulement... Ah ! comptons d'abord. — Voici votre mémoire : — habit, — cent quarante francs, — c'est trop bon marché, — mais vous le savez, ce n'est pas une affaire que je fais avec vous.

— Pantalon, — cinquante francs ; — pourvu que je rentre dans mon argent, c'est tout ce que je veux.

— Gilet, quarante francs. — Vraiment ! n'ai-je mis que quarante francs ?... — Nous laisserons quarante francs. — Total, deux cent trente francs. — Nous aurons ensuite le manteau, — cent cinquante francs. — Ah ! pour la couleur du manteau, je ne vous consulte pas, — je ne vous écouterais même pas :—je veux que vous ayez un manteau vert bronze ; — on n'en peut pas porter d'autre. — Il ne me reste plus de ce drap-là, —mais ce qui m'en reste sera pour vous, — pour votre manteau et pour votre redingote ; — on m'en avait demandé, — mais les amis avant tout.—Nous disons donc, le manteau deux cent cinquante, — la redingote, — doublée en soie, col en velours, etc., — cent soixante francs ; — le pantalon, — comme celui-ci, — et le gilet... allons, le gilet au même prix. — Total général, sept cent trente francs. — Il faut que je me trompe, cela doit faire davantage. — Non, cela ne fait que sept cent trente francs.—Et puis, nous avons les intérêts de mon argent;— six pour cent, — taux du commerce, — taux légal ; à vingt-cinq francs par mois que vous me paierez par vos leçons, il nous faut trente mois — pour que je sois remboursé. — Cherchez un de mes confrères qui fasse des crédits à trente mois ; —mais comme je vous dis... ce n'est pas une affaire.

— C'est donc quarante-cinq francs par an. — Trente mois font deux ans et demi, c'est-à-dire cent douze francs cinquante centimes.—Mettez donc là, — en travers de ce papier :—Approuvé pour la somme de huit cent quarante-deux francs cinquante centimes, — et signez ; — j'écrirai le reste, — ou plutôt je ne l'écrirai pas, car ceci restera entre nous. — Un million de votre signature ne vaut pas cinq francs dans le commerce ;—c'est presque comme un de mes cliens, — un garçon d'esprit que je suis forcé bien à regret de retenir à la rue de Clichy, — il disait en montrant un de ces billets : — « Cela vaut sept sous partout, — eh bien, je n'ai qu'à y mettre ma signature, cela ne vaut plus rien du tout ! » — A propos, j'y pense, c'est sept sous que vous me devez pour celui-ci.

Raoul tira sept sous de sa bourse et les donna à monsieur Seeburg, qui empocha les sept sous, lui serra la main et partit cette fois pour tout de bon.

Raoul avait été un peu effrayé du total de la dette et du temps qu'il lui faudrait pour l'acquitter.—Mais ce que comprendront peut-être peu de mes lecteurs, — c'est qu'il fut beaucoup plus contrarié des sept sous qu'il lui avait fallu donner au tailleur que des trois cents francs que lui volait monsieur Seeburg.—Il avait amassé et conservé péniblement de quoi subvenir aux dépenses prévues de cette journée ; — il lui fallait acheter des gants, prendre une voiture pour se rendre chez monsieur Hédouin. — Certes, M. Hédouin voudrait payer celle qui le conduirait à la rue Bergère ; mais lui, Raoul, ne pouvait se dispenser de payer la seconde ; — et puis il voulait porter un petit bouquet à Marguerite ; — il ne pouvait faire autrement que d'en offrir un également à la tante Clémence. — Les sept sous du papier timbré lui faisaient faute.—Il prit une voiture à l'heure, et alla chez un bouquiniste vendre un de ses prix de collége pour rétablir l'équilibre de ses finances. — Après quoi il arriva un peu en retard chez monsieur Hédouin. Marguerite avait une toilette du matin d'une simplicité extrême.—Tout annonçait qu'elle ne voulait pas attirer les regards. Raoul donna ses deux bouquets de violette. — La tante Clémence dit : « Quelle charmante attention ! des fleurs, des violettes au mois de janvier ! » Marguerite ne dit rien. Pour descendre de voiture, Raoul donna la main à Marguerite et à sa tante.— La présence de la tante lui permettait d'avoir pour Marguerite une foule de petits soins qu'il partageait entre les deux femmes. On joua une des plus belles symphonies de Beethoven : — la symphonie pastorale, — la vraie musique, —

celle qui dit les vagues rêveries et les pensées qui ne peuvent être exprimées par les langues humaines ; cette langue magnifique qui commence où s'arrête la langue des poètes. — Raoul était ému au plus haut degré. — O Beethoven ! divin poète, pensait-il, merci de dire ainsi à Marguerite tout l'enthousiasme qui remplit mon âme ! — Un moment Marguerite tourna vers Raoul ses yeux humides de larmes ; — elle serrait son bouquet sur ses lèvres.

Quand le concert fut terminé, on remonta en voiture ; mais monsieur Hédouin, en passant devant la rue qu'habitait Raoul Desloges, lui dit : — Monsieur Raoul, nous allons vous laisser chez vous. — Raoul allait insister pour les conduire rue Pigale, mais il en fut empêché par un regard de la tante Clémence. — Il resta seul au milieu de la rue, devant la porte, — comme étourdi, — regardant ce fiacre qui emportait Marguerite. — Un moment il avait rêvé qu'il faisait partie de la famille : — il ne pensait plus qu'il allait falloir la quitter. Que faire de la fin de cette longue journée ? — il pensa à aller chez la tante Clémence — pour parler d'elle, — pour être avec quelqu'un qui l'avait quittée plus tard que lui, — pour appeler Clémence *ma tante*, comme il faisait quelquefois ; — mais après quelques pas — il songea sans aucun doute elle le dînait chez monsieur Hédouin et rentrait avec lui. — Il s'arrêta et fit quelques pas pour revenir ; — puis il se demanda encore — où il irait, — ce qu'il ferait. — Le monde lui paraissait vide et désert. — Si la tante Clémence est absente ? — C'est égal, il ira chez elle, — puis il en reviendra ; — puis il faut monter la rue Pigale pour aller chez la tante Clémence, — et la redescendre pour revenir chez lui, — c'est-à-dire passer deux fois devant la maison de monsieur Hédouin, — cette maison dont tous les habitans lui faisaient envie, — depuis le portier jusqu'aux moineaux qui nichaient sous les toits. Il se remit en route et trouva madame *** qui n'avait pas ôté son chapeau. — Je dîne chez mon frère, dit-elle, mais j'ai pensé que vous viendriez me voir un instant, je vous en prie pour rentrer chez moi avant le dîner. — Marguerite aussi a été d'avis que vous viendriez me voir, car elle m'a donné un petit vieux bouquet de violettes tout fané, qui ne peut guère avoir de prix que pour vous, — et que je suppose vous être destiné par la petite rusée. — Je ne suis pas dupe des prévenances dont on entoure la vieille tante Clémence.

— Oh ! chère tante, vous savez combien, dans le peu que vous allez dans le monde, vous avez à décourager de ces prévenances qui ne sont pas suspectes et qui s'adressent bien positivement à vous, — mais croyez-vous que je ne vous aime pas bien sincèrement ; — certes, cela est beaucoup pour moi que vous soyez la tante de Marguerite, mais c'est un des charmes que je lui trouve d'être votre nièce — et de devoir un jour faire de moi votre neveu.

— Pauvre garçon ! — son cœur est si plein qu'il déborde, surtout quand il est avec des gens qui ont l'inexprimable bonheur d'approcher l'*objet aimé.* — Il dirait des douceurs, j'en suis sûre, à l'heureuse servante qui a ce matin agrafé l'heureuse robe, — et attaché les heureux souliers qui ont l'honneur de renfermer les petits pieds de Marguerite. — Tenez, — parlons sérieusement ; — Marguerite est un ange... elle est renfermée dans sa tendresse avec une conscience que je n'ai jamais vue ; — tout le reste du monde est mort pour elle. — Vous avez raison de baiser ce bouquet : — c'est un talisman qui doit porter bonheur. — L'amour dans l'âme de Marguerite n'a rien de profane ; — à force d'enthousiasme et de pureté — elle en fait une religion : — Marguerite est une sainte. Là-dessus je m'en vais, — nous n'avons pas le temps de causer de vos affaires. — Ne tardez pas à revenir me voir. Vous allez avoir la joie de me donner le bras jusque chez mon frère. — A propos, vous êtes superbe aujourd'hui. — Il faut bien que je vous fasse compliment de votre habit neuf, sans cela vous en seriez pour vos frais. — Je gage que Marguerite ne s'en est pas aperçue. — O Raoul ! — Quelle noble et charmante chose que le cœur de cette chère enfant ! — Raoul, pensez à elle — et aimez-la ; — le ciel a mis sur votre chemin un bonheur digne de ses élus.

Raoul quitta la tante Clémence à la porte de monsieur Hédouin ; — cette visite, les paroles de la tante, ce précieux bouquet sur lequel Marguerite avait appuyé ses lèvres virginales et auquel il reprenait ce baiser avec la suave haleine de sa bien-aimée, — tout rendait le plus heureux des hommes Raoul qui, une demi-heure auparavant, trouvait la vie fermée devant lui et croyait n'avoir plus jamais rien à y faire. — C'est incroyable combien de prodiges on invente pour amuser l'imagination des gens, et combien ces prodiges sont au-dessous des prodiges réels dont la vie est remplie. Quel talisman, quelle baguette de fée a jamais produit une métamorphose — semblable à celle qu'opère — une fleur touchée par la femme que l'on aime. — Un mot de sa bouche, un regard de ses yeux, — non-seulement l'homme tout à l'heure découragé, abattu, — haineux, — devient fier, triomphant, bienveillant, mais encore — le ciel devient bleu, — le vent dans les feuilles exécute une musique ravissante, — les fleurs exhalent des parfums enivrans.

Raoul avait un peu d'argent de reste de la vente de ses livres, et il devait en recevoir d'autre le lendemain. — Il rencontra Calixte Mandron et l'invita à dîner.

IX.

— A propos, dit Raoul à Calixte en dînant, — permets-moi de te féliciter : — tu es devenu comte depuis notre dernière rencontre ?

— Pas que je sache, répondit Calixte en rougissant un peu.

— Ce n'est donc pas de toi que me parle avec tant de vénération le tailleur Seeburg ?

— Ah !... Seeburg... oui, certes ; mais c'est lui qui m'a fait comte. — J'écris mon nom de Calixte en abrégé sur mes cartes : — Cte Mandron, — de plus je fais estamper mon papier à lettres comme tout le monde, — et je mets au-dessus de mes initiales — *C. M.* — une couronne de comte, — tandis que j'aurais pu y mettre une couronne de duc, comme tant d'autres qui n'en ont pas plus le droit que moi. — Il n'y a guère que les commis en nouveautés qui se contentent aujourd'hui d'une couronne de baron, — et aussi les véritables barons, à moins que ces derniers n'en mettent pas du tout ; ce qui est devenu de si bon goût parmi les gens réellement titrés, — que ne pas mettre une petite couronne sur ses initiales est presque, de la part d'un bourgeois, montrer de l'affectation et se donner les airs d'un duc. Cet imbécile de Seeburg s'est amusé à m'appeler monsieur le comte, — et à m'entourer de tant de respects, de tant de soins, que je n'ai pas voulu le désabuser et être obligé de payer en autre monnaie, plus coûteuse pour moi, ses attentions et ses prévenances. — Je vois bien ta grimace, mon cher Raoul, — mais tu me fais un peu dans la vie l'effet d'un homme qui voudrait nourrir son cheval avec des sorbets au marasquin ; — le cheval aime mieux l'avoine et le foin. — Si tu veux abreuver les imbéciles, les sots et les fripons avec toutes sortes d'austères vertus, d'exquises délicatesses, — tu les dégoûteras et ils te lanceront des ruades. — Les trois quarts des hommes aiment mieux des sottises et des puérilités, — je les sers à leur goût, — et ils sont pour moi pleins de respect et de reconnaissance. — Seeburg est-il ton tailleur ?

— Oui, à peu près.

— Eh bien ! je gage qu'il ne laisse pas passer un mois sans t'apporter son mémoire après qu'il t'aura fait pour trois ou quatre cents francs d'habits, — mais moi, — voici trois ans qu'il m'habille, qu'il me couvre de ses plus riches étoffes, — comme les anciens faisaient à leurs idoles ; — eh bien ! — il ne s'est pas permis de faire encore la moindre allusion au paiement.

— Mais, alors, malheureux, tu lui devras des sommes énormes.

— Je le paierai alors; — c'est-à-dire que si j'allais dire au père Mandron que je dois cent francs à mon tailleur, il prendrait son grand air de comparse de tragédie, — et me dirait : — *Mossieu*, je ne paie plus vos dettes ; — mais un mémoire de trois mille francs, — cela lui portera un coup, — il sera atterré, — et il paiera : — le père Mandron gagne énormément d'argent. — Et d'où connais-tu Seeburg ?

— Je donne des leçons à ses enfans.

— A la fille aussi... tu n'es pas malheureux... c'est une jolie fille ; — mais à ce qu'il paraît, une tête de fer, elle fait trembler le père Seeburg, — tu n'es pas malheureux.

— Je n'ai jamais regardé si mademoiselle Seeburg était jolie. — Tu sais bien que mon cœur n'est plus à moi ; — j'aime une autre femme, et de toutes les forces de mon âme.

— Ce n'est pas une raison pour ne pas adorer un peu mademoiselle Seeburg.

— Ah ! Calixte, tu ne sais pas ce que c'est que l'amour ; c'est le ciel qui m'a fait rencontrer cet ange sur la terre ; — il me punirait si je lui étais infidèle.

— Le ciel s'occupe bien de cela ! — Ce que Dieu n'a pas voulu que l'homme fît, — tu peux être sûr que l'homme ne le fait pas. — Dieu n'a pas voulu que l'homme habitât les étoiles et s'allât promener dans la lune, — et l'homme n'a jamais enfreint cette défense. — Si *le ciel a mis* sur ton chemin mademoiselle... comment dirai-je?... mademoiselle trois étoiles, — enfin l'ange en question, — pourquoi ne serait-ce pas lui qui aurait mis sur ton chemin également le joli démon qui s'appelle mademoiselle Seeburg ? — Si tu manges une pomme à un arbre, — crois-tu que le ciel, qui a mis cette pomme-là pour toi, — exige que t'abstiennes des autres ? — Tiens, mon pauvre Raoul, tu ne feras jamais rien de bon dans la vie.

Quelques jours après, Raoul reçut une lettre de la tante Clémence. — Elle ne contenait que ces mots : Venez me voir demain matin.

— Ma chère tante, dit-il en arrivant, — j'ai peur, que se passe-t-il ? Il n'est pas naturel qu'une lettre de vous m'ait causé une fâcheuse impression.

— Rien de mal pour l'avenir de votre amour, mon beau neveu. — Le paradis auquel vous arriverez est sauf, — mais le purgatoire dans lequel vous vivez sera un peu lus triste pendant quelque temps.

— Au nom du ciel ! que voulez-vous dire ?

— Mon frère part dans une semaine pour la Normandie. — Nous avons là un oncle, — et voici l'histoire de cet oncle. Du temps de notre grand'mère et même de notre mère, on mariait les filles très jeunes. — Ma grand'mère s'est mariée à quatorze ans ; — elle a marié sa fille à quinze ans. — Celle-ci avait trente et un ans, — et mon frère, qui est l'aîné de nous, en avait quinze, lorsque ma grand'mère, devenue veuve, s'est remariée et a eu un enfant. — Cet enfant, qui est notre oncle, a quinze ou seize ans de moins que mon frère, — et huit ans de moins que moi. — Il paraît qu'il fait là-bas des folies, — qu'il grève ses propriétés, et va épouser sa servante. — Il s'agit de le morigéner, — et son neveu va aller lui laver la tête. — C'est le seul homme au monde que notre oncle redoute un peu. — Mon frère devait partir seul, — mais hier tout à coup il a changé d'idée. — Je le soupçonne d'avoir saisi au passage certains regards que vous jetez parfois du côté de sa fille. — Il aura sans doute rapproché ces regards — de la joie naïve de Marguerite quand vous venez à la maison, — et de sa douce mélancolie quand elle vous attend pendant une longue semaine. — Toujours est-il qu'il m'a dit : — Clémence, — j'emmènerai mes filles. — Eh quoi ! me suis-je écriée, à peine la fin de l'hiver ? — Que vont devenir ces pauvres enfans à la campagne ?

— Elles seront très heureuses, m'a-t-il dit, Marguerite, l'autre jour, avait des larmes d'attendrissement dans les yeux en lisant un passage de je ne sais quel poète sur le printemps, passage où on disait : « Pour les habitans de villes le printemps est comme le bruit de la musique et de la fête pour le pauvre qui est à la porte de l'hôtel. » — D'ailleurs elles ne profitent guère de Paris, depuis que Marguerite s'est éprise de la retraite et de la solitude. Dès les pre-

miers jours de mai, je les mènerai à la mer qu'elles n'ont jamais vue, — et je ferai prendre des bains à Alice, dont la santé est délicate ; — de plus, a-t-il ajouté en souriant, — tu ne nous refuseras pas de venir avec nous. — *Ces pauvres enfans* — emporteront Paris avec elles, — c'est-à-dire tout ce qu'elles en aiment, excepté Félix qui ne vient plus nous voir que par grâce et pour ainsi dire en visite.

— Qui ! moi ! dis-je.

— Toi, certes ; je *te paie* le voyage, — et pendant quatre ou cinq mois je compte t'héberger, — ce qui tournera au profit de ton fils, — de ton héros africain, dont le nom n'encombre pas les bulletins de l'armée française. — Tu feras des économies pour sa prodigalité. — Eh bien ! Raoul, — lui dirai-je, — vieille femme folle et méprisable que je suis, j'ai encore résisté, — un peu pour toi, — et beaucoup pour ma chère Marguerite. — Mais mon frère a été inflexible dans le plaisir qu'il veut nous procurer. — C'est un homme qui ne s'avise pas souvent d'avoir une volonté ; — mais son indifférence sur les choses ordinaires n'est qu'une économie de force et de despotisme, — surtout quand il croit avoir préparé à ceux qu'il aime un bonheur ou un plaisir. S'il se figurait que notre bonheur doit consister à recevoir chaque matin cent coups de bâton sous la plante des pieds, — il n'y aurait pas moyen de les éviter. — Nous partirons donc dans une semaine. — Ces flots, dont la moue et le visage renfrogné respirent l'ingratitude et la bienveillance, — j'ai pensé à vous encore en acceptant. — Vous aurez par moi, — par mes lettres, — des nouvelles de Marguerite.

— Vous auriez aussi bien pu m'en donner en recevant ses lettres ici.

— Oui, mais aurait-elle des vôtres ? Je veux bien lui parler de vous, mais je ne veux pas lui écrire, — je ne veux pas fâcher mon frère contre moi. — Si je venais à mourir, — il faut qu'il accepte le legs que je lui ferai de mon fils. Ensuite, mon frère a parlé de vous, — il vous a trouvé un air singulier, le jour du Conservatoire... Il voulait me faire parler, mais j'étais sur la défensive.

— N'était-ce pas au contraire le moment de lui dire que je travaille pour me faire une position, et ensuite lui demander la main de sa fille ; — il n'y a rien là que d'honnête et d'honorable.

— Mon frère m'aurait répondu que *notre* projet n'a pas le sens commun, — et, à vrai dire, il ne l'a guère pour Marguerite, pour vous et pour moi, — qui ferons trois fous et deux martyres, si vous faiblissez sur la route, et si vous n'avez pas la force d'arriver au but. Tout serait perdu si une fois il disait non.

— Eh quoi ! je vais être la moitié d'une année sans voir Marguerite !

— Il faudra que vous soyez bien maladroit si vous ne vous faites pas *forcer* par Félix à venir nous joindre aux vacances, à Dieppe ou au Havre, où nous serons alors.

— Ah ! chère tante, quelle charmante pensée !

— Voyons, causons raisonnablement ; il ne s'agit pas de regarder son but. — Il faut y arriver. — Où en êtes-vous ? que faites-vous ? qu'avez-vous fait ?

— Je travaille, — mes pas sont lents, — mais j'arriverai ; — je ne veux rien vous dire encore, mais je me marche.

— C'est bien ; — vous m'apporterez dimanche matin un petit bouquet de violettes pour Marguerite. — Nous partons lundi matin, — sans doute mon frère vous annoncera notre départ dimanche soir. — Félix y sera.

Une partie de la matinée se passa chez la tante Clémence, — et, en la quittant, Raoul s'aperçut qu'il était en retard pour la leçon des enfans du tailleur. — Il arriva couvert de sueur chez monsieur Seeburg qui prit un air réservé et à demi-mécontent. — Raoul fut profondément blessé de la façon dont il reçut son excuse, — mais il pensa qu'il n'avait pas le droit de se fâcher ; — il aurait fallu payer sa dette à monsieur Seeburg. Tout en donnant sa leçon au petit Alfred, il fouilla à sa poche pour prendre son mouchoir et s'essuyer le front ; — il avait perdu son mouchoir ou il avait oublié d'en prendre un.

Esther, qui ne perdait aucun de ses mouvemens, lui dit :

— Vous avez perdu votre mouchoir, monsieur Desloges,—voulez-vous que je vous en prête un ? — Et sans attendre sa réponse, elle alla chercher un petit foulard blanc qu'elle lui donna. — Raoul la remercia et continua la leçon.— Quand ce fut son tour,— Raoul s'aperçut qu'il avait également oublié le livre dans lequel il avait coutume de faire des dictées à Esther. — Il prit au hasard un volume qui était sur la table, et dicta de mémoire une cinquantaine de vers qu'il avait faits dans un moment de tristesse et de découragement.

— De qui sont ces vers? monsieur Desloges, demanda Esther...

— Ils sont..... mademoiselle..... ils sont d'un poëte inconnu...

Esther prit le livre que Raoul avait replacé sur la table, et dit : — Mais, monsieur Desloges, ce livre est un livre à Alfred, — et c'est un livre latin.

— Je vous ai récité de mémoire, mademoiselle, ces vers que j'ai lus plusieurs fois, je ne sais pourquoi.

— Vous aviez cependant une bonne raison pour cela,—monsieur Desloges, — c'est que ces vers sont charmans.

Raoul rougit. — Esther continua :

— Pourquoi ne voulez-vous pas que je sache que ces vers sont de vous?

— Mademoiselle...

— Est-ce pour cette demoiselle avec qui vous étiez au Conservatoire... que vous les avez faits ?... Elle est jolie, du reste, et bien capable d'inspirer de beaux vers. Pardon... n'en parlons plus.—A propos, c'est dimanche ma fête, mon père va aujourd'hui ou demain vous engager à venir passer la soirée avec nous...

— Dimanche... mademoiselle... c'est absolument impossible...

— Est-ce impossible?... ou est-ce que vous ne voulez pas venir passer la soirée chez votre tailleur?

— C'est que c'est impossible, mademoiselle.

— Tant mieux... Eh bien ! si mon père vous invite pour dimanche, acceptez sans faire d'observation.

— Pourquoi accepter, si je ne puis pas venir?

Esther frappa le parquet de son joli petit pied.

— Parce que... parce que, si vous dites à mon père que vous ne pouvez pas venir dimanche, on trouverait singulier que je fisse remettre la soirée à lundi...

— Mademoiselle, je serais désolé de rien déranger à vos plaisirs....

— Est-ce donc que vous ne voulez pas venir?

— Je vous ai répondu à ce sujet, mademoiselle, et je ne mens jamais.

— Je le crois... Alors contentez-vous d'accepter pour dimanche. Raoul corrigea la dictée de mademoiselle Seeburg et partit. — Ce n'est que le lendemain que monsieur Seeburg lui dit : — C'est dimanche la fête de ma fille... vous viendrez passer la soirée avec nous, n'est-ce pas?

Raoul accepta.

— J'espère que monsieur le comte Mandron nous fera l'honneur de venir un instant. — Vous verrez le dernier habit que je lui ai fait.—A propos, vous aurez demain votre manteau.

Le dimanche matin, — comme Raoul allait chez la tante Clémence, son portier lui donna une lettre d'une écriture inconnue,—qu'il décacheta tout en marchant ; — elle contenait ces mots :

« Monsieur, par suite d'une légère indisposition, la soirée à laquelle vous avez bien voulu promettre de venir chez monsieur Seeburg — aujourd'hui dimanche, est remise à demain lundi. — Monsieur Seeburg espère que ce petit incident ne le privera pas de l'honneur de vous voir. »

Raoul chiffonna la lettre, la déchira en morceaux, — et alla chercher deux bouquets de violettes.

— C'est donc demain que vous partez, dit-il à la tante Clémence, — je vais voir Marguerite ce soir pour la dernière fois d'ici à longtemps. — Vous et Marguerite, — vous allez emporter mes pauvres violettes, — vous penserez à moi, n'est-ce pas ? — vous m'écrirez souvent ?

Il donna un des bouquets à la tante, et garda quelque temps l'autre, qu'il pressa sur ses lèvres.

— Maintenant, dit la tante, il ne faut pas que je confonde les bouquets... mais je vous jure que je donnerai à Marguerite celui qui lui est destiné,—sans mentionner aucune circonstance accessoire,— et ce sera tant pis pour vous si elle ne demande à vos violettes que leur parfum. — Je ne l'empêcherai cependant pas de supposer ou de deviner ce qu'elle voudra.—A ce soir ; — surtout soyez sage. — Si mon frère confirme les soupçons qu'il a peut-être, s'il se prononce contre nos projets, tout est perdu. Adieu.

— Le soir, en effet, on joua au loto comme de coutume. —Vers le milieu de la soirée, monsieur Hédouin dit à Raoul : —Monsieur Desloges, nous vous faisons nos adieux... pour quelque temps. — Nous partons demain matin, — nous allons passer quelques mois en Normandie... La santé d'Alice, à laquelle on ordonne les bains de mer, — nous y retiendra probablement pendant toute la belle saison, — nous n'aurons sans doute pas le plaisir de vous revoir avant l'hiver prochain. — C'est singulier que Félix n'arrive pas, —je lui ai cependant écrit que c'était la dernière soirée que nous passerions ensemble d'ici à quelque temps.

A ce moment Félix sonna, — on cessa de jouer et on parla du voyage. Marguerite était triste. — Raoul dit à Félix : — J'espère que tu viendras quelquefois me voir, tes jours de sortie.

— A quelle heure part-on demain matin? demanda Félix.

— A huit heures.

— Nous ne serons jamais prêtes, dit la tante ; — pour moi, j'ai fait aujourd'hui tous mes préparatifs ; mais ce que je crains, c'est de ne pas me réveiller.

Raoul offrit d'aller réveiller la tante, qui accepta.

—Alors, dit Félix, tu viendras avec l'orphelin mettre toute la famille en diligence.

— Volontiers, dit Raoul.

La tante se leva et dit : Il faut nous coucher de bonne heure ; — je m'en vais. Marguerite et Raoul échangèrent un regard, — et Raoul offrit son bras à la tante, qui lui dit au moment de le quitter, avec un ton plein de malice : — A propos... j'allais oublier quelque chose qu'on m'a remis pour vous. — Elle donna au jeune Desloges un papier plié, — et rentra chez elle. — Raoul se précipita sous le premier réverbère,—et reconnut avec un inexprimable ravissement une petite boucle des beaux cheveux de Marguerite. Il passa la nuit à faire des vers qui commençaient ainsi :

Signe orgueilleux de grandeur souveraine,
Rouge turban plissé sur le front des sultans,
Non, tu n'as pas l'éclat de ces tresses d'ébène...
. . . .

et ainsi de suite pendant cent cinquante vers. — Le lendemain matin, il alla frapper à la porte de la tante Clémence, qu'il trouva toute habillée et prête à partir. Marguerite se trouva également préparée, mais elle s'occupait d'Alice. — Monsieur Hédouin et Félix arrangeaient à la hâte un pâté, —dont on offrit un morceau à la tante Clémence et à Raoul, — Raoul, qui allait refuser, — accepta sur un signe impérieux de la tante. Marguerite et Alice emportaient quelques gâteaux. Comme les quatre voyageurs et leurs bagages remplissaient un fiacre plus que suffisamment, — Félix et Raoul — partirent à pied en avance. —On avait oublié mille choses. Quand le fiacre arriva, les chevaux étaient à la voiture,—et on avait déjà appelé deux fois : — Monsieur Hédouin, quatre places d'intérieur. — Raoul jeta un regard inquiet dans la voiture : deux hommes complétaient l'intérieur. Monsieur Hédouin se mit au milieu de ses deux filles — et la tante Clémence en face de Marguerite, quoiqu'on lui fît observer qu'elle marcherait en arrière et serait fort mal à son aise. — Raoul lui sut meilleur gré de ce qu'elle s'obstina à former ainsi autour de Marguerite un cordon sanitaire de parens — que de tout ce qu'elle avait fait pour lui jusqu'alors. — Un des voyageurs n'était remarquable que par un monstrueux nez violet ; —l'autre était un jeune homme d'assez bonne tournure. Raoul envia les deux voyageurs jusqu'à se dire à lui-même : — je voudrais être cet homme au nez violet. Marguerite laissa sa main sur la portière du côté de Raoul auquel la tante Clémence eut la bonté de parler de diverses choses pour lui donner une raison de rester là et de toucher du bout de son petit doigt l'extrémité du petit doigt de Marguerite.—Quand la voiture partit, Marguerite laissa tomber en dehors son gant qu'elle avait ôté. — Raoul le ramassa si rapidement que personne ne s'en aperçut. Il resta là,—immobile,— inanimé.— Félix le tira de cette torpeur — en disant :

— Je sais bon gré à mon père de ne pas m'avoir recommandé d'aller à la pension aujourd'hui, — j'aurais eu la douleur de lui désobéir. — La désobéissance des enfans ne vient que de l'habitude qu'ont les pères de donner des ordres ennuyeux. Il semble qu'ils se rappellent tout ce qu'ils ont souffert à notre âge, — pour s'en venger lâchement sur la génération suivante. — Je vais aller jouer au billard... viens-tu avec moi ? — j'ai rendez-vous avec deux de *mes amis.*

L'élève de rhétorique commence à ne plus avoir de camarades.

Raoul prétexta ses leçons à donner. Il engagea Félix à venir déjeuner avec lui le dimanche suivant, et ils se séparèrent.

Il resta seul dans sa chambre pendant quelques heures, puis il alla donner ses leçons. — Il était singulièrement abattu.—Mademoiselle Seeburg le remarqua et lui demanda s'il était malade.

— Non, lui dit-il. J'ai conduit ce matin des amis à la diligence, et je ne sais rien d'aussi triste qu'un départ.

Comme il allait faire sa dictée, — mademoiselle Seeburg le supplia de lui dicter encore quelques vers. — Il ne vint à l'esprit de Raoul que ceux qu'il avait faits dans la nuit précédente :

Signe orgueilleux de grandeur souveraine,
Rouge turban plissé sur le front des sultans,
Non, tu n'as pas l'éclat de ces tresses d'ébène, etc.

Elle parut surprise et émue en écrivant ces vers.

Il rapportait à mademoiselle Seeburg son petit foulard blanc qu'il avait fait blanchir soigneusement.

— Ne voulez-vous pas le garder ? demanda Esther.

— Mais, mademoiselle...

— Je l'ai ourlé pour vous... J'attendais, pour vous le donner, une occasion que le hasard a amenée l'autre jour... La preuve... c'est qu'il est marqué à votre nom...

Elle prononça ces derniers mots en rougissant beaucoup, — Raoul rougit aussi, lorsque, regardant au coin du foulard, — il vit ses initiales marquées en cheveux, qui lui parurent être de la nuance de ceux de mademoiselle Seeburg.

— C'était la dernière leçon qu'il eût à donner ce jour-là.— Il rentra chez lui.

— C'est singulier, se disait-il, — cette bonne fille, reconnaissante de mes soins, — me donne un petit ouvrage, — dans lequel elle a mêlé quelques-uns de ses cheveux, — et j'ai à peine songé à la remercier, — tandis que cette boucle des cheveux de Marguerite est un trésor dont je ne me séparerais pas au prix de ma vie. — Et j'ai encore — ce gant — et ce bouquet de violettes... qu'elle m'a fait rendre par sa tante.

Il contempla et serra ses trésors avec la sollicitude d'un avare.

X.

Monsieur Seeburg avait fait comme monsieur Mandron, et comme font beaucoup d'autres : — il avait voulu élever ses enfans au-dessus de sa position et de lui-même. — Manie de cette époque, — qui fait du pays entier une pépinière d'avocats, de médecins et de poètes : — avocats sans causes, — médecins sans malades, — poètes sans auditoire. — En effet, il y a aujourd'hui plus d'avocats que de procès,—plus de médecins que de maladies ; — ceux d'entre les Français qui veulent bien encore faire du papier — n'en pourraient faire assez pour imprimer les œuvres de tous les poètes inédits. — La société ne se compose plus de spectateurs nombreux—jugeant quelques acteurs,—elle est toute composée d'acteurs, — et un auditoire n'est formé que de gens qui attendent leur tour pour parler.

L'envie a imaginé le beau nom d'*égalité*, au moyen duquel elle se pavane avec impudence. — Sous prétexte d'égalité, — on se hisse jusqu'aux marches supérieures en marchant sur la tête des égaux ; — le bourgeois exige l'égalité avec le grand seigneur, — mais repousse énergiquement la prétention de l'ouvrier, qui veut être son égal à lui. — Alfred Seeburg doit être notaire. — Esther doit faire un beau mariage. — Esther a acquis toutes sortes de talens, — qui lui rendent impossible d'épouser un ouvrier ou un marchand comme son père ; elle a été quelques années en pension, — puis elle est revenue à la maison,— où elle n'a trouvé personne pour la diriger, et où elle est la maîtresse absolue,—Le père Seeburg, qui sait à peine lire, est incapable de surveiller les lectures de sa fille, — et sa fille lit des romans ; — elle a lu la *Nouvelle Héloïse*, — ce livre écrit en caractères de feu, et il lui est arrivé ce qui arrive à tant d'autres.— On a dit : « Le Français a créé le vaudeville. » Le vaudeville a créé à son tour le Français, — c'est-à-dire que le théâtre et les romans ont d'abord, il est vrai, été la peinture des mœurs et de la société, mais ensuite les mœurs et la société ont été le reflet des romans et de la comédie. Bien des jeunes cœurs ont trouvé dans le livre de Rousseau des formules pour exprimer le feu inconnu qui les dévorait.— Esther trouve que Raoul est vis-à-vis d'elle dans la position de Saint-Preux vis-à-vis de Julie, — et elle aime Raoul. Son amour, pour être une imitation, n'en est pas moins réel ; — elle n'a emprunté que la forme ; elle a trouvé le fond dans une tête naturellement exaltée, dans une éducation qui ne lui fait voir dans sa famille, dans les amis de son père et dans les gens qui l'entourent, que des êtres inférieurs à elle, qui ne peuvent la comprendre, — qui ne parlent pas la même langue qu'elle,—et qui consacrent leur vie à des intérêts pour lesquels elle éprouve un magnifique dédain. — Raoul, d'ailleurs, a tout ce qu'il faut pour exciter de semblables sentimens : il est beau, jeune, mélancolique, il fait des vers ; — les personnages du roman sont tout trouvés,— la situation est identique.—Esther attend la fameuse lettre de Raoul, qui ne veut plus lui donner de leçons, — qui veut la fuir comme Saint-Preux voulait fuir Julie ; — mais Raoul continue à être d'une ponctuelle exactitude. — Esther est à la fois heureuse de le voir chaque jour,—mais elle s'impatiente néanmoins que le roman reste toujours au premier chapitre ; sa tête s'exalte de la solitude où elle vit au milieu d'une famille composée d'ouvriers et de marchands.

Elle essaya de passer quelques feuillets pour arriver plus vite au second chapitre. — Ces vers que Raoul lui a dictés, et qui par hasard — se trouvent s'appliquer assez bien à ses cheveux, dont elle s'est servie pour marquer le petit foulard blanc, — lui semblent un aveu formel : — elle a les cheveux châtain foncé, — et l'expression de cheveux d'ébène, qui s'applique mieux aux cheveux de Marguerite, qui sont beaucoup plus bruns, lui paraît un peu forcée ;—mais elle est pleine d'indulgence pour les exigences de la rime, — et, à moins d'être blonde et presque albinos, elle pense qu'elle peut sans scrupule permettre qu'on appelle *en vers* ses cheveux des cheveux d'ébène. — Néanmoins, dans la toilette qu'elle fait pour le soir, elle met ses cheveux en bandeaux — et passe dessus un peu de pommade. — Ces deux procédés en assombrissent convenablement la couleur. — Quand le portrait ne ressemble pas au visage, c'est au visage à s'efforcer de ressembler au portrait ; — il ne faut qu'un peu de bonne volonté. — Monsieur Seeburg blâma la toilette trop simple de sa fille. — L'espoir de voir monsieur le comte Mandron honorer de sa présence la petite soirée a fait naître dans sa tête des idées vagues, qu'il ne veut pas exprimer, — mais à la réalisation desquelles il ne veut pas mettre d'obstacles. — Les observations du tailleur n'obtiennent aucun succès. — Esther a su trouver dans la conversation de Raoul quelle est la parure qui lui plaira le plus. — Raoul, questionné longtemps d'avance sur ce sujet, — et Esther, croyant qu'il s'agissait de quelque rêve de l'imagination de son maître, a fait son profit de ce qui lui est échappé : elle a une robe blanche — avec une couronne de chèvrefeuille dans les cheveux, — quelques bouquets de chèvrefeuille — descendent le long de la robe ; — elle est réellement charmante sous ce costume, et d'ailleurs, — rien n'embellit comme l'amour.—C'est à tort qu'on a cru que c'était seulement l'imagination de l'amoureux qui prêtait des attraits nouveaux à *l'objet aimé ;* — la femme qui aime et l'homme amoureux sont réellement plus beaux tous les deux.

Il est des oiseaux qui ne chantent — et qui ne revêtent certaines couleurs éclatantes qu'à l'époque de leurs amours ; — le feuillage et les fleurs sont la parure des noces de la terre fécondée par le soleil ; — les fleurs elles-mêmes — ne brillent de tout leur éclat — et n'exhalent leurs plus suaves parfums qu'au moment où les petites nymphes et les petits gnômes qui les habitent— s'aiment et se le disent—sous les belles courtines de saphir, de pourpre ou de topaze qui forment leurs riches pétales.

Monsieur le comte Mandron daigne venir quelques instans à la soirée du tailleur, qui suffoque d'aise ; mais Calixte croit devoir manifester des airs dédaigneux. — Esther est heureuse de sa présence, parce que cela lui donne une occasion de donner un sens prononcé à ses attentions exclusives pour Raoul. — C'est pour lui qu'elle joue du piano et qu'elle chante ;—elle a su apprendre de lui quels sont les airs qu'il préfère.

Monsieur Seeburg a senti augmenter considérablement le peu de vénération que lui inspirait Raoul Deslogcs, en voyant le comte Mandron traverser le salon pour lui donner une poignée de main. Esther est heureuse et fière de ce que tout le monde semble la trouver belle, mais elle s'efforce de montrer à Raoul... que ce n'est que pour lui qu'elle veut l'être. On la prie de chanter... Le père Seeburg demande un grand morceau démesuré, pour lequel il a une estime particulière. — Esther ne chante que des airs simples et mélancoliques, que des mélodies originales, — qu'elle sait être du goût de Raoul.— On a dressé des tables de jeu ;— on engage Raoul à jouer, mais il refuse en rougissant. — Il n'a que peu d'argent... peut-être il n'en a pas du tout. — Mandron joue hardiment et gagne, et s'en va au plus fort de sa veine favorables. — Monsieur Seeburg perd une centaine de francs et devient mélancolique. — On ne tarde pas à se séparer. — Esther dit à Raoul : — A demain, monsieur Desloges.

Le dimanche suivant Félix vint déjeuner avec Raoul. — Raoul est heureux de se *raccrocher* ainsi à la famille de Marguerite. — Félix a reçu des lettres, — une entre autre de la tante Clémence pour son camarade — qui, malgré son impatience, se contente de parcourir la lettre et la met dans sa poche. Après le déjeuner on va se promener, puis on se sépare, et Raoul rentre chez lui lire sa lettre.

» Mon cher Raoul, nous sommes arrivés à *** tous en bonne santé ; — notre oncle a fait beaucoup de frais pour nous recevoir ; — Marguerite a excité chez lui une grande

admiration. — La propriété dudit oncle est fort belle : — c'est une maison au pied d'une colline, — cette colline est un bois. Du flanc de la côte sort un ruisseau qui alimente un petit étang presque caché dans les saules et dans les peupliers ; un peu plus loin est la ferme, — avec de nombreux bestiaux et des chevaux magnifiques. Nous avons eu depuis notre arrivée le plus beau temps qu'on puisse imaginer ; — on oublie qu'on est à peine aux premiers jours du mois de mars. — Réellement on calomnie l'hiver à la campagne ; il vaut beaucoup mieux que sa réputation. Marguerite est beaucoup moins triste que ne l'espèrent peut-être votre égoïsme et votre fatuité ;— elle a tant de confiance dans votre tendresse et dans la sienne,— que la sécurité de l'avenir jette sur le présent un reflet de bonheur. La servante en question n'était pas chez notre oncle à notre arrivée ;— elle est, dit-on, allée voir son père malade. Il est probable qu'elle aura trouvé vis-à-vis de nous sa position difficile ; — elle ne pouvait décemment faire en notre présence le rôle de dame de la maison, — et elle a compris qu'il serait dangereux de redevenir servante sous les yeux de l'homme qu'elle a amené à voir en elle quelque chose de plus. Il est facile de voir qu'elle avait su se rendre indispensable ; tous les soins de la maison avaient été tout doucement réunis sous sa dépendance, et tous les rouages du ménage semblent embarrassés.—On voit du premier coup-d'œil qu'il manque quelqu'un dans la maison, et que c'est ce quelqu'un qui gouverne tout.

» Notre oncle est loin d'avoir, aux yeux de Marguerite, le succès qu'elle a obtenu aux siens. Les emprunts qu'il a faits sur ses propriétés sont une fiction, et n'ont eu pour but que de placer des sommes assez considérables sur la tête de mademoiselle Olympe. Il nous a fait dîner avec quelques-uns de ses voisins.— On a parlé du prix des bestiaux et de *l'apparence des pommes,* — de l'état des chemins, — puis on a bu et mangé d'une manière qu'on ne pourrait imaginer sans l'avoir vu, et qu'on croit encore impossible après l'avoir vu. Un dîner de six heures n'a rien d'extraordinaire ici. Chaque convive, par un miracle incompréhensible, — a absorbé de viandes, de cidre et de vin, — un volume au moins égal à celui qu'il fait lui-même.—Il est venu un moment où tout le monde a parlé à la fois. — Alice et sa santé délicate m'ont servi de prétexte pour quitter la table avec mes deux nièces ;—quand nous sommes revenues, on jouait aux dominos. — Il paraît que l'oncle Sébastien est aux dominos d'une force extraordinaire. Pendant qu'on jouait et qu'on prenait du café, — on avait remis les broches en mouvement à la cuisine ; — des gigots, des volailles rôtissaient à grand feu. — Après cet immense dîner, — il fallait penser au souper. — Le café se boit d'abord pur, — puis on y mêle de l'eau-de-vie successivement à divers degrés, — et l'on arrive à boire une quantité fabuleuse de ce mélange sous des noms divers. — On boit d'abord la moitié d'une tasse de café épais et presque bourbeux, puis on remplit la jatte d'eau-de-vie, c'est le *gloria ;*—on boit encore la moitié de la tasse, — puis on remplit derechef pour faire le *gloria gris,* — que l'on absorbe entièrement. — Le *gloria gris* absorbé, on remplit la tasse d'eau-de-vie, qui se boit sous le nom de *rincette ;* — à la *rincette* succède une autre tasse pleine qui s'appelle la *surincette ;* — après quoi on ne boit plus guère que le *pousse-café ;*—ceux qui ne jouent pas causent en parlant tous à la fois, — et à chaque parole — toutes les tasses sont choquées.

» Le soir, après le souper, auquel nous avons assisté sans y prendre part,— nous nous sommes retirées dans nos appartemens. — J'ai causé avec mon frère et nous avons été du même avis. — Il était venu pour empêcher son neveu de se *ruiner* et de faire une *mésalliance ;* mais après ce qu'il a déjà donné à mademoiselle Olympe, il ne peut faire de meilleure affaire que de l'épouser ; — et, sous l'autre rapport, je n'ai pas vu ladite demoiselle ;—mais ni mon frère ni moi,— après avoir vu notre oncle, nous ne pouvons imaginer une fille qui ne se *mésallie* pas en devenant sa femme. — Mon frère a donc résolu d'abréger autant que possible notre séjour chez l'oncle Sébastien, et de le laisser parfaitement *agir* à sa guise.—Il y a cependant une chose dont je suis convaincue, c'est que Marguerite pourrait facilement détruire le pouvoir de mademoiselle Olympe, sa future grand'tante. — Ne vous alarmez cependant pas, — et comptez sur sa constance.

» Maintenant que j'ai suffisamment bavardé, il faut que je vous récompense de la patience avec laquelle je veux croire que vous avez lu mon griffonnage; — mais j'ai une si magnifique récompense à donner, que j'ai presque regret de ne pas la faire payer plus cher. Marguerite chez son père a sa chambre à elle,—mais ici, elle, Alice et moi, nous avons deux chambres pour nous trois,—et j'ai, au moyen de cette petite confusion, découvert un secret. — Marguerite, tous les soirs avant de se coucher, — vous écrit... Elle nous raconte toute sa journée, ce qu'elle a fait, — ce qu'elle a pensé, — ce qu'elle a dit; — elle écrit ces choses sur de charmans petits cahiers, — qui vous seront remis à une époque peut-être encore, hélas ! bien éloignée. — J'ai pris pitié de vous, parce que vous n'êtes pas un ange comme Marguerite, parce que vous n'avez pas cette foi et cette respectable sérénité qui règnent dans son cœur,—et que sans doute vous avez besoin d'encouragemens.—J'ai fait pour vous—ce que je n'aurais pas fait pour moi-même,—j'ai volé et copié quelques-uns de ces feuillets, et je les ai ensuite remis en place sans que Marguerite ait rien découvert de ma méchante action. — Certes, vous n'êtes pas digne de cette chère fille; — mais pour un homme, et pour un jeune homme, vous n'êtes pas trop mauvais encore, et je me résigne à vous. Adieu. — Voici les feuillets copiés dans les cahiers de Marguerite, j'ai pris *presque* au hasard. — Vous ferez ce que vous voudrez d'une violette blanche que *l'on* m'apporte. »

XI.

JOURNAL DE MARGUERITE.

« Ma tante Clémence a raison,—je suis à lui,—ses lèvres ont pressé les miennes; — je ne puis sans honte et sans infamie appartenir jamais à un autre.—Je suis à lui ! j'ignore s'il est possible qu'il soit aussi heureux de me posséder que je suis heureuse d'être à lui. Je ne permettrai pas au temps et aux obstacles de retarder ce bonheur ineffable que j'éprouve d'être à lui. De ce jour, ma vie toute entière lui appartient, — de ce jour, si je n'ai pas toutes les félicités de l'épouse, j'en commence tous les devoirs; — de ce jour, toutes mes actions, toutes mes pensées sont à lui,— et comme je ne veux pas qu'il en perde rien, ni que je perde rien moi-même du bonheur que j'en éprouve, j'écrirai chaque soir — tout ce que j'aurai fait, — tout ce que j'aurai dit, — tout ce que j'aurai pensé dans la journée.

» Le jour où je serai sa femme aux yeux du monde comme je la suis aujourd'hui à mes yeux,—je lui donnerai ces cahiers; — je lui rendrai compte de toute ma vie depuis le jour où elle lui appartient; — je n'ose lui demander d'en faire autant de son côté, mais peut-être a-t-il la même idée que moi,—et au même instant; — je n'en serais nullement étonnée. »

» J'ai vu aujourd'hui mon amie Émilie Varestein; — elle m'a fait la visite de noce, elle était dans une parure éblouissante, mais il me semble que le jour où je serai aux yeux du monde la femme de Raoul,—j'aurai sur le front quelque chose de plus beau et de plus riche — que les plumes et les diamans, — ce sera l'auréole d'une sainte félicité, — d'un amour pur et innocent. — Tout le monde la félicite, la trouve heureuse, l'envie et la hait un peu, — parce qu'elle a épousé un homme très riche, — un homme qu'elle ne connaissait pas, — qu'elle n'aimait pas. Je me suis au contraire sentie la prendre en grande pitié; — il y a dans sa

situation, selon la manière dont je le sens,—quelque chose de si triste, qu'il cache un peu ce qu'il y a de honteux. — Eh quoi ! — je rougis, je tremble, j'ai peur, j'ai envie de pleurer, — lorsque Raoul, que j'aime de toute la force de mon âme, — m'a pressé la main.

» Eh quoi ! après ce baiser qui a scellé notre union, — j'ai pleuré—et j'ai été si heureuse ! et c'est sans honte, sans terreur,—qu'Émilie s'est donnée à un homme qu'elle n'aime pas ! — J'ai pitié d'elle, mais je ne l'aime pas; — je ne la verrai plus; heureusement qu'elle se croit heureuse et qu'elle n'a pas besoin de moi, — cela me met à mon aise, — je ne la verrai plus. »

. . . .

« Il est venu ce soir; — nous avons passé toute la soirée ensemble,— mes tantes, mon oncle Desfossés,— mon père, Alice; — tout le monde l'aime et le traite comme s'il était déjà de la famille. — Que je les aime d'être ainsi pour lui ! — que je leur suis reconnaissante ! — J'ai donné à mon frère un beau portefeuille et à Alice un sac de bonbons; — j'ai embrassé mes tantes avec tendresse; — il m'a semblé que mon oncle Desfossés n'était pas tout à fait insupportable; — pour ma tante Clémence, c'est notre Providence, — elle est si parfaite pour nous, que j'oublie de la remercier et que je suis ingrate; — elle est si heureuse de faire le bien, qu'on ne sait vraiment si on lui doit quelque chose pour cela, et si ce n'est pas d'elle que doivent venir les remerciemens. »

. . . .

« Une chose que je ne comprends pas, c'est le peu de chagrin que me donne son départ lorsque la soirée du dimanche est finie; — je dois cependant être au moins huit jours sans le revoir... mais j'ai une si grande foi en lui !... je suis si sûre de nous et de notre bonheur ! — D'ailleurs, je suis si heureuse rien que de l'aimer ! — Et quand je pense qu'il m'aime ! — quand je pense que je lui appartiens ! O mon Dieu ! je vous remercie, mon Dieu ! Il ne manque à mon bonheur que de m'en croire digne. »

. . . .

« J'ai travaillé et cousu aujourd'hui toute la journée; — cela m'a fait penser à notre ménage,—à ces devoirs charmans, à ces soins si doux que j'aurai à prendre. — Je couds, — je ne lis plus.— Que lirai-je? — Tout ce qui n'est pas mon amour ne m'intéresse plus. — Les livres où il est question d'amour me mécontentent toujours; — nulle part je ne le vois comme je l'éprouve. — Dans certains livres il est question de joies, et de bonheurs, et de peines, que je ne comprends pas et qui m'épouvantent; dans les autres,—l'amour est un crime, — il faut en avoir honte et l'éviter. — Et quand je lis dans mon cœur—j'y vois tout autre chose : l'amour pour moi est une passion douce et sainte qui me rend meilleure, qui me fait doubles toutes les vertus et rians tous les devoirs; — les forces de mon âme me paraissent plus que doublées,—j'appartiens toute entière à Raoul; je lui consacre tout mon amour.— Et cependant il me semble que sans lui rien retrancher ni de moi ni de mon cœur, il me semble que j'aime les autres davantage. — Je suis plus respectueuse envers mon père; — j'ai retranché quelque chose de ma toilette pour la donner aux pauvres; — je suis plus patiente avec les domestiques; — mon affection pour ma sœur Alice — a pris tout le sérieux, toute la sainteté de l'amour maternel. — Aucun de mes devoirs ne me coûte à remplir, chacun d'eux m'est devenu un bonheur, — et je regrette presque de n'en pas découvrir de nouveaux; — je prie Dieu avec joie, avec effusion, — j'ose lui parler de Raoul, — tant je sens mon amour pur et vertueux. »

« Nous voici à ***.—Ma tante et Alice se sont endormies, — je vais dire bonsoir à mon Raoul. — Que son beau visage était pâle et abattu — avant-hier quand la diligence qui nous emportait a commencé à se mettre en mouvement.— O mon Dieu ! — donnez-lui une part de la sécurité qui est dans mon cœur; je ne sens pas cette séparation aussi douloureusement que je l'avais imaginé, — il y a tant de moi qui reste avec lui — que cela ne peut s'appeler tout à fait une séparation, — et puisqu'il y a quelque chose que la distance ne peut m'enlever, — c'est le bonheur de sentir que je l'aime, — et que je l'aime si uniquement, — de sentir que mon amour est tel qu'il peut servir à exprimer en un seul mot tous les devoirs et toutes les vertus. — Dimanche cependant sera bien triste, — mais ma tante Clémence lui écrira de façon à ce que sa lettre lui parvienne ce jour-là. — Il lira une lettre venant d'ici, — une lettre écrite avec cette plume dont je me sers. — J'y joindrai une de ces petites violettes blanches — que j'ai découvertes derrière la maison de mon oncle Bastien. — Chère petite fleur ! tu lui porteras toutes mes tendresses, — tu resteras dans mon sein jusqu'à après-demain, — tu lui arriveras toute desséchée. — Te demandera-t-il tout ce que je te confie pour lui ? »

» Voilà, mon beau neveu, reprenait ici la tante Clémence, voilà tout ce que ma conscience me permet de copier du manuscrit de votre Marguerite. — Heureux, heureux Raoul ! — Quel trésor que l'âme de cette douce vierge ! — Je vous aime bien, Raoul, — je vous crois toutes sortes de vertus et de hautes qualités, — je vous crois bien au-dessus du vulgaire des hommes, je vous crois honnête, — intrépide, — constant, — et par momens je me demande si vous êtes digne de Marguerite.

» Adieu, votre vieille tante radote un peu, — mais pensez que si je n'ai pas fait le bonheur de Marguerite, — j'ai tué cette malheureuse enfant ; — pensez que je vous ai confié sa vie. — Si vous avez quelque chose de bon que je ne connaisse pas, ayez soin de me le faire savoir, montrez-moi tout ce qu'il y a de grand et d'élevé dans votre cœur, — rassurez-moi, — promettez-moi le bonheur de ma sainte amoureuse, — prouvez-moi que mes inquiétudes sont des folies, — que je n'ai pas le sens commun, — que je suis une vieille folle de m'alarmer jusqu'à la terreur... Malgré tout cela, ne m'écrivez pas avant d'avoir reçu une seconde lettre de moi. — Il est probable que ce n'est pas ici que je recevrai de vos nouvelles : — nous n'avons rien à faire ici, — et nous nous y ennuyons mortellement.

» Clémence. »

Raoul se jeta à genoux — et confondit Dieu et Marguerite dans ses actions de grâces et dans ses adorations. — Il cria tout haut en serrant ses deux mains jointes : — Quel bonheur ! quel bonheur ! — Il prit la petite violette blanche et la couvrit de baisers ; — puis il pensa qu'il devait faire, comme Marguerite, un journal exact et minutieux de ses actions et de ses pensées. — C'était un moyen de se rapprocher d'elle, — de parler avec elle toutes ses soirées ; — il croirait lui faire passer ses espérances, ses chagrins, ses découragemens. — Plus tard, quand ils seront mariés, il lui lira ses cahiers ; — leur bonheur s'augmentera des peines et des anxiétés du passé. — Ces récits sont la pluie qui bat sur les vitres pendant que le voyageur est à l'abri, — devant un bon feu et un bon souper. — Par momens il pense comme la tante Clémence, qu'il est indigne de cette chaste et charmante fille. — Mais en songeant à elle, son cœur est si plein d'un noble enthousiasme, il se sent si résolu, si fort, — qu'il devient fier de lui-même, — et se dit vec un indicible bonheur : — Oui, je la mérite, oui, je suis digne d'elle et de son amour.

Il descend pour aller acheter un cahier sur lequel il commencera son journal. — Comme il rentre chez lui, il trouve Mandron qui l'attend. — Mandron lui demande ce qu'il veut faire de ce cahier ; — mais il semble à Raoul que ce serait profaner sa chaste fiancée que de rien dire à Mandron qui eût à elle un rapport même indirect. — Au lieu de répondre, il demande à Mandron pourquoi il s'est enfui si vite l'autre soir de chez monsieur Seeburg. Mandron a sans doute aussi ses raisons pour ne pas répondre à cette question.

— Dis donc, Raoul, est-ce que tu sors ?
— Je n'en sais rien... Pourquoi cette question ?

— Et si tu sors, mettras-tu ton manteau... le manteau que t'a fait monsieur Seeburg ?...
— Cela dépendra du froid.
— Oh ! il ne fait pas froid du tout... alors tu ne le mettras pas, et tu vas me le prêter.
— Pourquoi faire, puisque tu dis qu'il ne fait pas froid ?
— S'il fait froid, je le mets ; s'il ne fait pas froid, tu n'en as pas plus besoin que moi... Mais, ajouta Raoul en souriant, tu sais bien que ce dilemme est une plaisanterie ; — si tu as besoin de mon manteau, prends-le.
— Merci, je te dirai pourquoi une autre fois.
— Quand tu voudras.

Mandron prend le manteau, se drape dedans, cherche une glace pour voir si cela va bien, et s'écrie :
— Comment ! pas de glace, mon pauvre Desloges ! — enfin, c'est égal, — je te rapporterai le manteau demain.

Mandron parti, Raoul s'occupe de son journal. — il met sur la première page, en manière d'épigraphe, cette phrase de Marguerite : « Je lui rendrai compte de toute ma vie depuis le jour où elle lui appartient. » — Puis, ayant fixé la violette blanche avec de la cire, il écrit :

« Quel est ce jour ? — Il est des momens où il me semble que dans toute ma vie je n'ai eu ni une tristesse ni une joie qui ne l'ait eue pour objet, même avant que je l'eusse rencontrée. — Ces tristesses vagues, — ces joies sans causes apparentes, que j'éprouvais jusqu'à en verser des larmes au retour du printemps, n'était-ce pas déjà la douleur de l'absence, la joie de l'espoir ? — est-ce que je ne préparais pas mon âme à l'aimer ? — est-ce que je n'amassais pas d'avance des trésors d'amour pour quand je la rencontrerais ? — Je suis sûr que la fleur des champs que je cueillais, que je regardais avec attendrissement, était une fleur sur laquelle elle avait marché, — ou qu'elle avait mise dans ses cheveux. Quand j'errais dans les bois, — quand mon imagination se laissait doucement bercer par le bruit du vent dans les feuilles, — qui formaient sur ma tête une magnifique tente verte, — lorsque j'aspirais le parfum du chèvrefeuille des bois, et que j'écoutais les chansons des oiseaux, — il me survenait dans ce plaisir quelque chose d'amer, dans cette heureuse rêverie quelque chose de triste ; — c'est qu'il y avait sous la tente verte formée par les arbres une place vide à côté de moi, — c'est qu'elle n'était pas là, — c'est que je la désirais, c'est que je l'invoquais, quoique je ne l'eusse jamais vue, et que j'ignorasse où elle était et même si elle existait. — Je crois que l'air embaumé qui rafraîchissait mon visage pendant les soirées d'été venait de l'endroit qu'elle habitait, et s'était parfumé dans ses cheveux ; — je crois que toutes les choses pour lesquelles j'éprouvais de la répugnance m'éloignaient d'elle à mon insu ; — je crois que celles que je faisais avec plaisir étaient des circonstances nécessaires pour que je la rencontrasse un jour. »

Deux jours après Calixte rapporta le manteau, — puis il revint l'emprunter deux autres jours plus tard et le rapporta également.

— Mais, dit Raoul, est-ce que tu n'as pas de manteau ?...
— Si... si fait, répondit Calixte, mais c'est que c'est pour me glisser le soir dans une maison où je ne veux pas être reconnu.... chez une femme... On a vu souvent mon manteau... et le tien me déguise.

La vérité est que Mandron, qui se piquait d'être *fort au billard* et qui y jouait d'assez fortes sommes, n'avait pas été aussi heureux à beaucoup près depuis une semaine que chez monsieur Seeburg ; — non-seulement il avait perdu son argent, mais pour tâcher de regagner ce qu'il avait perdu, il avait vendu son manteau et presque tous ses habits. — D'autre part il s'était, peu de temps auparavant, fait donner par son père l'argent d'un manteau et d'un habit que lui avait fait monsieur Seeburg, et qu'il n'avait pas payés, — argent qui lui avait également glissé entre les doigts. — Il ne pouvait donc se présenter chez ses parens sans une mise un peu opulente, — et c'était pour aller dîner chez eux, devoir qu'il leur rendait assez souvent depuis quelque temps par économie, — qu'il empruntait le manteau de Raoul.

La mère de Calixte rencontra un jour Raoul couvert de son propre manteau.

— Eh quoi! dit-elle à son fils, me suis-je trompée ou ai-je réellement vu au petit Desloges un manteau pareil au tien? si ce n'est que celui qu'il portait m'a paru plus grand et d'un plus beau drap.

— Vous avez bien vu sur un point, ma mère, reprit Mandron, mais vous vous êtes trompée sur un autre : — le manteau que vous avez vu sur les épaules de Raoul n'est autre que le mien que je lui prête quelquefois.

— Pourquoi lui prêtes-tu ton manteau?

— Pour lui faire plaisir.

— Tu as tort... chacun doit garder ce qui lui appartient. Ce petit jeune homme a bien besoin de se donner des airs d'homme à manteau ! — c'est bien la peine que nous nous fassions des privations, moi et ton père, qui devrait se reposer et qui travaille autant que dans le commencement de notre mariage, — pour que ce soit monsieur Raoul Desloges qui *porte manteau*.

Quelques jours après, madame Mandron se trouva dans une maison pour recevoir une note donnée par son mari.

— Dans cette maison était Raoul, qui y donnait des leçons à l'enfant. Madame Mandron, après avoir fini ses comptes, s'était assise — et causait *un brin*, — lorsque Raoul entra. — il salua la maîtresse de la maison et aussi madame Mandron, — puis il jeta négligemment son manteau sur une chaise, — et se plaça à une table avec son disciple. Madame Mandron, tout en continuant de causer, avait les yeux sur le manteau, qu'elle avait parfaitement reconnu. — Elle causait encore, mais elle répondait hors de propos ou ne répondait pas aux questions ; — enfin, n'y pouvant plus tenir, elle se leva et alla relever un pan du manteau qui traînait par terre. Peu de temps après, il entra une autre personne. Raoul pensa qu'on aurait eu besoin d'une chaise de plus, il ôta le manteau de celle qu'il couvrait et le mit sur une console. — Madame Mandron, cette fois, se précipita pour voir si la console était propre, — pour relever encore un morceau du manteau qui traînait à terre, — et secouer la poussière qui s'y était attachée. — Raoul, cette fois, s'en aperçut, et la remercia. — La leçon était presque terminée, et l'enfant faisait semblant de chercher un autre devoir qu'il n'avait pas fait. — Madame Mandron saisit cet intervalle pour entrer en conversation avec Raoul.

— Est-ce que vous trouvez qu'il fait froid, monsieur Desloges? dit-elle.

— Un peu, madame.

— Je croyais que vous n'étiez pas frileux... Et par un temps comme celui qu'il fait aujourd'hui, il vous faut un manteau !... Je suis sûre qu'il va pleuvoir et le manteau sera mouillé.

— Qu'est-ce que cela fait?

— Mais, au contraire, monsieur Desloges, c'est que je trouve que cela fait beaucoup. Comment ! un manteau tout neuf...

— Ma foi, madame, mon opinion est qu'un manteau doit me garantir des mauvais temps, et qu'il doit faire son état de manteau... Il perdra un peu de lustre, mais il recevra la pluie.

Madame Mandron s'en alla fort irritée, et en rentrant elle dit à son mari :

— Calixte a bien tort de prêter son manteau au petit Desloges... Je l'ai rencontré tantôt, monsieur se promenait avec ; on aurait dit un épicier en gros ; — il le jette sur les chaises, il le laisse traîner que cela fait pitié. — Le pauvre manteau ne tardera pas à être *consommé*. Et c'est bien pour faire de l'embarras, car il ne faisait pas froid. — J'avais envie de lui arracher de dessus les épaules, surtout quand il a eu l'aplomb de me dire : Il faut qu'un manteau fasse son métier ; il perdra un peu de lustre, mais il me garantira de la pluie. — Ce n'est pas assez qu'on use à deux le manteau de Calixte, il faut encore l'*abîmer* de pluie et de poussière.

XII.

Monsieur Seeburg vint un matin frapper chez Raoul.

— Je n'apporte ni habits ni mémoire, dit-il, c'est une petite visite *d'amitié* que je vous fais. Le hasard m'a fait entrer dans votre maison, et je n'ai pas voulu en sortir sans monter vous dire bonjour.

— Avez-vous ici quelque client? demanda Raoul, — en ce cas je souhaite que ce soit une meilleure pratique que moi. Monsieur Seeburg parut ne pas comprendre cette question, qui avait pour but de rendre un peu de leur vérité aux relations qui existaient entre lui et Raoul Desloges, et que le mot de visite d'amitié paraissait tendre à déplacer complètement ; il ne vit que le sens littéral de la phrase, et il répondit : Non... la dernière fois que je suis venu, j'ai aperçu un appartement à louer, et comme j'en cherche un, je suis venu voir celui-ci.

— Vous déménagez.

— Pas tout à fait... Je garderai là-bas mes ateliers... Je veux avoir mon logement ailleurs... L'éducation que je donne à mes enfans ne les rend pas propres à vivre au milieu des ouvriers ; les connaissances que j'ai et que je leur fais tous les jours ne peuvent venir chez un tailleur. — Quand mon logement sera séparé de mes ateliers, — je serai pour ceux qui le voudront bien, monsieur Seeburg, bourgeois à son aise, ou tout au moins un estimable négociant, — vogue qui ne peut subsister quand on est dans une maison au-dessus de laquelle on a vu en lettres d'or grandes comme un enfant :

SEEBURG, TAILLEUR.

Mais le logement que j'ai vu ici ne me convient pas, — il y aurait trop de dépenses à y faire pour le rendre habitable. — Adieu... à tantôt.

A l'heure de la leçon, Raoul apprit que le propriétaire de la maison était allé trouver monsieur Seeburg et lui avait offert de partager les dépenses qu'entraîneraient les réparations de l'appartement qu'aurait voulu monsieur Seeburg. — Ils avaient pris rendez-vous pour le lendemain à l'appartement, où devait se trouver également l'architecte et le peintre qui feraient un devis approximatif de ces dépenses.

— Nous allons donc demeurer dans la même maison ? dit Esther à Raoul.

— Monsieur Desloges, dit le père, nous irons là-bas le matin, — et si vous voulez, vous reviendrez ici avec nous pour la leçon d'Alfred et d'Esther ; — Esther viendra voir le logement avec moi. En effet, le lendemain matin, Esther et son père trouvèrent arrivés avant eux le propriétaire, son architecte, et le père Mandron. — On discuta, — et on finit par s'arranger. — Dès le lendemain il fut convenu qu'on mettrait les ouvriers en train. Le père Mandron resta avec l'architecte pour examiner ensemble certains détails ; monsieur Seeburg dit à Raoul : Monsieur Desloges, j'ai deux petites courses à faire dans le quartier, — voulez-vous ramener Esther à la maison ? Puis il les quitta sans attendre de réponse. Raoul offrit le bras à Esther ; — elle était la plus heureuse fille du monde ; mais elle voulait faire dire à Raoul qu'il était également heureux de ce hasard. — Monsieur Desloges, lui dit-elle, vous paraissez contrarié; si cela vous dérange, je vais rappeler mon père. Raoul répondit poliment. — Esther s'appuya un peu plus sur son bras. — Comme ils faisaient les premiers pas dans la rue, Raoul vit passer la tante Desfossés, donnant la main à son enfant, il salua en rougissant, madame Desfossés répondit par un petit salut et un regard moitié ironique, moitié sérieux. Raoul n'était pas remis de son trouble, lorsque Calixte l'aborda. — Il salua mademoiselle Seeburg, — et dit à son camarade : J'allais chez toi, — prendre le manteau, ajouta-t-il plus bas.

— Demande la clef au portier, répondit Raoul.

A ce moment, le père Mandron, monté sur le dehors d'une fenêtre, aperçut son fils et fit entendre le terrible brrrr.....

Calixte reconnut le brrrr paternel, et sans lever la tête pour voir d'où il venait, il prit la fuite et tourna par la rue la plus proche.

Esther était fort bien mise, — et charmante de sa beauté et de son bonheur ; — pour la première fois, Raoul ressentit quelque émotion auprès d'elle ; — il répondit presque à son insu à la légère pression du bras de mademoiselle Seeburg.

— C'est fini, dit-elle, — dans trois semaines, — dans quinze jours peut-être nous serons voisins ; — dites-moi, monsieur Desloges, quand mon piano vous ennuiera, vous me le direz, n'est-ce pas ?... et quand vous voudrez entendre un peu de musique, vous descendrez le soir... je vous jouerai les airs que vous aimez. Quand on arriva à la maison, Esther ralentit le pas comme si elle eût voulu prolonger le temps pendant lequel elle *devait* s'appuyer ainsi sur Raoul. Pendant que celui-ci donna la leçon à Alfred, elle alla se déshabiller et revint ensuite reprendre sa place ordinaire. — Raoul leva une fois les yeux vers elle, leurs regards se rencontrèrent, et tous deux frissonnèrent.

— Lorsque vint le tour d'Esther d'écrire sous la dictée, elle apporta un petit cahier richement relié. —Qu'allez-vous me dicter, monsieur Desloges ? demanda-t-elle.

— Mais, mademoiselle, la fin de ce que nous avons écrit hier,— cette lettre de madame de Sévigné...

— Ah ! dit-elle avec un accent plein de regret... alors je n'ai pas besoin de ce cahier. —Raoul prit négligemment le volume des lettres de madame de Sévigné — et dicta.— Sa curiosité était vivement excitée par ce petit cahier relié sur lequel mademoiselle Seeburg n'avait pas voulu écrire... Il profita d'un moment, où la servante appela Esther pour lui faire une communication relative au ménage, pour jeter les yeux dans le cahier ; — il ne contenait que les quelques vers de lui qu'il lui avait dictés. — Il remit le cahier à sa place, et quand elle revint il continua sa dictée, puis il partit avant le retour du tailleur.

— Quelques jours après, monsieur Seeburg alla voir où en étaient les travaux à son nouvel appartement : — monsieur Mandron n'y était pas, il s'informa de son adresse, — pensant y aller *dans ses courses*. — En effet il ne tarda pas à arriver dans la rue indiquée, et comme il cherchait le numéro, ses yeux furent frappés par une enseigne sur laquelle étaient écrits ces mots en lettres colossales :
MANDRON, *peintre en décors*, — *fait la lettre et l'attribut.*

Il trouva monsieur Mandron chez lui et lui expliqua quelques changemens qu'il avait résolus.

— Je connais quelqu'un de votre nom, dit monsieur Seeburg, — un de mes cliens.

— Je n'ai que deux personnes de nom, dit le père Mandron : mon frère, qui est portier ici, — et mon fils qui est avocat.

— Ce n'est pas un de vos parens, dit monsieur Seeburg, c'est monsieur le comte Mandron que j'ai l'honneur d'habiller.

La conversation en resta là. Le nouveau logement était prêt, lorsque le propriétaire de celui dont monsieur Seeburg voulait sous-louer la partie qui lui devenait inutile éleva quelques difficultés, et prétendit que monsieur Seeburg n'avait pas le droit de sous-louer.—A quelques jours de là, — monsieur Mandron envoya son frère le portier à la recherche de Calixte, auquel il avait à parler pour *affaires urgentes.* L'oncle vint à la demeure de son neveu et lui transmit la commission dont il était chargé, — puis il s'en alla. Calixte s'habilla et ne tarda pas à descendre pour se rendre chez son père. — Il fut prodigieusement contrarié de voir son oncle installé dans la loge de son confrère le portier de sa maison. Il ouvrit la loge en voyant partir son neveu et lui dit : « Ah ça ! tu vas arriver avant moi ! » Calixte ne répondit pas et doubla le pas. — L'oncle Mandron donna la main à son confrère et se mit en route également,

mais il perdit bientôt l'espoir de rejoindre Calixte, auquel son but n'avait pas échappé, et qui faisait force de jambes pour éviter l'honneur de sa société. — L'oncle se vit promptement distancé et reprit son pas ordinaire, après s'être arrêté un moment chez le marchand de vins du coin. Calixte n'était rien moins que flatté de penser que le portier Mandron avait révélé à son portier à lui, comte Mandron, qu'il était l'oncle de ce noble locataire. — Il commença à méditer un changement de résidence pour retrouver sa considération, sinon détruite, du moins fort amoindrie par cet incident. — Il trouva le père Mandron qui l'attendait avec impatience.

— Il faut que je sorte, dit-il à son fils. — On vient de me faire demander dans une maison à deux pas d'ici ; — mais voici de quoi il s'agit : un *monsieur* pour *qui* je travaille a en ce moment un procès qui l'embarrasse beaucoup ; il a appris que tu es avocat et il veut te consulter. — C'est une bonne aubaine que je n'ai pas voulu laisser échapper, — j'ai pris rendez-vous avec lui pour ce matin, il va venir, — je reviendrai peut-être avant lui ; mais enfin, si je ne suis pas là, tu le recevras ; il t'expliquera son affaire : — c'est un commencement de clientèle. En tout cas ne t'en va pas avant que je sois revenu.

Calixte resté seul se dit : — Quelle diable d'idée mon père a-t-il eue de me chercher ainsi des causes et des procès ! — Que vais-je dire à ce brave homme ! Si ce n'est pas tout à fait un idiot, il verra bien vite que je ne suis rien et que je ne suis pas plus avocat que lui. — Je n'ai qu'un parti à prendre, c'est de m'en aller ; je dirai à mon père, à notre première rencontre, que j'ai attendu très longtemps. — Je vais, en passant, prier l'oncle Mandron de ne pas me démentir ; il dira à mon père que je pars à l'instant, et lui demandera s'il ne m'a pas rencontré.

Calixte remet son chapeau et ouvre la porte pour sortir, — mais à ce moment on sonnait à la même porte, — et il se trouve face à face avec le tailleur Seeburg. — Calixte s'empourpre visiblement, — cependant il dit :

— Vous ici, monsieur Seeburg, et que diable y venez-vous faire ?

— Je viens chez l'*artiste.* — Et vous.

— Moi aussi, dit Calixte se rassurant un peu, c'est pour un cabriolet qu'il doit me repeindre...

— Ah ! très bien !

— Est-ce qu'il travaille pour vous, monsieur Seeburg ?

— Oui... mais ce n'est pas pour cela que je viens.

— Ah !... c'est peut-être vous qui travaillez pour lui ?

— Non, dit avec une moue dédaigneuse le père d'Esther ; — non... c'est pour un procès que j'ai avec mon propriétaire, qui me fait une mauvaise chicane, et comme l'artiste m'a dit que son fils était avocat, je viens le consulter.

— Ah ? très bien...

— C'est très singulier que je vous rencontre ici, monsieur le comte... justement chez ce brave homme qui s'appelle comme vous...

— Ah !... oui... c'est juste... c'est justement à cause de cela que je le fais travailler... cela fait rire mes amis. Il n'est pas ici, — et je ne l'attendrai pas plus longtemps. Si j'ai un conseil à vous donner, monsieur Seeburg, c'est de faire comme moi... Je n'ai pas grande confiance, à vous parler franchement, dans cet avocat fils de peintre en bâtiment.

— C'est égal, je verrai toujours bien ce qu'il me dira.

— Alors, vous restez?

— Oui, monsieur le comte.

— Eh bien, au revoir, je m'en vais... Ah ! — à propos, monsieur Seeburg, ne dites pas à ce pauvre diable de Mandron que je suis venu ici ; — je veux voir ce qu'il me dira.

— Je gage qu'il me racontera toutes sortes de mensonges ; qu'il me dira que mon cabriolet est presque fini, — et je viens de voir dans sa cour qu'il n'est pas commencé. — Adieu, monsieur Seeburg.

Ei Calixte s'enfuit sans écouter son oncle, qui, au moment où il passe devant la loge, lui crie : — Eh bien ! tu ne me dis pas adieu seulement?

Le père Mandron ne tarda pas à rentrer et monta quatre

à quatre sans parler à son frère. — Il trouva monsieur Seeburg seul. — Eh quoi! mon fils n'est pas avec vous?

— Non.

— Comment! je l'avais laissé ici à vous attendre.

— Je ne l'ai pas vu.

— Comment êtes-vous entré?

— Il y avait ici un monsieur qui sortait et qui m'a ouvert.

— Eh bien! ce monsieur était mon fils.

— Non.

— Je vous assure que si.

— Mais non, — c'est quelqu'un que je connais parfaitement, — et... qui venait pour un cabriolet... c'est un client à moi... qui m'a recommandé de ne pas vous dire qu'il était venu, — parce qu'il veut voir si vous lui ferez des mensonges. — Il paraît, mon gaillard, que vous ne vous en privez pas dans l'occasion...

— Comment... un cabriolet... Je n'ai de cabriolet en train pour personne.

— Cherchez bien...

— Je ne vois pas.

— C'est un nom que vous connaissez bien, pourtant...

— Attendez, je vais savoir qui c'est. — Il ouvre la porte et appelle : — Ohé, Mandron! — Ohé, Clément! — brrr.

— Ce n'est pas la peine d'appeler... Je veux parler du comte Mandron, pour lequel vous avez un cabriolet à peindre.

— Mais, je vous le dis, monsieur, sachez que je n'ai pas de cabriolet à peindre, et j'ajoute que je ne connais pas de comte Mandron. — Je ne sais au monde de Mandron que moi qui vous parle, — mon animal de fils, auquel j'avais dit de vous attendre ici, — et mon frère Clément Mandron que voici.

— Je sais pourtant bien ce que je vous dis.

— Écoute Clément, est-il venu quelqu'un depuis ce matin?

— Personne que monsieur que voilà et mon neveu Calixte.

— *Personne d'autres?*

— Personne.

— Mais, monsieur Clément, dix minutes après mon arrivée, il est sorti *un monsieur*.

— Oui, certainement.

— Tu l'as vu?

— Oui, bien sûr.

— Et tu ne le dis pas?

— Au contraire, je l'ai dit au commencement.

— Pardon, monsieur Clément. Vous avez dit, au contraire, qu'il n'était venu que deux personnes.

— Oui.

— Monsieur Mandron fils et moi.

— Je le dis encore.

— Mais ce monsieur?

— Oui, ce monsieur? demande également le peintre.

— Eh bien! ce monsieur, je vous l'ai dit, c'est mon neveu Calixte.

— Mais je vous dis, continua monsieur Seeburg, que je le connais parfaitement, c'est un de mes cliens. Il y a je ne sais combien de temps que je l'habille, c'est monsieur le comte Mandron.

— C'est mon neveu et le fils de mon frère, c'est Calixte Mandron.

— Un grand blond?

— Oui.

— Du reste, ajouta Clément, son portier avec lequel j'ai jasé un brin ce matin, l'appelle aussi le comte Mandron.

— Ah! le brigand! s'écria le père Mandron.

— Mais, monsieur Mandron, je suppose encore qu'il y a quelque erreur; il m'a dit en parlant de vous: — La ressemblance de nom est singulière; c'est en partie pour cela que je fais travailler ce pauvre diable de Mandron.

— Pauvre diable, en effet, s'écria le père Mandron; pauvre diable, qui travaille en mercenaire, — au soleil et à la pluie, — qui risque sa vie chaque jour pour cent sous, —

qui reste pauvre et misérable, qui demeure dans un grenier, — et tout cela depuis trente-cinq ans! Pauvre diable, qui, depuis bientôt vingt ans, aurait pu se retirer dans un trou et vivre libre, riche et heureux,—du fruit de son travail et de son économie! — Et tout cela pour un mécréant qui ne m'aime pas, qui ne me respecte pas,—qui me renie pour son père! Pauvre diable est le mot!—c'est mon nom, — en y ajoutant imbécile, — et aussi injuste et mauvais mari; — car j'ai condamné ma pauvre femme à la moitié de ma misère et de mes privations, —pour entretenir le luxe de ce scélérat—et lui donner une position brillante dans le monde!— Je le renie à son tour pour mon fils; — c'est Mandrin qu'il s'appelle et non pas Mandron!—A compter d'aujourd'hui, je ne travaille plus pour lui,—mon frère ne sera plus portier, — ma femme ne sera plus une pauvre femme mal nourrie et mal vêtue, sans distractions et sans plaisirs; — et moi je ne serai plus un pauvre diable, — comme il dit, — un pauvre mercenaire!

— Et vous ferez bien, dit monsieur Seeburg; il faut payer ses dettes et ensuite ne plus s'occuper de lui. Mais je n'en reviens pas!

— J'ai de quoi vivre avec ma femme et mon frère Clément. — Nous quitterons Paris sous huit jours, et il n'entendra plus parler de nous... il n'aura plus un sou...

— Ce serait une folie, dit monsieur Seeburg, de lui rien donner après ce dernier sacrifice.

— Quel sacrifice? demanda Mandron.

— Le paiement de ses dettes, dit monsieur Seeburg.

— Je ne paie plus rien, dit Mandron, j'ai trop payé jusqu'ici.

— Cependant, les dettes...

— Ce n'est pas à moi qu'on a fait crédit, n'est-ce pas? puisqu'on ne me connaissait pas, puisqu'il me renie, puisqu'il m'appelle un pauvre diable, — eh bien, que les imbéciles qui lui ont prêté s'adressent à lui!

— C'est que je suis un de ces imbéciles.

— Tant pis pour vous... Vous lui avez prêté de l'argent?

— Non. Je suis tailleur... c'est moi qui l'habille.

— Ah! bien, il ne peut pas vous devoir grand'chose; il n'y a pas six semaines que je vous ai payé près de quatre cents francs.

— Vous rêvez, mon brave homme, — je n'ai jamais reçu d'argent de monsieur le comte...je veux dire de votre brigand de fils...

— Monsieur, je veux bien appeler mon fils brigand, mais je ne permets à personne d'en faire autant devant moi. — Est-ce que vous ne lui avez pas fait, il y a deux ou trois mois, un manteau et un habit?

— Oui, malheureusement.

— Eh bien! c'est pour payer cet habit et ce manteau que je lui ai donné quatre cents moins quelques francs, il y a cinq ou six semaines.

— Je n'ai pas vu un sou.

— Eh bien! j'en apprends de belles?

— Monsieur Mandron, je reviendrai vous voir un autre jour, nous causerons de tout cela.

— Revenez si vous voulez, dit Mandron *à la cantonnade* — quand monsieur Seeburg descend les escaliers, vous n'aurez pas un sou. — Oui, oui, nous allons nous en aller tous les trois; il a un bon état, il s'arrangera pour vivre avec. — Il est avocat.

— Hélas! dit Clément Mandron, tu n'es pas au bout de tes peines, — j'ai causé ce matin avec le portier : — ton fils n'est pas plus avocat que toi et moi!

XIII.

JOURNAL DE MARGUERITE.

« Les arbres développent leurs beaux panaches verts, — l'aubépine fleurit dans les haies, — où les oiseaux chantent et font leurs nids, — et je sens s'épanouir mon âme — en même temps que les fleurs. — J'entends au dedans de moi un chant d'amour et de reconnaissance. — Jusqu'ici je ne connaissais pas de printemps. — Pour la première fois, des pensées inconnues éclosent en moi comme de célestes fleurs. — L'amour a fécondé mon âme, comme le soleil féconde la terre. — L'amour est le soleil de l'âme. — Où êtes-vous, mon Raoul? — et assistez-vous comme moi à cette belle-fête du printemps? — Mais non, sans doute, la vie austère que vous menez pour parvenir à notre bonheur — vous enferme entre des murailles. — Il est des momens où j'ose blâmer mon père de ce qu'il ne me permettrait pas d'être pauvre avec vous, — de vous encourager par ma présence, — de vous rendre doux ce chemin escarpé que vous gravissez, en le gravissant avec vous. — Il me semble que vous seriez plus fort si vous aviez à soutenir votre Marguerite, — que lorsque vous marchez seul. — Pourquoi ne suis-je pas votre compagne plutôt que votre but? — Je ne puis excuser mon père à sa sollicitude qu'en songeant à nos enfans, Raoul, aux enfans que nous aurons un jour et pour lesquels aussi nous aurons des craintes exagérées. O mon Raoul! je n'ai jamais rien tant envié que de partager avec vous cette pauvreté — dont on essaie en vain de me faire peur. — Il me semble que je vous dirais, comme cette héroïne romaine à son époux : «Tiens, cela ne fait pas de mal. » — O mon Raoul! tout ce que vous faites pour moi vous est compté dans mon cœur. Tenez, je vais ne plus sortir de la journée, pour ne pas goûter ce bonheur que vous ne partagez pas. »

« Il y a ici une petite vallée à un quart de lieue de Bolbec. — Quel beau cadre pour notre amour! — Quel doux et charmant asile ce serait pour notre vie! — Raoul, je voudrais vous voir ici bûcheron, — je ne craindrais pas de vous voir vous livrer aux travaux les plus rudes, — pour que nous soyons ici — ensemble; je saurais vous reposer de toutes vos fatigues.

» Cette petite vallée n'est qu'une allée tapissée de gazon, entre deux collines couvertes d'arbres; — au milieu est une source d'eau limpide qui remplit un bassin naturel et s'enfuit en murmurant à travers les buissons. — On n'y entend rien que les murmures de l'eau et le bourdonnement des abeilles, qui se suspendent aux chatons de fleurs des noisetiers. — On y marche sur la mousse et sur les primevères sauvages d'un jaune pâle. — Près du bassin, dans lequel se jouent des canards, au col vert chatoyant, est une cabane habitée par une famille de bûcherons. — Il y a là trois générations : — une vieille femme qui a près de cent ans, — son fils avec sa femme, — et une belle jeune femme de vingt ans, qui est leur fille; qui est mariée depuis deux ans, et qui a un petit enfant. — J'ai embrassé la vieille femme et le petit enfant. — Mais vois-tu, mon bien-aimé, — j'ai comme le sentiment de l'envie, — j'ai vu les gens riches, — les splendides hôtels, les meubles magnifiques, — j'ai regardé tout cela avec indifférence; — mais j'ai envié à ces pauvres gens leur cabane, — leur vallée, et leurs monts, et leur ruisseau, et leurs primevères sauvages, et leurs abeilles; mais plus que tout cela, leur bonheur d'être ensemble et d'être isolés. — Oh! mon bien-aimé! j'avais le cœur plein de larmes quand je les ai quittés... »

. . . .

« Nous avons quitté avant-hier l'oncle Sébastien; — nous sommes à Rouen, — et demain nous partons par le bateau à vapeur pour aller au Havre. — Nous avons visité ici de belles églises. — Mon bien-aimé Raoul, il n'en est pas une où je n'aie prié Dieu pour nous. — On nous avait parlé de la cathédrale et de l'église de Saint-Ouen, — qui sont admirables en effet; — mais nous en avons par hasard découvert une dont on ne parle guère, et qui est enrichie des plus magnifiques vitraux qu'on puisse voir : — c'est Saint-Patrice. — Hier soir, — je suis restée dans l'église de Saint-Ouen, avec ma tante, jusqu'à la fin du jour; — les splendides rosaces des vitraux s'assombrissaient lentement; — ces riches couleurs harmonieusement assemblées, cette belle et silencieuse musique des yeux, — prenait de la nuit qui descendait comme des sourdines harmonieuses, — sous ces grandes ogives noires.

» J'ai songé que dans notre retraite je voudrais que nous fussions près d'une belle église gothique; — j'ai senti que la religion est une forme de l'amour. — Mais notre cœur ne sera-t-il pas toujours un temple pour la Divinité! — Mais la nature entière ne parle-t-elle pas éloquemment de Dieu plus éloquemment que les églises de pierre! — Que je vous aime, mon Raoul, de tout ce que l'amour que j'ai pour vous développe en moi de noble et de bon! — Je ne saurais dire combien je suis meilleure. — Mais qu'est-ce donc, mon Dieu! que cet amour dont on parle dans le monde et dont on effraie toutes les filles? — Qu'est-ce que cet amour qui est, dit-on, l'ennemi de la pudeur? — Mais je ne connais, moi, la chasteté que depuis que je vous aime; mais je ne comprends la sainteté de la pudeur que depuis que je suis à vous et que j'ai à me conserver pour vous. — O mon bien-aimé! si vous saviez quelle gardienne sévère je suis de ce qui vous appartient! Comme je suis jalouse de moi pour vous! — Je suis fâchée quand j'entends prononcer mon nom de Marguerite par une autre voix que la vôtre. — Je voudrais que vous pussiez me cueillir comme une fleur et me cacher comme elle dans votre sein. »

XIV.

Un dimanche, Félix vint trouver Raoul, — et le soir ils allèrent ensemble au Théâtre-Français. — On jouait ce jour-là une pièce nouvelle — dont on parlait beaucoup déjà depuis quelque temps : — c'était *Henri III et sa cour.* — La pièce fut applaudie avec un bruyant enthousiasme; — ces applaudissemens retentirent dans le cœur de Raoul; il applaudit avec force; il était singulièrement ému, mais plus peut-être du succès que de la pièce. — On lui avait montré l'auteur dans la salle. — Ce grand succès, — cette gloire, étaient donc des choses possibles. — Voilà un homme qui était mêlé hier à la foule, — et qui aujourd'hui est son roi. — Il quitta Félix et rentra s'enfermer.

— Oh! dit-il en pleurant, bien des fois j'ai pensé que moi aussi je suis poëte, — bien des fois j'ai rêvé ces applaudissemens pour que Marguerite les entendît; — ô mon Dieu! si j'avais du talent ! s'écriait-il en serrant avec force ses deux mains jointes. Sans doute, dans cette salle, il y avait la femme qu'il aime. — Comme elle a dû être heureuse ! Et lui donc ! — Ô ! mon Dieu ! mon Dieu ! si j'avais du talent !

Il fouilla dans ses tiroirs et relut tous les vers qu'il avait faits pour Marguerite; il trouva les vers mauvais et les déchira, — puis se prit à pleurer en disant : Non, non, je n'ai pas de talent ! — Puis il en trouva d'autres pour lesquels il fut plus indulgent. — Il les lut à haute voix, — mais c'était au théâtre qu'il voulait entendre ses vers. — C'est cet enthousiasme de la foule, — ce bruit, cette fureur qui résonnaient encore à ses oreilles, dont il était envieux. — Il fera un drame, — un drame en vers. — Si le drame est bon, on le recevra avec plaisir, on le jouera avec empressement, — on l'applaudira ; — son front sera ceint de la belle couronne poétique qu'il vient de voir décerner avec tant d'éclat. — Oh ! Marguerite, s'écrie-t-il dans son enthousiasme, Marguerite ! tu seras reine ! — Marguerite ! tu partageras ma royauté, la plus belle des royautés, — celle du génie, — celle des beaux vers !

Il ne dormit pas de toute la nuit. — Il cherchait un sujet pour son drame. — Une chose qu'il faut dire à sa louange, c'est qu'il ne songea pas à imiter le drame dont il venait de voir l'immense succès.

Le lendemain — il avait trouvé son sujet ; — c'était naïf, noble et absurde : — un esclave noir, amoureux d'une blanche, fille de son maître et aimé d'elle. — Il commença son scénario ; — il forma son plan, divisa ses actes et ses scènes ; — puis au bout d'une semaine il commença à écrire son œuvre. — Il se levait avant le jour, travaillait jusqu'au moment de donner ses leçons ; — puis le soir se remettait à l'ouvrage en rentrant, et y passait une partie de la nuit. — Tout cela n'avait pas trop le sens commun, pris dans son ensemble, mais renfermait de belles choses. — Cependant Raoul n'était pas un poète dramatique ; — il était poète parce qu'il était amoureux ; — il était poète parce qu'il avait l'âme noble et pure. — Mademoiselle Seeburg le trouva remarquablement maigri, et le lui dit.

C'est à ce moment que les Seeburg s'installèrent dans la maison de Raoul. — Le piano de Mademoiselle Seeburg donnait d'heureuses inspirations à Raoul. — Un matin, il voulut essayer sur elle l'effet de quelques vers qu'il avait faits la veille pour son drame. Il ne pensait plus qu'à son drame. — Il avait cessé de vivre dans la vie pour vivre dans son drame, — que dis-je dans son drame ! dans sa tragédie, — car c'est une tragédie qu'il faisait, — une véritable tragédie en trois actes et en vers. — Esther donna tant d'éloges aux quelques vers qu'il lui en avait dictés, — qu'il arriva tout doucement à avouer sa tragédie ; — les poètes ont besoin d'être loués : — donnez-leur un peu plus d'éloges qu'ils n'en méritent, vous pouvez être sûr qu'ils ne tarderont pas à mériter ce que vous leur en avez donné de trop. — Je parle de ceux qui ont du talent, — parce que ceux-là se découragent facilement. — Les autres ne se découragent jamais. — Les éloges que Mademoiselle Seeburg avait donnés aux premiers vers que lui dicta Raoul de sa tragédie, lui en firent faire le soir une vingtaine dont il était content. C'étaient quelques bouffées de l'encens de la gloire que devait lui donner sa tragédie qu'il respirait par avance ; il en vint à lui dicter chaque jour les vers qu'il avait faits pendant la nuit précédente. La tragédie de Raoul est précisément cette tragédie que nous avons tous faite au collége — entre la rhétorique et la philosophie. — C'était un plan absurde, — sans aucune étude historique, sans observation de mœurs ni de caractères ; — mais il y avait de l'enthousiasme et un culte fervent pour les deux divinités de la jeunesse, — l'amour et la liberté. — Voici un aperçu de cette tragédie dans laquelle chacun de nos lecteurs trouvera celle qu'il a faite au même âge et dans les mêmes circonstances.

LES ESCLAVES,

TRAGÉDIE EN TROIS ACTES ET EN VERS,

Représentée pour la première fois sur le théâtre.... le ....

PERSONNAGES :

EMPSAEL, } *Américains bruns*, — fils de Mirrha.
ALMIRI, }
DON FERNANDÈS, — *colon espagnol*, — père de Zoraïde.
DIEGO, — *confident* de don Fernandès.
MAGUA, — vieil esclave.
UNCAS, } esclaves.
SELIKO, }
MIRRHA.
ZORAÏDE, — *blanche*, — élevée par Mirrha.
LOYSE, — confidente de Zoraïde.
CORA, — esclave, — femme de Uncas.
Esclaves des deux sexes.
Domestiques blancs.
Troupes espagnoles.

(La scène se passe, — au premier acte au milieu d'une forêt, — dans les deux autres sur l'habitation de Fernandès.)

Raoul avait fait de la couleur locale, — au moyen d'une trentaine de mots retenus au hasard, — palmiers, bananes, savanes, bambous, etc. ; — mais il ne savait pas plus les mœurs de ces pauvres arbres que les mœurs des Espagnols et des Américains. — Il jouait lui-même tous les rôles, — comme le directeur des théâtres de marionnettes, en changeant sa voix de son mieux, — c'est-à-dire que tous ses personnages n'étaient que des personnifications de ses idées à lui. — De même son paysage était pris sur quelque paysage normand ; — il remplaçait les pommiers par des palmiers, — les roseaux des mares par des bambous, etc.

Il n'y avait au fond de tout cela de vrai que les deux amours, l'un pour Marguerite, l'autre pour la liberté. — Fernandès était peint d'après son professeur de quatrième, qui l'avait en son temps *écrasé* de pensums. — Marguerite avait posé pour Zoraïde ; — mais Raoul ne connaissait pas plus Marguerite que Zoraïde. — Marguerite était pour lui — ce chêne auquel les Gaulois attachaient tant de riches dépouilles et d'offrandes précieuses, qu'il finissait par mériter une partie des hommages qu'on lui avait rendus d'abord. — Certes, Marguerite était une ravissante et poétique créature, — mais c'était par hasard qu'elle était telle que Raoul la voyait ; — elle eût été toute autre, — qu'il l'eût vue néanmoins comme il la voyait. — Cependant il fallait qu'elle réunît les quelques conditions nécessaires pour ne pas rendre impossible le rôle idéal qu'il avait à jouer ; — il fallait une grande douceur dans le visage, — quelque chose de frêle et de chaste dans les formes. — Ainsi Esther, qui était une charmante fille également, — ne pouvait cependant jouer ce rôle, — tout en étant très capable d'en jouer un autre aussi ravissant. — Elle avait des formes trop développées, — trop de vivacité mutine dans le regard et dans les gestes. — Et, de plus, elle avait sur la lèvre supérieure l'ombre à peine visible d'un léger duvet. Revenons à la tragédie.

ACTE PREMIER.

(Le théâtre représente une cabane de *bambous* au milieu d'une épaisse forêt ; — le jour commence à poindre, — le soleil se lève derrière les *palmiers*.)

SCÈNE Ire. — EMPSAEL, ALMIRI.

ALMIRI.

Au front des bananiers déjà brille l'aurore ;
De nuages pourprés l'orient se colore ;
Adieu, *cher Empsael*, profitons des momens,

Empsaël reproche à son frère ce prompt départ; — mais Almiri explique qu'esclave fugitif il n'a pas assez d'avoir reconquis la liberté. — Un grand complot va rendre la liberté à tous les noirs, — et il faut qu'il en dirige l'exécution.

Empsaël regrette surtout son départ, parce que ce jour-là il doit épouser Zoraïde.

Raoul suppose que les cérémonies de mariage chez ces Américains, qu'il fait trop noirs, — sont entièrement conformes au rit catholique romain.

Zoraïde est une enfant qu'Almiri a enlevée autrefois dans une de ses courses sur les habitations des blancs. — Elle partage l'amour d'Empsaël. — L'auteur ne dit pas qu'on a publié leurs bans, — mais toutes les phrases à ce sujet rappellent le culte romain — et placent l'église de Saint-Roch dans une forêt d'Amérique. — Almiri n'approuve pas trop cette union; il avertit même Empsaël — que Zoraïde, par ce mariage, se souille aux yeux de tous les blancs.

Empsaël s'étonne de ce mépris des blancs.

> . . . Leur mépris!... Qu'ont-ils de plus que nous?
> Au front de l'homme brun le courage étincelle,
> L'éclair jaillit au loin de sa noire prunelle.
>
> . . . .
>
> Nos pieds, sans la courber, semblent glisser sur l'herbe, etc.

Almiri réplique avec véhémence :

> Ah! tu ne connais pas toute leur cruauté!
> *Dix soleils* — avant toi j'ai reçu la lumière.
> J'ai vu, j'ai vu périr notre malheureux père,
> Sous les fers qui chargeaient ses membres languissans.
>
> . . . .

Lui-même a été esclave...: Le moment est arrivé de venger ses douleurs, celles de sa famille et de ses compagnons d'esclavage. Il recommande sa mère à Empsaël, absolument comme s'il parlait de Madame Desloges, domiciliée rue Pigale.

> Notre mère... *en ces lieux*,
> Empsaël, n'a que toi pour lui *fermer les yeux*.
> Peut-être à nos desseins le sort sera contraire,
> Peut-être pour jamais nous nous quittons, mon frère.
> Je braverais la mort *avecque* plus d'effroi,
> Si je ne te laissais pour l'aimer après moi,
> Pour soutenir ses pas, appesantis par l'âge,
> Pour lui cueillir des fruits, préparer son breuvage ;
> Par les soins les plus doux, les plus tendres secours,
> D'un éclair de bonheur charmer ses derniers jours.
> Si je meurs, Empsaël, cache-lui ta tristesse.
> De son cœur maternel abuse la tendresse;
> Qu'elle ne pleure plus... et ne viens qu'en secret
> Répandre sur ma tombe et des fleurs et du lait.

Il part en conseillant à Empsaël de changer de logement, et d'aller, aussitôt son mariage, se cacher sur les bords du *grand lac.* — Quel lac? — Nous n'en savons rien, ni l'auteur non plus.

Suit une scène entre Zoraïde-Marguerite et Empsaël-Raoul.

EMPSAEL.

> Quoi! si matin, tu fuis ta couche et le sommeil!
> La nature en ce jour veut fêter ton réveil.
>
> . . . .
>
> Le *brouillard* en réseau brille encor sur les fleurs.

Zoraïde s'était levée de bonne heure pour prier — le vrai Dieu, méconnu dans le cœur d'Empsaël, d'ouvrir son âme à la lumière. — Alors, dit-elle,

> Alors que l'avenir serait beau pour mon cœur !
> Au delà du trépas encore le bonheur!
>
> . . . .

EMPSAEL.

> J'adore, ainsi que toi, le Dieu de la nature,
> Le Dieu qui des forêts fait croître la verdure,
> Le Dieu qui fait pour nous et la nuit et le jour;
> Le Dieu dont le soleil est un regard d'amour;

> Le Dieu qui te créa pour embellir ma vie. ³
> Je crois, ainsi que toi, sa puissance infinie!
> Tout le montre à mon âme encor plus qu'à mes yeux.
> Je le vois, je l'entends, je le sens en tous lieux.
> Le murmure des flots et celui du feuillage,
> Le sifflement des vents, le bruit sourd de l'orage,
> Voilà sa voix ; ce cœur qu'il a mis dans mon sein,
> Qui bat auprès de toi, c'est son souffle divin.

Zoraïde espère plus tard qu'il pourra apprendre un catéchisme plus conforme à celui du diocèse de Paris.

> Un jour peut-être, un jour, de plus sacrés mystères
> Ton oreille et ton cœur seront dépositaires.

Survient Mirrha, à laquelle Empsaël annonce le départ d'Almiri. D'abord elle s'afflige; — puis en songeant à ses enfans, — elle se proclame une heureuse mère.

> Oh! non, ne pleurons pas; son généreux courage
> Doit être mon orgueil, l'espoir de mon vieil âge.
> Le bonheur d'une mère est tout, *tout* dans ses fils.
> A quelle autre l'orgueil serait-il mieux permis!
> Mes fils! leur taille est souple, et de leur front *sauvage*
> Des plus hauts cotoniers ils touchent le feuillage
> Plus noirs et plus brillans que l'aile des corbeaux,
> Leurs longs cheveux flottans retombent sur leur dos.
> Etc., etc., etc.
> Et toi ma fille aussi, ma *bru*, ma chère enfant,
> De tes attraits aussi, de ton cœur je suis fière.
> Viens, je vais te parer; que la main de ta mère
> *Attache sur ton sein le bouquet virginal.*

Comme je vous le disais, ceci n'est pas extrêmement sauvage. Les quatre vers suivans ont été *traduits en sauvage* avec plus de soin.

> Mon fils, pour compléter le festin nuptial,
> Va percer dans les bois quelque biche imprudente.
> Nous, nous ferons couler la liqueur enivrante
> Que le tronc des palmiers recèle dans son sein.

Tandis que, rue Pigale, — on aurait dit : Commande des pieds truflés au café Anglais, — et vois si nous avons encore du vin de Champagne.

Mirrha et Zoraïde rentrent dans la cabane. Empsaël reste seul. Fernandès et Diégo, à la recherche de quelques esclaves des fugitifs, se sont égarés dans la forêt et demandent leur chemin à Empsaël. Celui-ci imite librement l'églogue de Virgile :

> *Sunt mihi dulcia poma,*
> *Castanea molles, et pressi copia lactis.*

> J'ai là des cocos frais et de nouvelles dattes,
> Des ignames, du riz, des citrons, des patates;
> Des fruits que nous produit le soleil créateur;
> Nous réservons toujours la part du voyageur.

Fernandès, le professeur de quatrième, envoie, par un aparté, Diégo rassembler ses gens pour s'emparer des habitans de la cabane. Diégo, — qui se rappelle alors merveilleusement les chemins, se met en route, — et Fernandès, le traître Fernandès, jase avec Empsaël pour l *amuser.* Il lui demande adroitement s'il est seul dans cette cabane. — Le naïf Empsaël lui dit :

> Regarde autour de toi,— vois la nature entière;
> Les oiseaux, quand la nuit s'étend sur les déserts,
> S'envolent deux à deux sous leurs ombrages verts.
> Le palmier croît toujours auprès de sa femelle.
>   (Système Linnée.)
> Autour des *lataniers* — la liane *fidèle*
> Grimpe et laisse tomber son feuillage flottant.

Fernandès veut entrer dans la cabane, — Empsaël l'en empêche.

FERNANDÈS.

> . . . . N'as-tu jamais appris
> Que les blancs sont les chefs, les rois de ce pays?
> Que les noirs de leurs pieds adorent la poussière

EMPSAEL.

Qui ! vous ! les hommes blancs !—vous ! rois de cette terre ?
Et qui vous l'a donnée ?...

FERNANDÈS.

Un Dieu dont le courroux
Peut briser es faux dieux que vous adorez tous,
Notre Dieu, le seul Dieu de la terre et de l'onde.

EMPSAEL.

Que ne vous donnait-il une terre féconde
Assez pour vous nourrir sans traverser les mers,
Sans venir ravager nos fertiles déserts !
O compagne de l'homme,— ô vierge aimable et pure,
Hôtesse des déserts, reine de la nature,
Le plus noble présent de la Divinité !
Tout meurt lorsque tu fuis, auguste liberté.
Du léger colibri l'étincelant plumage
Perd ses riches couleurs, terni par l'esclavage,
Et le lion captif perd sa noble fierté.
Le grand Esprit des noirs punit l'iniquité.
Il a jeté sur nous un regard de colère
Et mis aux mains des blancs sa foudre meurtrière.
Invincibles tyrans de la terre et des flots,
Les blancs sont arrivés sur d'immenses canots.
Tout s'est tu devant eux et devant leur tonnerre :
Comme le vent d'automne ils ont rasé la terre,
En laissant derrière eux le deuil et le trépas ;
Les corbeaux ont suivi la trace de leurs pas.
Mais ils ont abusé de leur divin message,
Le grand Esprit sur eux fait gronder son orage ;
Ses yeux ont vu couler les pleurs de ses enfans,
Son oreille a compris leurs douloureux accens ;
Sur vous à votre tour va tomber sa colère.

Mirrha et Zoraïde sortent de la cabane. Fernandès commence par faire *des complimens* à Zoraïde, puis découvre qu'elle est sa fille. Elle le prie de consentir à son mariage dans le véritable style de la tragédie.

Mon père, bénissez notre heureux hyménée.

Le père se conduit en père espagnol et en père de premier acte, il refuse net ; mais, par respect pour Aristote et pour garder une sorte d'unité, il fait charger Empsaël de chaînes, et on l'emmène avec Zoraïde. On refuse d'emmener la pauvre vieille Mirrha, qui ne peut travailler et mourra de faim si elle veut ; on renverse sa cabane, et on fait avancer Empsaël en le battant ; le rideau tombe ; le premier acte est fini.

Tout ceci ne manquait ni de sensibilité ni d'une sorte de grandeur un peu ampoulée, — mais surtout — il y avait de l'amour, — de l'amour jeune, naïf, ardent, poétique. Mademoiselle Seeburg fut enchantée de ce premier acte. — Pour Raoul, — il serait impossible de dire tous les rêves que lui fit faire sa tragédie. — Que de gloire, que d'amour, que de bonheur il voyait dans l'avenir !

Je ne sais si mademoiselle Esther eût autant aimé le drame si elle eût su que dans tous ces rêves d'avenir elle n'entrait absolument pour rien ; qu'en écrivant ces vers amoureux, si Raoul était Empsaël, c'était Marguerite qui était Zoraïde, — et que, ces vers finis, c'était pour Marguerite qu'il désirait de la gloire et de l'argent.

Monsieur Seeburg sortait presque tous les soirs. — Il allait au café du coin de la rue jouer aux dames avec quelques-uns de ses amis. — Raoul, qui était descendu passer la soirée un jour qu'il pleuvait à verse, fut surpris de ne pas trouver son voisin. — Alfred était seul avec sa sœur. Alfred se coucha, et Raoul resta avec mademoiselle Seeburg.

— Que faites-vous de vos soirées ordinairement, lui demanda-t-elle.

— Autrefois, dit-il, j'allais quelquefois chez des amis, mais ils sont en voyage et je ne vais plus nulle part.

— C'est comme moi, dit-elle, je passe presque toujours mes soirées seule. Alfred se couche quand il a fini ses devoirs pour le collége ; — et moi, je travaille, je brode, je

fais un peu de musique. — Total, je m'ennuie ! Quel dommage que ce ne soit pas le soir que vous nous donniez votre leçon !... si cela ne vous dérangeait pas, ce serait facile à changer.

— Je suis entièrement à vos ordres, mademoiselle.

XV.

Le lendemain, monsieur Seeburg monta de bonne heure chez Raoul et lui dit :

— Monsieur Raoul, je viens vous demander un service : je viens vous prier de changer l'heure de votre leçon. — Ça m'a tout l'air d'être un caprice de ma fille ; mais comme elle l'appuie de quelques raisons, je lui ai encore cédé. — Vous serait-il égal de venir après dîner ?

— Parfaitement égal, dit Raoul.

Et de ce jour, il n'alla plus chez monsieur Seeburg que le soir, c'est-à-dire qu'il passa presque toutes ses soirées seul avec Esther. — Il lisait des vers ; mademoiselle Seeburg jouait du piano et chantait.

Je suis ici bien embarrassé pour continuer mon récit. — Il y a des mœurs consacrées pour les romans dont il est dangereux de s'écarter,—même au bénéfice de la vérité.

Il y a deux sortes de héros de roman acceptés : l'un est un soupirant timide, à l'exemple du maréchal Boucicaut, qui traitait un de ses officiers *d'étourdi* — parce que ce jeune homme avait déclaré son amour à *l'objet de sa flamme* — quand il n'y avait guère qu'un an qu'il lui faisait la cour, — tandis que lui n'en agissait jamais ainsi avant la fin de la troisième année.—Ce type de héros n'a d'âme, d'yeux, de sens que pour celle qu'il aime ; — il ne s'avise jamais de la moindre distraction ; — il traverse pendant sept ou huit ans les éclairs des plus beaux yeux,—sans jamais se sentir ému le moins du monde.

Si vous ne voulez pas entreprendre l'odyssée d'un héros de ce genre,—il faut tout de suite adopter le second type,— Faublas ou don Juan. Votre héros alors ne peut pas avoir moins de soixante à quatre-vingts maîtresses dans le cours de deux volumes in-8°.—A ce prix, on lui pardonne de mettre quelques parenthèses dans la *grande passion.* — Une seule infidélité le perdrait dans l'esprit des lecteurs ; pour le faire absoudre, il en faut une centaine.—En effet, un amant annoncé comme un amant fidèle et qui ne l'est pas tout à fait, —est comme un acteur tragique qui ferait rire.—Quoique le rire soit un plaisir des plus grands, — loin de lui être reconnaissant de l'avoir provoqué, — on ne manquerait pas de l'en punir sévèrement.

Il y a dans les romans un certain nombre d'*emplois* comme dans l'opéra-comique, où on connaît— les Trial, — les Laruette, les Gavaudan, — les Dugazon.—Dans le pays des romans il faut jouer les Saint-Preux ou les Lovelaces.

Raoul— ne ressemble ni à l'un ni à l'autre de ces deux types ; c'est une imagination ardente ; — il aime, il adore Marguerite, — elle règne seule dans ses rêves et dans ses projets.—S'il contemple un beau spectacle, — c'est avec elle qu'il voudrait le contempler, — le soleil glisse ses premiers rayons à travers une épaisse feuillée, — les gouttes de rosée ornent les humbles pâquerettes d'émeraudes et de rubis,— les oiseaux chantent,—un air parfumé s'exhale des feuilles et des fleurs rafraîchies.—C'est un doux et riant spectacle ; — il y manque quelque chose, c'est la présence de Marguerite.

Le soleil se couche dans des flots de pourpre, — les oiseaux se taisent,—les fleurs ferment leur corolle,—les étoiles brillent — et semblent des fleurs de feu qui s'épanouissent au ciel, — une poétique rêverie s'empare de l'âme,— Raoul— serre avec force ses mains jointes,— il dit : O mon Dieu ! — puis, presqu'en même temps, il ajoute : O Marguerite !

S'il s'imagine être au milieu d'héroïques dangers, s'il pense à la gloire,—s'il rêve des couronnes de lauriers et des couronnes de fleurs,—c'est pour les mettre sur le front de Marguerite.

Mais précisément à cause de la poésie de cet amour,—il n'est pas à l'abri d'une infidélité;—jamais il n'a, même dans ses rêves les plus ardens, dérangé un des plis des vêtemens de son idole.—Ce frémissement qu'il éprouve en touchant sa main,—cette commotion violente qu'il a sentie au cœur le jour où la tante Clémence les a fiancés, lui causent des émotions si profondes, qu'elles tiennent autant de la douleur que du plaisir.—Raoul a divisé l'amour en deux parts;—l'une se compose—de poésie, d'imagination, de religion,—c'est le parfum d'une fleur;—l'autre, c'est tout ce qui n'est pas cela, et il ne l'applique point à Marguerite,—c'est un encens trop grossier pour sa divinité.

Mais Raoul a vingt ans, Raoul passe toutes ses soirées avec une belle fille dont il est aimé,—et Esther est précisément l'idéal de l'autre amour.—Toute la poésie est pour Marguerite;—il est bien près d'aimer Esther en prose.—Une seule chose peut lui faire trouver grâce aux yeux de mes lectrices, c'est que, jusqu'à présent, il n'en sait absolument rien.—Il n'est pas un homme peut-être qui n'ait en une femme pour confidente de l'amour qu'il ressentait pour une autre femme.—Eh bien! c'est une douce sensation que de sentir cette main délicate panser les blessures du cœur.—Rappelez-vous bien,—et vous verrez que l'amour est un foyer tellement ardent, qu'il brûle, ou au moins échauffe ceux qui s'en approchent sans précautions extrêmes.—L'homme amoureux embrasse à son insu bien des choses dans son amour.—Il aime davantage les fleurs, les arbres, le soleil,—il devient tout amour.

Raoul cependant ne se rend aucun compte du charme qu'il trouve auprès d'Esther;—il ne sait même pas qu'il y trouve du charme,—jusqu'à un soir—où, descendant comme de coutume, et un peu plus tôt que d'ordinaire pour lui donner sa leçon et lui dicter des vers,—il ne trouve qu'une servante qui lui dit:

—J'allais monter chez vous, monsieur Desloges; tout le monde est au spectacle;—mademoiselle m'a bien recommandé de vous prévenir pour que vous ne preniez pas la peine de descendre: mais il n'est pas encore tout à fait l'heure de la leçon, et j'allais monter.

—Ah! on est au spectacle... dit Raoul stupéfait.

—Oui, on a reçu des billets pendant le dîner, et monsieur s'est décidé tout à coup.

—C'est bien.

Raoul remonte à la chambre—et il se sent *désorienté*, comme disent les bonnes gens... il ne sait que faire de son temps,—il est triste, découragé, il relit ses vers, il les trouve détestables;—il veut en faire d'autres, mais est convaincu que sa pièce ne sera jamais jouée.—Il *découvre* qu'il n'a aucun talent,—qu'il a pris pour l'ardeur du génie l'ardeur des applaudissemens et des succès;—il a envie de déchirer sa tragédie;—il va sortir;—il regrette de n'avoir pas demandé à la servante à quel spectacle était allé monsieur Seeburg;—mais il n'ose pas retourner faire cette question,—cela paraîtrait singulier.—Il marche dans sa chambre, il s'assied, il se lève,—puis il se décide, il redescend et sonne; mais cette fois personne ne vient ouvrir; la servante a profité de l'absence de ses maîtres pour sortir de son côté.

Il met son chapeau et se trouve dans la rue sans savoir de quel côté tourner ses pas.—Heureusement qu'il rencontre Calixte.—Calixte l'emmène dans un endroit où Raoul n'est jamais entré,—dans un estaminet où il passe toutes ses soirées.—On y fume, on y boit de la bière, on y joue au billard. Raoul étouffe dans cet antre,—il s'y ennuie, et cependant il n'en sort pas.—Où irait-il?—D'ailleurs on *joue la poule*;—c'est un jeu à deux billes où jouent en même temps une quinzaine de joueurs.—Calixte ne joue guère que quatre ou cinq fois dans une demi-heure;—

dans les intervalles, il cause avec Raoul.—Calixte est habile et gagne.

Il est minuit lorsqu'ils sortent de l'estaminet; Mandron conduit Raoul jusqu'à sa porte;—mais Raoul ne voit pas de lumière à la fenêtre de monsieur Seeburg,—il reconduit Mandron jusqu'au pont des Arts.

—Ah ça! mais où demeures-tu? lui lui dit-il.

—C'est tout au plus si je demeure, répond Calixte. Tu sais comment cet animal de Seeburg m'a mis avec mon père;—eh bien! cette fois le père Mandron s'est fâché tout rouge,—il a payé Seeburg; mais il a rassemblé ses économies et il est allé vivre à la campagne avec sa chaste épouse, après m'avoir écrit une longue lettre—renfermant un billet de 500 fr.,—une déclaration qu'il ne s'occupe plus de moi à l'avenir,—et trois bonnes pages de conseils.—Au bout de peu de temps, je me suis aperçu qu'il ne me restait plus que les conseils.—J'ai rencontré un ancien camarade avec lequel j'ai renouvelé connaissance, et nous demeurons ensemble jusqu'à ce que je trouve un emploi... qui viendra quand il voudra.—J'ai un *bonheur insolent au billard*.

—Mais, dit Raoul, ce n'est pas un état;—si on te demande ta profession,—tu ne peux pas répondre: Fort au billard.

—Pour ce qui est des états, j'en ai plusieurs,—je suis artiste,—je suis avocat;—mais je médite autre chose dont je te parlerai quand ce sera plus avancé... c'est magnifique... je mènerai alors une vie *cousue d'or et de soie*.

—Ah çà! mais nous marchons toujours... Est-ce que ce n'est pas à Paris que demeure ton ami?

—Pardon,—c'est à Paris,—c'est sur le quai Saint-Michel.—Nous y voilà.—Mais je vais te reconduire un peu.

—Volontiers... Et ton ami, qu'est-ce qu'il fait?... quel état a-t-il?... il est peut-être *fort aux dominos*.

—Lui! je lui rends cinquante points de cent;—il est artiste... acteur.

—Ah! diable... A quel théâtre?

—Au Cirque-Olympique.

—On l'appelle?

—Ses amis l'appellent Alexandre;—mais au théâtre il n'est pas connu par son nom...

—Ah! c'est fréquent... beaucoup d'artistes distingués prennent un autre nom en entrant au théâtre.

—Ce n'est pas cela... sur l'affiche on ne le distingue que collectivement,—comme—paysans et soldats,—peuple,—hommes d'armes, quelquefois même il n'est annoncé à l'enthousiasme du public que par un sens;—pour le moment, il joue le rôle d'un flot.

—Comment, d'un flot?

—Oui, la mer s'exécute au moyen d'une grande toile verte sous laquelle s'agitent des figurans;—mon ami est une des lames de l'Océan du Cirque-Olympique; il est calme au premier acte, mais très orageux au troisième. — Nous voici à moitié chemin, nous ne pouvons nous reconduire ainsi toute la nuit;—je demeure quai Saint-Michel, 18,—viens me voir. Je ne vais pas chez toi—à cause de ce ridicule Seeburg, qui demeure dans ta maison.—Du reste, on me trouve tous les soirs à l'estaminet où nous avons passé la soirée.—Bonsoir.

Les amis se séparèrent.—Raoul, en rentrant, vit toujours obscures les fenêtres du tailleur;—il demanda au portier s'il attendait toujours *quelqu'un*.

—Non, il n'y avait dehors que vous et les Seeburg, et il y a plus d'une demi-heure qu'ils sont rentrés.

Le lendemain, à l'heure de la leçon, Raoul tremblait presque en sonnant à la porte de monsieur Seeburg;—il fut distrait en donnant la leçon à Alfred;—il était réconcilié avec ses vers,—il les dicta à Esther; c'était la fin du deuxième acte.

ACTE DEUXIÈME.

(Cinq jours se sont écoulés. — Une habitation ouverte par le fond.)

SCÈNE Ire.

Almiri complote avec deux des esclaves restés au pouvoir de Fernandès, Uncas et Seliko, — un nom emprunté à Cooper, et l'autre je ne sais à qui.— Ce jour est fixé pour la révolte; on prendra le premier prétexte qui se présentera. Le jour commence à poindre, Almiri s'échappe.

SCÈNE II.

CORA, femme esclave, et LOYSE, femme de chambre blanche attachée au service de Zoraïde.

On attend un parent de Fernandès, — et, dit tout bas Loyse, sans doute un époux pour Zoraïde.

SCENE III.

EMPSAEL, vêtu comme les autres esclaves, — MAGUA, vieil esclave.

EMPSAEL.

Avec de longs efforts lentement je me traîne;
Mes pieds mal assurés me soutiennent à peine;

MAGUA.

Quoi donc! un homme brun, un enfant des forêts,
De la fatigue ainsi peut redouter l'excès!
N'as-tu jamais porté la hache de la guerre?
Sur les sables brûlans, d'une course légère,
N'as-tu jamais laissé l'empreinte de tes pas?
L'esclavage a-t-il pu briser ainsi tes bras!

EMPSAEL.

Magua, c'est sur le cœur que pèse l'esclavage...

Zoraïde... *Cinq fois a paru la lumière*
Depuis que je n'ai vu Zoraïde et ma mère,
O! si d'un seul regard, d'un regard de douleur,
D'un seul regard d'amour elle échauffait mon cœur!
Si sa main un instant frémissait dans la mienne,
Si ma bouche un instant respirait son haleine!...
Mon sang est tout glacé, mon courage est brisé,
Et sous le poids des fers mon cœur est écrasé...
Elle est revenue ici! mon cœur est plus heureux.
Ses pieds ont touché donc ce sol...?là... dans ces lieux....
Et je ne sais quoi d'elle est resté sur la terre.
Dans l'air que je respire...

MAGUA.

Et cependant ton père
Etait un grand guerrier; ensemble, aux premiers rangs,
Nous avons combattu dans des combats sanglans;
Son aspect noble et fier répandait l'épouvante.
La mort suivait les coups de sa hache sanglante,
Et sur la même natte on nous a vus souvent,
Au retour du combat, reposer un moment.
Et le chef des guerriers, vaincu par l'esclavage,
De vivre parmi nous n'a pas eu le courage.

Pour moi, vingt-cinq hivers de leurs sombres haleines
Ont refroidi le sang qui bouillait dans mes veines,
Et les fers sont moins lourds alors qu'on est moins fort.
Sans crainte, sans espoir, j'attends ici la mort;
Mon tour viendra bientôt... Tous les ans le feuillage,
Jeune et vert quelque temps, nous donne un doux ombrage;
Mais quand la froide bise amène les hivers,
Il jaunit, roule au loin, vole jouet des airs...
Du courage! Empsaël.

EMPSAEL.

Ah! si tu m'avais vu,
Traverser les forêts, leur ombrage touffu,
Et bravant le courroux des ondes mugissantes,
Franchir de nos torrens les vagues écumantes.

J'étais heureux alors et j'étais libre encor;
Mon pied rasait le sol comme le vent du Nord...
Aussi libre que lui, je foulais l'herbe épaisse,
Je marchais au hasard, selon que ma paresse,
Ou la chasse ou l'amour guidaient mes pas errans...

MAGUA.

Je me rappelle encore ma case et le feuillage,
Les deux hauts *citronniers* dont le mobile ombrage,
Couronné de fruits d'or, s'étendait sur mon toit;
Quand, fatigué le soir, je revenais chez moi,
Au-dessus des *palmiers*, de leur *sombre feuillée*,
De ma case on voyait s'élever la *fumée*...

On entend du bruit; — les esclaves s'éloignent. Zoraïde entre avec Loyse et veut rester seule.— Elle rejette les ornemens dont on veut la parer:

Oh! loin de moi toujours ornemens superflus!
Et pourquoi me parer, il ne me verra plus...
Quand nous étions ensemble, alors de ma parure
J'empruntais tous les frais à la riche nature;
Je mettais avec soin dans l'or de mes cheveux
Les fleurs dont les couleurs charmaient le plus ses yeux...

Ce monologue est fort long; — il est heureusement, quoique trop tard, interrompu par Empsaël que poursuit le chef des esclaves qui veut le frapper.— Empsaël menace son agresseur — et voit Zoraïde.— Zoraïde renvoie le chef des esclaves qui sort sur ce vers:

Je vais aller trouver le seigneur Fernandès.

Zoraïde et Empsaël restent ensemble.

EMPSAEL.

Ah! je revois encore, j'entends ma Zoraïde.
Tous mes maux ont passé comme une ombre rapide.
Un seul de tes regards a calmé ma douleur.

ZORAIDE.

Que ses traits sont changés *par le poids du malheur!*
Ses yeux seuls ont gardé ce regard dont la flamme
Pénètre doucement jusqu'au fond de mon âme.
Est-ce ainsi qu'il devait reparaître à mes yeux!

EMPSAEL.

Fuyez, mes souvenirs, et laissez à mon *âme*
D'un bonheur passager *goûter* la vive *flamme*.
Je suis auprès de toi! mes fers sont plus légers!
Je suis auprès de toi! Depuis cinq jours entiers,
Zoraïde, ma main n'a pas pressé la tienne,
Je n'ai pas respiré cette suave haleine,
Ta voix n'a pas sonné jusqu'au fond de mon cœur.
O que de cet instant je sens bien la douceur!
Fixe, fixe sur moi ce douloureux sourire!
Oh! qu'il est pur cet air, cet air qu'elle respire!
Qu'il dispose mon âme aux rêves de bonheur!
Ces pleurs longtemps captifs, qu'ils soulagent mon cœur!

Zoraïde veut qu'Empsaël s'enfuie; — mais Empsaël refuse de quitter les lieux qu'habite son amante adorée.

Vivrais-je loin de toi, — loin de ma *tendre amie!*
Loin de ma Zoraïde! En toi seule est ma vie!
Elle est dans tes regards, quand leur triste langueur
Répand dans tout mon être une douce chaleur.
Ma vie? elle est encore sur ta bouche charmante
Quand j'entends les accens de cette voix touchante!

Si Empsaël n'est pas très sauvage, Zoraïde en revanche l'est beaucoup. Empsaël veut la presser sur son cœur, elle le repousse avec effroi et s'écrie d'un ton de reproche:

Empsaël!

EMPSAEL.

Tu me crains?...

ZORAIDE.

Tu n'es pas mon époux!
Ah! du Dieu qui nous voit redoutons le courroux.

EMPSAEL.

L'amour est un présent de ce Dieu tutélaire :
Il ne peut attirer son regard de colère ;
A notre vie il est comme aux prés sont les fleurs,
Comme aux fleurs du printemps leurs suaves odeurs.
L'amour anime tout, par l'amour tout respire ;
De la divinité l'amour est un sourire.

Cela dure assez longtemps et durerait encore plus si le chef des esclaves n'était allé *chercher le seigneur Fernandès*. — Fernandès trouve sa fille dans les bras d'Empsaël. Il est furieux. — Empsaël lui récite les quatre-vingts vers d'injures que doit subir tout tyran de tragédie, toutes fois et quantes il plaît à sa victime de les lui sangler.—Fernandès lui répond, — seulement pour qu'il reprenne haleine, — mais il lui avoue imprudemment que Mirrha est morte.

EMPSAEL.

Elle est morte ! elle est morte !
Quelle nouvelle affreuse ? Et celui qui l'apporte...
C'est toi... son assassin !... C'est toi dont les fureurs
De sa longue agonie ont causé les douleurs !
Oh ! ma mère ! ma mère ! Oh ! quelle mort horrible !
Oh ! qu'elle a dû souffrir dans ce moment terrible !
Je crois l'entendre... là... d'un accent presque éteint,
Invoquer ses deux fils contre son assassin !...
Mes enfans, vengez-moi ! — Tu le seras, ma mère...
Tes accens n'ont pas fui *sur la brise légère*,
Ils ont résonné là jusqu'au fond de mon cœur.

Il va frapper Fernandès d'un poignard, lorsque Zoraïde se jette à genoux et demande la grâce de son père. — Il remet son poignard dans son sein ; — mais on accourt, on saisit Empsaël. — Zoraïde demande à son père la grâce d'Empsaël, mais cette fois sa prière n'est pas écoutée. Empsaël va périr, — d'autant que des bruits de révolte circulent dans l'habitation, il faut un exemple. — Zoraïde se jette dans les bras d'Empsaël : on les sépare ; on voit passer Almiri dans le fond du théâtre, — et le deuxième acte est fini.

Esther trouva cela magnifique.

XVI.

— Un matin, à peine s'il faisait jour, Calixte arriva chez Raoul. — Il parlait vite, était ému... Tu ne sais pas... il arrive une chose singulière... — J'ai absolument besoin de toi.

— Pourquoi faire ?

— C'est Alexandre qui a un duel.

— Qui ça, Alexandre ?

— Eh ! mon ami,... le flot du Cirque.

— Et que veux-tu que j'y fasse ?

— Il faut absolument que tu sois témoin avec moi...

Raoul hésite, fait quelques objections, et finit par consentir. Ils se mettent en route pour le quai Saint-Michel ; chemin faisant, Calixte raconte l'événement. — On jouait hier deux pièces au Cirque. — La pièce où Alexandre joue son rôle de flot avait été sans encombre. — Dans la seconde pièce, Alexandre, qui d'ordinaire joue le Français, avait passé à l'ennemi par punition. — Mais tu ne comprends peut-être pas bien cela. — Dans tous les mimodrames du Cirque, il y a des combats dans lesquels les Français finissent toujours par être vainqueurs.—Outre que le rôle d'Anglais, de Russe ou de Prussien expose celui qui le remplit à une humiliation, il arrive souvent que les Français abusent de leur victoire et profitent du moment où l'étranger tombe ou fuit, pour lui donner quelque coup de sabre ou quelque coup de pied qui n'est pas écrit dans le drame, mais qui obtient le plus grand succès et excite les applaudissemens du public.

Quant un figurant a mérité quelque punition par son inexactitude ou sa *tenue*, il cesse d'être Français pendant deux ou trois semaines, selon la gravité du cas : il devient Russe, Prussien ou Anglais. Alexandre est Anglais depuis huit jours ; — il y a au deuxième acte de la pièce — un combat au sabre entre un Anglais et un Français, c'est toujours Alexandre qui avait joué le Français, — c'est lui qui a *créé le rôle ;* — tu avoueras que c'est humiliant après avoir été vainqueur tous les soirs pendant trois mois, devant quinze cents personnes. Hier, surtout, — le peuple français qui meublait le paradis du Cirque était, je ne sais pourquoi, furieux contre les Anglais ; — il les avait accueillis par des huées chaque fois qu'ils avaient paru sur le théâtre. — Tu conviendras que c'est *vexant*, — parce qu'après tout,— on est Français dans le fond. — Quand arriva le combat, ce furent des cris épouvantables et des encouragemens, des battemens de mains inouïs pour celui qui remplissait le rôle *créé* par Alexandre ; — il y avait surtout dans une avant-scène des jeunes gens qui avaient *bien dîné* et qui faisaient plus de bruit que tout le reste de la salle ; — Alexandre était vexé, — et son adversaire, se grisant bêtement du bruit des applaudissemens et des cris, — commença à ne plus le ménager et lui donna un coup de sabre sur la main. — Ma foi, Alexandre était en colère, — il riposta par un coup de sabre bien sanglé sur la jambe, — et voilà le combat qui s'engage pour tout de bon. — Du paradis et de l'avant-scène on criait — xi... xi... xi... tue-le ! tape dessus ! — Le combat devait naturellement finir à la ritournelle de l'air joué par l'orchestre, — mais le chef d'orchestre, voyant qu'on continuait, fait recommencer l'air guerrier, — les xi, xi, les clameurs, les applaudissemens, — la musique belliqueuse continuent d'animer les combattans ; — cependant le Français recule et va être mis en fuite ; — indignation du public ; — de l'avant-scène on jette des pommes à Alexandre ; — le Français se sentant inférieur — jette son sabre — et saute sur l'Anglais ; — ils se saisissent, — ils s'empoignent, — les pommes pleuvent ; — cependant ils arrivent près d'une coulisse où on les attire et où on les fait disparaître. — Mais nous voici au quai Saint-Michel... 18... c'est cela, — montons.

— Tu ne finis pas l'histoire... C'est donc avec le *Français* que ton ami Alexandre se bat aujourd'hui ?

— Tu sauras le reste là-haut ; montons.

On monte, on trouve Alexandre qui se promène avec agitation dans sa chambre. — Il se plaît à se rappeler tous les rôles où il a été vainqueur.

— Voici mon ami Raoul Desloges qui consent à être ton témoin avec moi.

— Monsieur, veuillez agréer l'assurance de toute ma gratitude.

Monsieur Alexandre est un homme grand et gros, avec des cheveux noirs ruisselans de pommade. — Sa voix, son geste, ses paroles, ses vêtemens, tout est rempli d'affectation.

La chambre est fort délabrée, quoique monsieur Alexandre, attendant les témoins de son adversaire, se soit efforcé de lui donner un air *comfortable*.

A peine Raoul et Calixte étaient entrés qu'on entend monter bruyamment l'escalier, — et deux jeunes gens frappent à la porte sur laquelle est écrit :

MONSIEUR ALEXANDRE GRANDIN , ARTISTE DRAMATIQUE.

— C'est Calixte qui ouvre la porte. L'un des jeunes gens prend la parole.

— C'est ici que demeure monsieur Grandin ?

— Oui, monsieur, c'est moi-même, dit Alexandre, et ces messieurs sont mes témoins.

Les quatre jeunes gens se saluèrent.

— Vous savez sans doute, messieurs, de quoi il s'agit, continua le jeune homme qui avait pris la parole, — en s'adressant à Raoul et à Calixte. — Monsieur, ici présent, —

s'est précipité dans la loge d'avant-scène que nous occupions avec un de nos amis ; — il nous a dit force injures ; notre ami, qui se trouvait le plus près de lui, l'a pris par les épaules et l'a mis dehors en le poussant du pied. — Monsieur nous a envoyé sa carte, sur le dos de laquelle nous avons lu avec quelque gaîté un cartel emprunté à quelque mimodrame du Cirque. — Après discussion, celui de nous qui a eu le plaisir de *recevoir* monsieur dans sa loge a pris le cartel pour lui, — il est en bas dans un fiacre. Nous venons voir maintenant quelles sont les prétentions de monsieur.

— Monsieur Alexandre a été insulté par vous, messieurs, vous l'avez hué et vous lui avez jeté des pommes.

— Mais, mon cher monsieur, vous rêvez, nous ne l'avions jamais vu avant son invasion dans notre loge.

— Pardon, monsieur Alexandre jouait dans la pièce ; c'est lui qui était l'Anglais auquel vous avez jeté des pommes.

— Ah ! c'est monsieur… eh bien ! monsieur peut se flatter de nous avoir fait plaisir dans ce rôle-là, — jamais Bouffé, ni Vernet, ni Arnal, ni Odry, — ne nous ont fait rire comme monsieur.

— Monsieur Alexandre, qui, s'il avait joué un rôle comique, serait très heureux de cet effet produit, — s'en trouve offensé parce qu'il jouait un rôle sérieux.

— Eh bien nous avons cru que c'était un rôle comique, parole d'honneur !

— Messieurs, dit Alexandre la main dans son gilet et la tête fièrement renversée en arrière, — vous n'êtes sans doute pas venus ici pour plaisanter.

— Mais peut-être bien, monsieur…

A ce moment on frappe à la porte, — c'est l'adversaire de monsieur Alexandre qui s'ennuie en bas et qui monte. — Mais quel est l'étonnement de Raoul et de Calixte en reconnaissant… Félix Hédouin !

— Comment, c'est toi ?

— Oui… mais par quel hasard es-tu ici, Raoul ? — Je suis allé chez toi… ce matin… en venant ici… on m'a dit que tu étais sorti de bonne heure.

— Calixte était venu me chercher pour que je servisse avec lui de témoin à son ami ; mais…

On explique à Félix quel est son adversaire et comment il l'a offensé. Ses amis prétendent qu'il ne doit aucune réparation… Mais Félix :

— Allons, monsieur, prenez votre hache. Est-ce à la hache que nous nous battons ?… J'ai toujours eu envie de me battre à la hache…

On discute longuement ; — mais Calixte et surtout Raoul sont décidés à ce que le duel n'ait pas lieu. — On décide que Félix fera des excuses ainsi rédigées : — J'avoue que j'ai sifflé et hué monsieur, et que je lui ai jeté quelques pommes, — mais c'était par patriotisme, — le supposant Anglais. — Monsieur étant Français et partageant mes opinions, c'est à son rôle que j'ai jeté des pommes. — Pour la seconde partie de nos relations, j'ai, il est vrai, jeté monsieur hors de notre loge et je lui ai donné un coup de pied, mais c'était sans intention de l'offenser.

L'affaire terminée, Raoul s'en va avec Félix. — Quand ils sont seuls, — Raoul lui dit :

— Imprudent ! comment, tu allais te battre… pour une pareille sottise… et ton père… malheureux !… et *tes* sœurs ?…

— J'y avais pensé, reprit sérieusement Félix, mais que veux-tu ! — un jeune homme comme moi qui ne s'est jamais battu !… ce n'est pas son premier duel qu'on peut refuser… quel qu'il soit… Après tout, j'ai passé une mauvaise nuit. — J'étais allé chez toi ce matin pour te chercher ; — tiens, voici une lettre que je t'aurais donnée pour mon père en cas… de malheur. — Mais, ajouta Félix, c'est fini, n'en parlons plus.

— Eh bien, Alexandre, dit Calixte à son ami — nous sommes vainqueurs, — tes ennemis t'ont adressé des excuses et tu as pardonné. — Je croyais qu'ils nous inviteraient à déjeuner.

— Je n'eusse pas accepté.

— Mon bon ami, en fait de dévoûment, il est de bon goût de se dévouer soi-même. — Mais je l'aurais prié, le cas échéant, d'observer que ç'aurait été me compromettre dans ta superbe attitude. — Pour refuser un déjeuner qu'un ami ne peut accepter si tu refuses, il faut que tu puisses en offrir un au moins égal audit ami, sans quoi je maintiens que tu n'as pas le droit de refuser. Ça me serait égal sans cette maudite poule d'hier que j'ai perdue, après avoir *acheté une bille,* encore ! — et contre *un véritable agneau,* un garçon avec lequel je jouerai quand il voudra ma vie contre un petit écu.

— Il n'accepterait peut-être pas, dit Alexandre.

— Oui… plaisante… sais-tu que ton duel m'embarrassait et me préoccupait ?

— Excellent ami ! dit Alexandre attendri en serrant les mains de Calixte.

— Ce n'est pas ce que tu crois… c'est que nous n'avions pas d'argent pour prendre un fiacre… J'en aurais demandé à Desloges, — mais j'ai un flair excellent, je gage qu'il n'avait pas le sou non plus… Comment allons-nous composer le menu de notre déjeuner ?

— Je suis en position de t'offrir à déjeuner, — j'ai un crédit expirant — chez une sorte de restaurant derrière le Cirque ; — allons-y.

Les deux amis arrivent à un cabaret où Grandin connaît tout le monde ; il donne la main au maître de la maison, — il offre à la femme du comptoir un bouquet de violettes d'un sou qu'il a acheté sur le boulevard, — il appelle les garçons par leur nom ; mais malgré le déploiement de ses plus aimables sourires, on le reçoit froidement ; — le chef de l'établissement se laisse secouer la main sans répondre à cette amicale étreinte ; — la reine du comptoir, qui est sa femme, — remercie froidement Grandin de son bouquet et le laisse sur le marbre du comptoir ; — les garçons sont distraits, — servent négligemment, — oublient de commander à la cuisine ce que demande l'amphytrion de Calixte.

— Diable ! dit Alexandre, mon crédit est plus bas encore que je ne le supposais ; — il est mort, il s'agit de l'enterrer convenablement. — Garçon, des filets de chevreuil, du pâté de foie gras, et du *bordeaux première.*

Le garçon est longtemps sans revenir, — il est allé consulter au comptoir. — Alexandre le rappelle.

— Garçon, priez monsieur Gerdou de venir me parler.

— Mon bon monsieur Gerdou, dit Alexandre, vous joindrez à ma carte le relevé de quelques cartes que je dois ici, — n'est-ce pas ?

Monsieur Gerdou se déride. — On sert le pâté, le chevreuil et le vin de Bordeaux de la première qualité.

— Eh bien ! ingrat, dit Alexandre, regrettes-tu le déjeuner que tu aurais lâchement accepté de nos ennemis humiliés ?

— Non, et je ne veux plus désormais déjeuner autrement, répond Calixte, que le vin de Bordeaux ne tarde pas à animer singulièrement.

— Il ne faut cependant pas t'y accoutumer, reprend Alexandre ; une fois sortis d'ici, nous n'avons pas à espérer jamais un verre d'eau sans que nous le payions d'avance.

— Ce n'est pas sur l'ignoble moyen du *pouf* et du crédit que je compte pour me nourrir convenablement. — J'ai un projet depuis longtemps… Tu connais bien ce petit monsieur qui vient au théâtre, — toujours bien mis, — couvert de chaînes d'or ?

— Parbleu ! — l'amant de la petite Indiana.

— Oui.

— Eh bien !… c'est une espèce de journaliste, — il *fait* dans un prétendu journal — le feuilleton des petits théâtres ; — il a ses entrées dans les coulisses, il est aimé d'Indiana sans qu'il lui en coûte autre chose que de dire du bien d'elle dans ses articles, — il est bien mis, — il dîne où il veut — tous les jours — et très bien… — Je veux me faire journaliste… mais il y a une difficulté : — j'ai envoyé cent fois aux petits journaux des articles, — jamais ils n'en ont inséré un seul ; — le dernier... c'est quand ton propriétaire t'a donné congé... Je l'avais arrangé... là, de la bonne façon... J'avais signé... *un de vos abonnés*, — pour leur inspirer un peu de respect. — Cela n'a servi à rien. — L'article n'a pas paru. — Vois-tu, — tout ça se sont des coteries, — c'est une conspiration pour empêcher les jeunes talens de se produire... Mais il y a un moyen... c'est de faire un journal nous-mêmes, — un journal à nous... Ce serait déjà fait si, d'après des calculs irréprochables, — il ne me manquait juste cent cinquante mille francs pour commencer... Je n'ai pas pensé à te demander si tu les avais ; mais je suppose que tu ne les as pas.

— Je ne les ai pas, répondit froidement Alexandre. — Garçon, ajouta-t-il, du vin de Champagne !... Mais de Moët... Je n'en veux pas d'autre.

— Nous ne pouvons donc faire ni un journal politique ni un journal quotidien... ni un journal hebdomadaire... L'important est de faire un numéro ; — c'est moins cher ; il ne faut que soixante francs.

— C'est beaucoup moins cher en effet. Garçon ! le café... très chaud, si je peux le boire... je le renvoie. — La difficulté est d'avoir soixante francs.

— En effet ; c'est précisément aussi difficile que d'avoir cent cinquante mille francs, — et ce n'est pas la peine d'abandonner ton premier projet pour celui-ci.

— J'ai un projet pour les soixante francs... Avec quatre abonnemens de trois mois nous avons notre affaire... Mais il faut faire imprimer des quittances ; — on peut même les faire lithographier, — à la rigueur, il faudrait dix francs.

— La difficulté, qui, tu le vois, s'est fort amoindrie au feu de la réflexion, — ne consiste donc plus qu'à trouver dix francs.

— Dix francs ou cent cinquante mille francs, c'est tout un.

— Les dix francs, je les aurai, — et cela demain matin. — Il faut que dès aujourd'hui tu donnes ta démission au Cirque, pour deux raisons : la première est qu'il ne convient pas qu'un homme qui va distribuer le blâme et l'éloge aux artistes les plus haut placés reste dans cette condition inférieure ; — la seconde, c'est qu'on n'attend que ton arrivée aujourd'hui pour te faire mettre à la porte par les garçons du théâtre.

— Comment le sais-tu ?...

— Tu comprends que tu l'as mérité hier, et que ce sera justice. — D'ailleurs, il faut nous consacrer exclusivement à notre futur journal.

. . . .

Quelques jours après, le soir, Raoul lut à Esther le troisième et dernier acte de sa tragédie.

Ce n'est pas pour rien qu'Almiri a paru au fond du théâtre au moment où on menait Empsaël à la mort. — Il a donné le signal de l'attaque. — Deux esclaves commencent le troisième acte. — Les habitations sont détruites.

CORA.

Uncas, mon cœur palpite encore de frayeur ;
Ce tumulte, ces cris, ce fracas plein d'horreur,
La terre, de carnage et de sang toute humide,
Le feu dévorant tout dans sa course rapide...

UNCAS.

Éloigne ces pensers, ne songeons qu'au bonheur ;
Libre, je puis enfin te presser sur mon cœur...
Affranchis pour jamais d'une longue contrainte,
Réunis pour jamais, nous nous voyons sans crainte.
Réunis pour toujours...

CORA.

Uncas, oui, pour toujours...
Je verrai mon époux, mon Uncas, tous les jours...
Je n'ose encore y croire... Ah ! que cette journée
A changé tout le cours de notre destinée !

UNCAS.

Les tyrans massacrés ou chargés de liens,
Nous, délivrés des fers qui retenaient nos mains...

Réunis à nos fils, réunis à nos femmes...
Les habitations détruites par les flammes...
Almiri, digne fils d'un père généreux,
Conduisant au combat nos guerriers valeureux,
Et du chef des guerriers revêtant la parure,
Et des plumes de pourpre ornant sa chevelure,
Tout rappelait au cœur ces longs jours de bonheur
Où son père aux combats *guidait notre valeur*.
Comme il a renversé ceux qui tenaient son frère !
Moins prompt le vent du nord fait voler la poussière.

CORA.

Et lui-même, Empsaël ! quel feu dans son regard !
Une hache à la main, il frappait au hasard...
Et toi, je te voyais parmi les combattans
T'élancer furieux toujours aux premiers rangs ;
A chaque coup fatal suspendu sur ta tête,
A mourir avec toi ton *épouse* était prête.

UNCAS, avec force.

Les tyrans sont détruits !

CORA.

Plus bas, Uncas, plus bas !

UNCAS.

Que crains-tu ? Rien ne peut t'arracher de mes bras.

CORA.

J'ai langui si longtemps dans cette servitude,
De craindre, de trembler j'avais pris l'habitude...

Uncas la rassure, tous deux s'éloignent en voyant paraître Empsaël qui vient au tombeau de sa mère, sur lequel Almiri a élevé un tertre de gazon.

Empsaël a confié Zoraïde au vieux Magua, — il s'agenouille devant le tombeau de Mirrha.

Que mon cœur est serré !... Là... couverte de terre...
Au froissement du sol sous mon pied incertain,
Je sens un froid mortel se glisser dans mon sein...
Elle est morte ! — ma main n'a pas clos sa paupière !
Elle est morte de faim, de douleur, de misère !
Pauvre, pauvre Mirrha ! déjà froide, ta main
N'a pu toucher la mienne, et ton regard éteint
N'a pas vu tes enfans, et tes lèvres glacées
Du long baiser d'adieu n'ont pas été pressées !
Demain, quand nous allons quitter ces bords sanglans,
Va, ne redoute pas que tes tristes enfans
Veuillent te laisser là... te laisser à la terre !
Tu viendras avec nous, Mirrha, ma bonne mère,
Au delà du grand lac j'emporterai tes os ;
Là près de tes deux fils, dans un lieu de repos,
Tu dormiras tranquille ; un *tamarin* sauvage
Recourbera sur toi son lugubre feuillage ;
Chaque jour, quand viendra l'heure triste du soir,
Empsaël, Almiri, viendront tous deux te voir...
Mon père ! . . . .

En effet, c'est Almiri. — Magua a été blessé, Almiri amène Zoraïde à son frère. — Zoraïde n'a qu'une pensée, c'est le danger que court son père ; Empsaël lui promet qu'il pourra s'éloigner sans crainte ; — mais quand il apprend que Zoraïde veut le suivre, il entre en grande colère ; — il prie, il menace, — puis il revient à la prière.

Ne dois-tu pas un jour être épouse, être mère
Ne dois-tu pas un jour abandonner ce père,
Ce père, dont l'amour ne se montra jamais
Que pour rompre des nœuds qu'alors tu chérissais ?
Oh ! viens, ma Zoraïde, oh ! viens, ma bien-aimée,
Respirer du désert la brise parfumée !
De l'ombre des palmiers viens goûter la fraîcheur ;
Viens dans ma case, viens ; là sera le bonheur.
Ma case ! avec quel soin elle sera parée !
Toujours de vert feuillage au dedans décorée ;
Au dehors, les rameaux des citronniers épais
En cacheront le faîte aux regards indiscrets,
Et sous les verts abris de leur paisible ombrage,
Tranquilles dans leur nid, sautant sous le feuillage

Les oiseaux du désert *chanteront* tout le jour.
Le gazon sous tes pas s'étendra tout autour.
. . . .
Le bonheur nous attend. — Un jour tu seras mère.
Mère, ma Zoraïde... Ah! quel doux ministère!
Qu'il est charmant, ce mot! — L'as-tu bien entendu?
A ton sein palpitant un enfant suspendu;
Ses bras tendus vers nous aussitôt qu'il s'éveille,
Sa voix confuse encor, bornais à notre oreille,
Et bégayant déjà ton titre précieux...
Les regards incertains cherchant déjà nos yeux....
Ah! que cet avenir nous présente de charmes!
Tu ne me réponds pas, mais tu verses des larmes...
Zoraïde! O destin, je brave ton courroux!
Tu me verrais sourire accablé sous tes coups,
Frappe, je te défie!...

Les esclaves vainqueurs envahissent la scène; — ils demandent la mort de Fernandès. — Empsaël et le vieux Magua veulent le défendre; mais leur voix est étouffée par les clameurs. — Empsaël prie, menace, défie; — dans un moment où la fureur des esclaves redouble, — Zoraïde embrasse son père en s'écriant :

Empsaël, défends-nous!

Empsaël se jette au-devant d'eux le poignard à la main; — il mourra s'il le faut. — Au moment du plus grand tumulte, — Fernandès s'écrie :

Esclaves, arrêtez, vous voulez mon trépas?
Je mourrai, mais du moins jamais ma Zoraïde
N'épousera ce noir.

EMPSAEL.
Elle est à moi, perfide!

FERNANDÈS.
Quoi! ma fille épouser un esclave! jamais!
Elle meurt avec moi, je mourrai sans regrets.

EMPSAEL.
Elle meurt avec toi! cruel! qu'oses-tu dire?...
Mon épouse...

FERNANDÈS, la frappant de son poignard.
Prends-la, la voilà! tiens!...

ZORAIDE.
J'expire!

EMPSAEL.
O désespoir affreux! elle meurt...

ZORAIDE.
Dieu du ciel!
Pardonne au meurtrier, à mon père... Empsaël!...

Elle tend la main à Empsaël et tombe morte sur la tombe de Mirrha. — Empsaël s'agenouille auprès de son corps, mais pendant ce temps, Diégo, qui s'est enfui, a rencontré ce parent de Fernandès que l'on attendait à l'habitation. Ils arrivent avec des troupes, et les esclaves sont entourés.

UNCAS.
Amis! tout est perdu!

ALMIRI.
Comment?... que signifie...

UNCAS.
Nous sommes entourés d'une troupe ennemie,
A leur tête est Diégo...

FERNANDÈS.
Diégo!

EMPSAEL.
Nous combattrons!

UNCAS.
Ils seraient dix contre un.

EMPSAEL.
Eh bien! nous périrons!

Les esclaves hésitent. Empsaël s'écrie avec amertume :

Ils seraient dix contre un! Ils ont peur de mourir.

ALMIRI.
Lâches!... il en est temps... Hâtez-vous donc d'offrir
A de nouveaux liens vos mains obéissantes.
Les armes pour vos bras deviennent trop pesantes.
Voilà votre tyran, mettez-vous à genoux,
Et tâchez d'apaiser son superbe courroux;
Il daignera peut-être écouter vos prières...

Le cercle des soldats se resserre. — On commence à enchaîner les esclaves. — Almiri se jette sur Fernandès. — On l'arrête, on le désarme. — Empsaël le prend par la main, et le conduisant près de la tombe sous laquelle est Mirrha, sur laquelle est Zoraïde, — il dit, avec tranquillité d'abord, puis avec enthousiasme :

Calme ces vains transports. — Adieu, vous dont le cœur
Préfère l'esclavage à l'éternel bonheur...
Un jour, la liberté tout autour de la terre
Fera briller enfin sa féconde lumière.
Tout sera libre enfin sur la terre et les flots.

Heureux ceux dont les yeux verront ces jours de gloire!...
Pour nous, dont les efforts n'ont pas eu la victoire,
Laissant ici les fers que nous voulions briser,
Nous sommes fatigués, nous allons reposer.
Adieu, brillant soleil de ma belle patrie;
Adieu, triste tombeau d'une mère chérie...
Mais je vais la revoir... Et là... plus de tyrans,
Plus d'esclaves, de fer, de fouets toujours sanglans...
Esprits aériens, parez ma fiancée...
Que d'un vêtement blanc sa taille soit pressée;
Qu'une couronne blanche orne ses longs cheveux,
Et remplissez les airs d'accords harmonieux :
Chantez le chant d'hymen... Bientôt ma main glacée
Ira presser ta main, ma belle fiancée...
(Il se frappe.)
Ah! je suis libre!

ALMIRI.
Il a porté le coup fatal!
Je te suis...

EMPSAEL, calme et lui donnant le poignard qu'il retire de sa blessure.
Tiens, mon frère, il ne fait pas de mal.

Almiri se frappe, et tous deux tombent dans les bras l'un de l'autre.

Ainsi finissait l'œuvre, par un mot qu'un jeune sauvage traduisait du latin.

XVII.

LA CRÉATION D'UN JOURNAL PARAISSANT QUELQUEFOIS.

Un matin, Calixte vint trouver Raoul et lui dit :
— Tu faisais des vers autrefois; — en fais-tu toujours?
Raoul rougit à cette question. — On a autant de pudeur pour ses premiers vers que pour son premier amour. — Cependant il avoua qu'il écrivait, qu'il passait à écrire le temps que lui laissaient ses ennuyeuses occupations, — que c'était son but, son espoir, etc.
— Eh bien, dit Calixte, nous pourrons bientôt faire entrer dans le monde ces enfans de ton amour. — Je fonde un journal.
Raoul resta stupéfait; il n'aurait pas été plus étonné si Calixte lui eût dit : — Je fonde un empire, ou : J'invente une religion.
— Oui, ajouta Calixte, je fonde un journal, et ce matin même nous déjeunons avec notre principal *actionnaire*, M. Leroux, protecteur d'une demoiselle Léocadie, artiste du Cirque-Olympique. Tu es invité, j'ai parlé de toi comme

du plus distingué de nos jeunes poètes; — tu formeras le fonds de la rédaction avec moi et Alexandre, tu sais?

— Quel Alexandre?

— Eh! le *flot* démissionnaire du Cirque-Olympique. Je viendrai te prendre à onze heures; — sois chez toi : — mets-toi un peu bien. Jusque-là je vais avec Alexandre travailler à donner à notre logis quelque peu de somptuosité, — parce que nous ne pourrons nous dispenser peut-être d'y conduire notre actionnaire. — Prête-moi cent sous.

Raoul donna cent sous et resta 'seul. — Les paroles de Calixte l'avaient grisé, — d'enivrantes vapeurs étaient montées à son cerveau. — Quoi! ses vers allaient être imprimés!... il avait envie de les brûler tous et d'en faire d'autres plus dignes de ce sort magnifique... Quoi! on l'avait cité comme le plus distingué des jeunes poètes de l'époque... Mais ces pensées vertigineuses se calmaient un peu quand il songeait qu'on avait dû également citer comme deux grands prosateurs son ami Calixte et aussi M. Alexandre, qu'il avait connu une des vagues les plus insignifiantes qui supportaient le radeau de la *Méduse*. Cependant il revenait toujours à cette pensée, ses vers seraient imprimés!.... Marguerite et la tante Clémence les liraient! Il n'y avait qu'une chose qu'il n'avait jamais confiée à la tante Clémence, — c'était le secret de ses vers, — de ses vers chéris, qui pour lui n'étaient pas seulement des vers, — mais des œufs sortis de son cerveau, desquels devaient éclore la gloire, et la richesse, et tous les bonheurs.

Mandron vint le chercher avec monsieur Alexandre.

Monsieur Alexandre dérangeait beaucoup les idées de Raoul; — il était bien difficile de le faire entrer dans un rêve un peu poétique. Cependant il ne put prendre le courage de refuser la main que le guerrier du Cirque lui tendait familièrement.

— Tu as des gants? dit Mandron, ça se trouve bien; c'est assez d'une paire pour nous trois.

— Comment cela?

— Par un procédé ingénieux que je meflatte d'avoir inventé, — je me place entre vous deux, les mains dans mes poches; — je n'ai pas de gants, mais je me montre pas de mains.—Je suis donc censé avoir des gants; — vous passez chacun un bras dans un des miens,—Raoul la main droite, Alexandre la main gauche; vous gantez ces deux mains exposées aux regards avec la paire de gants de Raoul; — chacun de vous met dans sa poche la main qui lui reste. — A nous trois, de cette manière nous ne montrons que deux mains, et toutes deux parfaitement gantées; — ce qui nous suffit pour conserver l'estime de nos concitoyens.

On arriva au café Vachette, — à l'angle du boulevard et du faubourg Montmartre, c'est là que l'actionnaire attend ses convives. — L'actionnaire est un homme petit et grêle, avec des cils et des cheveux blonds pâle, — des yeux clignotans et fatigués par la lumière. Il est vêtu de noir et laisse voir deux ou trois beaux diamans à ses doigts et à sa chemise. — Il est contraint et embarrassé. — Il est en conférence avec le garçon et commande le déjeuner de l'air dont il commanderait un service funèbre. — On ne sait s'il s'agit d'un déjeuner de première classe, ou d'un convoi de quatre couverts,—ou d'un enterrement de garçon. Il parle à voix basse, d'un air demi-solennel, demi-inquiet. — Calixte fait les présentations. — On s'assied, — on mange et on boit. —M. Leroux, l'actionnaire, — craint toujours qu'il n'y ait pas assez. — Peu à peu cependant sa timidité diminue, il laisse tomber quelques mots que Calixte fait ressortir avec emphase comme des aphorismes de bon sens et de rectitude. Enfin Calixte arrive au sujet de la réunion.

— Parlons de notre journal. Loin de une pensée vulgaire, dit Calixte Mandron, d'aller mendier l'appui dédaigneux des écrivains, aussi usés que célèbres, qui trônent dans les grands journaux; la feuille que nous créons veut plus de sève et de jeunesse. — *Organe de la génération actuelle et de ses besoins*, elle ne faillira pas à sa mission. — J'ai voulu pour l'œuvre que nous commençons m'entourer d'hommes jeunes, d'hommes d'avenir, qui aient à se faire un nom et à conquérir leur réputation. — Je traiterai la partie politique si un cautionnement nous le permet, — sinon la partie morale. — Le jeune Raoul Desloges, dont l'étoile n'attend qu'un souffle bienfaisant qui la dégage des nuages de l'anonyme et du manuscrit pour briller au ciel de la poésie française, le jeune Desloges nous donnera des vers et aussi quelques romans pleins de larmes. — Pour monsieur Alexandre, homme initié à tous les mystères de théâtre, homme qui connaît la scène devant et derrière le rideau, depuis les cintres jusqu'au troisième dessous; — monsieur Alexandre nous fera enfin un feuilleton théâtral comme *l'art* en attend vainement, sévère mais impartial, disant la vérité aux directeurs, aux auteurs et aux artistes, — *ramenant l'art à sa haute mission sociale*, et ne lui permettant aucun écart. Mais, de tous temps, — Apollon et Plutus ont renoncé à marcher de compagnie, — Apollon fut berger chez Admète, — Homère fut aveugle et mendiant, — Gilbert est mort à l'hôpital.

Malgré que notre situation ne soit pas celle des grands hommes, nous avons examiné froidement notre position financière, et il nous est complètement impossible de mettre, pour le moment, en dehors de la somme qu'un gouvernement ennemi des lumières, hostile à la presse, ombrageux devant toute indépendance, exige de ceux qui veulent apporter aux masses la nourriture de l'esprit. Nous avons rencontré monsieur Aristide Leroux, — magistrat ou à peu près, — protecteur éclairé des beaux-arts, — qui gémissait comme nous de voir que de tant de journaux qui se publient à Paris, pas un ne répond aux véritables besoins de l'art. Nous avons alors conçu la pensée d'une société dans laquelle nous apporterions, nous, notre talent, notre expérience des hommes et des choses, notre incorruptible indépendance, et monsieur Aristide Leroux les quelques capitaux indispensables pour mettre en train une entreprise qui doit inévitablement nous rapporter au centuple. De telle sorte qu'il aura fait à la fois et une action honorable, dont la société entière lui saura gré, et une bonne affaire. J'ai par hasard sur moi le manuscrit du premier article d'art que notre honorable ami Alexandre destine au feuilleton du *Scorpion* (tel est l'heureux titre de notre publication); je vais vous le lire :

THÉATRE DU CIRQUE-OLYMPIQUE.

« Nous ne saurions déplorer avec trop d'amertume l'inconcevable incurie, ou plutôt l'extraordinaire partialité du directeur de cet établissement. Nous avons remarqué parmi les figurantes une jeune artiste d'une haute intelligence, d'une physionomie enchanteresse, d'un aplomb qui n'est que la conscience d'un talent hors ligne qu'elle n'attend que l'occasion de montrer. Cette charmante personne, qui s'appelle Léocadie, reste, par l'*impéritie* du directeur, confondue avec le vulgaire des figurantes, — tandis que les premiers rôles sont confiés.... (Ici aura place un *éreintement* un peu soigné des principales actrices de l'endroit.) Certes ce n'est pas la seule preuve d'incapacité et de mauvais vouloir qu'ait donnée cette *déplorable* administration.—A force de les abreuver de dégoûts, elle a forcé à la retraite *des hommes* d'un talent éminent qui, s'ils avaient été mis à leur place, auraient fait la fortune d'un théâtre. — Tout va de mal en pis à ce malheureux théâtre. — A la dernière représentation du *Vengeur*, — on a sifflé la mer, dont les flots étaient flasques, mous et sans énergie. — On nous objectera peut-être que le théâtre gagne énormément d'argent... Méprisable raisonnement, argument frivole auquel nous devrions peut-être dédaigner de répondre, tant il nous serait facile de prouver que, par le temps qui court, chez les hommes et chez les choses, la prospérité matérielle est en proportion contraire de la valeur réelle et sérieuse des choses et des hommes, etc., etc., etc.»

— Que dites-vous de cet article, monsieur Leroux?

— C'est très bien... c'est très bien... voilà ce que j'appelle de la justice; — car cette pauvre Léocadie... vous ne sauriez croire combien on la rend malheureuse!

— Elle sera vengée, monsieur Leroux, elle sera vengée !
— je vous l'ai dit, notre mission est de protéger le talent contre l'intrigue et l'envie. — Je ne vous parle pas de notre ligne politique, cela dépend du cautionnement; mais en tous cas, indépendance et vérité, — voilà notre devise et celle du *Scorpion*. — Garçon ! des cigares.

Le déjeuner se prolonge assez tard ; — on arrive à une remarquable intimité; Mandron appelle monsieur Leroux Mécène et le tutoie.

On se sépare après avoir pris rendez-vous pour le lende-main chez monsieur Alexandre.

Calixte n'avoue pas la communauté du logement; il n'as-signe pas, dit-il, le rendez-vous chez lui, parce qu'il n'y demeure pas lui-même depuis quelque temps. — Le minis-tère, auquel son indépendance fait ombrage, veut en finir avec lui, et il craint d'être arrêté. — Le logis d'Alexandre est un logis de savans, d'hommes de lettres peu soucieux des choses terrestres. — Mais qu'est-ce que cela fait pour parler affaires!—Calixte aurait cependant aimé à faire voir à un connaisseur comme monsieur Leroux ses meubles de bois sculpté et une remarquable collection d'armes anti-ques; mais ce sera pour un autre moment. — A demain.

Raoul rentre chez lui un peu désenchanté de cette es-pèce de littérature de bas étage en général, mais très heu-reux cependant de sa position particulière.—Il ne voit dans tout cela que ses vers imprimés. — De plus, il a bu quel-ques verres de Champagne, — ce qui ne lui était guère arrivé de sa vie. — Ces fumées, jointes à celles de la gloire, l'ont jeté dans un trouble étrange.

Il ne sait que faire du reste de la journée, il remet au len-demain à aller donner ses leçons; il éprouve une sorte d'a-néantissement. Cependant quand vient l'heure d'aller chez monsieur Seeburg, il lui semble qu'il est sauvé; — il arrive même un peu avant l'heure, et trouve Esther à une fenêtre entr'ouverte l'air frais d'une belle soirée.

— Oh ! que j'aimerais, dit-elle, être à la campagne par ces beaux jours de l'été !

— Vraiment, dit Raoul, c'est bien obligeant pour moi. Quand vous serez à la campagne, je ne vous verrai plus.

— Oh ! dit Esther, j'ai tellement... l'habitude... de vous voir tous les soirs, que je ne vous sépare jamais de moi dans mes idées. Quand je dis que je voudrais être à la cam-pagne, — cela veut dire que je voudrais que la campagne fût autour de nous, — que ce tapis fût de l'herbe, — que ces murailles fussent des arbres, — qu'on entendît, au lieu du bruit des voitures, — une brise tiède dans les feuilles, le murmure d'un ruisseau, le vol crépitant d'un papillon de nuit, — et, de loin, de temps en temps, le croassement des grenouilles cachées sous les nénuphars. — Dites-moi, monsieur Raoul, — ne le voudriez-vous pas?

— Je n'ose rien désirer quand je suis auprès de vous, répondit Desloges, je craindrais d'être ingrat envers la Pro-vidence. — Mais, vous, êtes-vous certaine que vous sup-porteriez longtemps le séjour de la campagne et la soli-tude?

— Oui, certes, si j'avais autour de moi tous ceux que j'aime.

Et Esther se mit à trembler si fort en disant ce mot, qu'il était impossible de ne pas entendre : *Oui, si vous êtes avec moi*. Raoul prit sa main et la pressa sur ses lèvres; Esther laissa tomber sa jolie tête sur l'épaule du professeur. Ils oublièrent le monde entier.

On sonna; la servante entra avec une lumière et dit qu'un « monsieur » demandait monsieur Desloges.—Raoul sortit de mauvaise humeur, mais il ne revint pas.—Esther écouta chaque bruit de la rue et de la maison. — Elle at-tendait encore Raoul à une heure où il eût été impossible qu'il se présentât. Le lendemain matin elle reçut une lettre avec ces mots :

« Mademoiselle, je serai de retour dans dix jours, je vous dirai alors ce qui cause mon brusque départ. Agréez, etc. »

L'étonnement d'Esther ne fut pas diminué lorsqu'elle ap-prit que dès cinq heures du matin, Raoul était sorti et ren-tré ensuite avec un homme auquel il avait vendu ses meu-bles, moins un matelas, une chaise et une petite table ; — puis qu'il était sorti une seconde fois — en costume de voyage, — avec une blouse et un bâton. — La pauvre fille chercha dans les souvenirs de ses lectures un exemple d'une pareille conduite et ne le trouva pas.—Elle demeura triste, honteuse et inquiète.

La première visite qui vint pour Raoul fut celle de Ca-lixte Mandron. — Il venait lui demander des vers pour le premier numéro du *Scorpion*, qui allait paraître le surlen-demain. On comptait également lui emprunter quelques pièces de cinq francs. — M. Leroux, l'actionnaire, — n'a-vait pas versé les fonds ; — une feuille déjà établie et fai-sant le même commerce avait supplanté — la société Alexandre et Calixte Mandron ; — moyennant trois abon-nemens à la feuille, on saturait d'éloges mademoiselle Léo-cadie. — La somme qu'avait demandé Mandron pour éta-blir le *Scorpion*, cet *étrange organe de l'opinion publique*, — suffisait pour faire encenser mademoiselle Léocadie pen-dant vingt-cinq ans dans l'autre feuille.

Comme on ne trouva pas Raoul, on eut recours à d'au-tres expédiens. — Un chapelier, — un coiffeur et un marchand de cirage, se laissèrent per-suader d'avoir recours à *l'immense publicité* du *Scorpion*, moyennant quoi on fit imprimer un numéro du journal,— et cinq cents têtes de lettres,—portant en marge ces mots : — Le *Scorpion*, journal littéraire, artistique, économique, industriel, social, etc., etc., etc., et mille quittances d'a-bonnement. En tête du journal était un carré contenant ces mots :

UNE TRACASSERIE DE LA CENSURE—NOUS OBLIGE A RETARDER L'APPARITION DE NOTRE VIGNETTE, DUE A UN ILLUSTRE BURIN.

Le journal était composé ainsi qu'il suit : Un discours aux abonnés où se retrouvait à peu près que Mandron avait récité à monsieur Aristide Leroux le jour du déjeuner chez Vachette.

Un article économique de monsieur Mandron : — « Nous voulons, —disait-il, que la France soit prospère ; nos veil-les, notre expérience, nos lumières seront consacrées à ce but; nous flagellerons de notre plume satirique les hom-mes qui ne marcheraient pas dans cette voie, etc. »

Un article de monsieur Alexandre.—Il y était établi, com-me dans celui qu'on avait lu à l'actionnaire transfuge, que l'*impéritie* et l'*incurie* du directeur du Cirque-Olympique mettaient la littérature et l'art en danger de périr.—On citait comme mais le premier article la *mollesse des flots*, — mais une modification avait été faite à cet article en ce qui re-gardait mademoiselle Léocadie : « Une des dernières figu-rantes, disait monsieur Alexandre, met tout en œuvre pour se faire remarquer ; des toilettes indécentes, une effron-terio sans égale, ne servent qu'à mettre en évidence la nullité de cette prétendue artiste. — Nous dirons à made-moiselle Léocadie, dans son intérêt qu'il ne suffit pas d'a-voir de l'aplomb, de crier fort, de se démener sans grâce, — et de faire minauder une figure vulgaire, pour se croire une actrice. — On assure que la direction, si aveugle et si partiale, a promis un rôle à cette demoiselle, qui ne man-que pas de protecteurs. »

Un article *Modes*, où on disait que la *Fashion* ne se fai-sait plus coiffer, raser et cirer, que chez les trois industriels qui avaient fourni les fonds de ce numéro. — Il n'y avait plus que les laquais qui se faisaient habiller par mon-sieur Seeburg (qui avait refusé de continuer à habiller Ca-lixte).

On avait *annoncé d'office* — les quelques bonbons infâ-mes qui, en faisant pour trente sous d'annonces pour se vendre trente-deux sous font encore un bénéfice exagéré, — et ne reculent devant aucuns frais de ce genre ;—en leur faisant une annonce qu'ils ne payaient pas, on espérait bien leur en faire payer plusieurs qu'on ne leur ferait pas.

Mandron et Alexandre portèrent sur le soir un exemplaire du *Scorpion* à chacune des personnes qui y étaient désignées; — puis à chaque théâtre, en demandant les entrées pour monsieur Calixte Mandron, — et pour le rédacteur spécial, monsieur Alexandre, *homme de lettres*.

Plus, à tous les acteurs et à toutes les actrices dont on put savoir l'adresse; le lendemain, on alla *savoir les réponses*; on prit pour cela un portier pour le moment sans place, qui était chargé de présenter des quittances d'abonnement aux acteurs et aux actrices auxquels on avait porté le journal; — beaucoup payèrent l'abonnement. — On ne saurait croire combien d'industries honteuses vivent aux dépens de la vanité si chatouilleuse de ces pauvres diables, — qui s'imposent parfois les plus dures privations pour payer jusqu'à quatre et cinq abonnemens du même journal à telle feuille qui fait ce trafic.

Trois ou quatre directeurs de théâtre accordèrent les entrées, quelques autres alléguèrent l'usage établi de ne donner les entrées à un journal qu'après qu'il s'est montré viable et a paru au moins pendant un trimestre.

Le portier revint chargé d'argent, — on l'embrassa, — on dîna avec lui chez Rouget, dans un souterrain célèbre auprès du Palais-Royal, — on se tutoya au café, — et le portier fut promu à la dignité de *rédacteur* et ami jusqu'à la mort, pendant que Mandron faisait brûler le punch; il fut convenu néanmoins qu'il continuerait à cirer les bottes et à faire les *recouvremens*. Le Pactole continua à traverser la chambre de monsieur Alexandre, sur la porte de laquelle on fit écrire : *Cabinet de rédaction*, et une seconde chambre sur le même carré, que la rédaction du *Scorpion* avait maintenant le moyen de joindre au logis primitif, reçut l'inscription de *Bureau et Caisse*.

M. Francis, le portier en disponibilité, occupait un cabinet mansardé. — Nous les laisserons momentanément se livrer à cette vie somptueuse.

XVIII.

Le « monsieur » qui avait demandé Raoul si mal à propos chez M. Seeburg n'était autre que Félix Hédouin. — Il avait reçu une lettre de son père déjà depuis quatre jours. — Chaque matin, il s'était mis en route pour venir faire à Raoul la proposition d'aller rejoindre son père, sa tante et sa sœur, dans un petit port de mer où ils prenaient des bains.

— Écoute, dit-il à Desloges, ce que je te demande est absurde, — et cela par ma négligence; tandis que si j'étais venu il y a trois jours, comme je voulais le faire, c'aurait été une partie charmante. — Veux-tu venir à Yport avec moi et partir demain matin?

— Ce soir, si tu veux, répondit Raoul.

— Tu es un homme unique! Alors tu ne seras pas effrayé de partir à six heures du matin?

— J'irai te prendre et te réveiller. Comment partons-nous?

— Par une voiture qui va à Fécamp; — de Fécamp à Yport, nous irons à pied. — La voiture part à sept heures du matin.

Resté seul, Raoul commença à voir des difficultés : — il fallait renoncer à ses leçons pendant dix jours au moins; on le congédierait, et, au retour, il aurait perdu ses moyens d'existence. — Mais je dois lui rendre la justice de dire qu'il ne considéra pas cela comme un obstacle. — Il lui semblait que lorsqu'il aurait vu Marguerite, quand il aurait passé auprès d'elle une semaine, — il puiserait dans ses regards une telle force, — qu'il ferait tout ce qu'il voudrait au retour. — Ce qui l'inquiétait, c'est qu'il n'avait d'argent ni pour faire la route, ni pour séjourner, ni pour revenir. Il savait bien certainement qu'il partirait, qu'il arriverait, qu'il aurait l'arg'ent nécessaire. — Il y a des choses que l'on veut tellement, qu'on sait qu'elles se feront; — mais il ne savait pas du tout *comment* il aurait cet argent.

— Il s'avisa d'éventrer franchement sa poule aux œufs d'or.

— Il écrivit le soir même à ses divers écoliers qu'obligé de s'absenter peut-être pour quelque temps, il ne pourrait avoir le plaisir de leur continuer ses soins, — et qu'il les priait de lui envoyer par son commissionnaire le prix des leçons données. — Il était rouge de confusion en écrivant ce paragraphe, — mais il s'agissait de voir Marguerite. Il envoya le portier de la maison porter ces diverses lettres. — Quant le portier revint, Raoul avait le cœur serré. — En effet, les réponses n'étaient pas très favorables. L'un était en soirée, — un autre était couché, — un troisième répondit qu'il recevait et payait à la fin du mois, et que monsieur Raoul pourrait faire *toucher* à l'époque indiquée; — un autre répondit que monsieur Raoul ne finissant pas son mois, il ne lui était rien dû; — un seul envoyait quinze francs! et Raoul en une heure avait perdu tous les écoliers qu'il avait eu tant de peine à trouver depuis un an.

Raoul paya généreusement le portier, et se trouva à la tête de dix francs. — Il alla chez un brocanteur et lui offrit de lui vendre ses meubles et ses livres; — le brocanteur répondit qu'il ne pourrait venir voir les objets que le lendemain à sept heures. — Raoul alla chez un autre qui promit de venir à cinq heures; — à quatre heures et demie, Raoul alla le réveiller. — Le marchand le vit si empressé qu'il lui donna le quart de la valeur des livres et des meubles; il lui aurait donné le demi-quart, que Raoul aurait aussi bien conclu le marché. — Mais une autre difficulté se présenta : le marchand demanda s'il ne trouverait aucun empêchement à enlever les meubles. — Il fallut avoir recours au portier, qui ne consentit à les laisser emporter que si monsieur Desloges déposait entre ses mains — *le terme courant et celui qui venait après*; — c'est ce qui obligea Desloges à faire un nouveau marché à vendre en surplus son bois de lit et un de ses deux matelas. — Quand l'affaire fut conclue, il avait cent francs! Il était riche! Il alla réveiller Félix, et ils montèrent tous deux en voiture.

Le lendemain matin ils arrivèrent à Fécamp. — Raoul voulait se mettre en chemin pour Yport sans attendre un instant, — mais Félix ne pouvait rester assis, — s'il se levait, il marchait. Enfin on se mit en route par un chemin qui longe la mer.

Marguerite était seule au bord de la mer avec la tante Clémence sur la petite jetée d'Yport. — Les pêcheurs appareillaient pour la pêche du maquereau. — Hommes, femmes, enfans, tout le monde s'occupait des barques.

— Félix et Raoul peuvent arriver aujourd'hui, si toutefois Raoul vient, dit la tante Clémence.

— Je sais qu'il viendra, répondit Marguerite.

— As-tu des nouvelles? Félix a-t-il écrit?

— Non, mais je sais qu'il viendra et qu'il arrivera juste à l'heure où il est possible d'arriver. Que je serai heureuse de contempler avec lui ce grand spectacle! d'écouter avec lui ces voix imposantes! — Depuis que nous sommes ici, je ferme mon cœur et mes sens à toutes les impressions, — il y a une foule de choses que je ne peux sentir qu'avec lui. — Cette pensée me donne une puissance incroyable, je dirais presque que je n'ai pas *encore vu la mer*, du moins je ne la vois qu'avec les yeux, j'arrête par quelque agitation, par quelque autre pensée les rêveries que l'océan m'inspire. C'est pour cela qu'en ce moment je suis tournée du côté des barques et que j'écoute les paroles confuses des pêcheurs. — J'écouterai le vent et la mer, — je regarderai l'horizon avec lui quand il sera là. — Tiens, ma tante, dit-elle en montrant deux hommes qui descendaient la grande rue, — le voilà! — Eh bien! mets ta main sur mon cœur, il ne bat pas plus que tout à l'heure, ou plutôt depuis ce matin il bat aussi fort qu'à présent, — tant j'étais sûr de lui, — tant je le sentais approcher de moi.

En effet, Félix et Raoul arrivèrent sur la jetée. — Tous deux embrassèrent la tante Clémence. — Félix embrassa sa sœur, — les deux amans avaient échangé un regard dont tous deux avaient frissonné. — La bonne tante Clémence fît mille, questions à Félix pour leur laisser le temps au moins de ne pas parler, puisqu'ils ne pouvaient causer librement ensemble.

On alla rejoindre monsieur Hédouin à l'auberge du père Huet. — La tante prit alors le bras de Raoul. — L'accueil de monsieur Hédouin fut plein de cordialité.

Je n'essaierai pas de vous raconter la semaine qui se passa à Yport. On ne manque jamais d'expressions pour peindre la douleur, l'absence, la mort, la séparation, — mais la poésie ne sait peindre le bonheur qu'alors qu'il est perdu ou passé. — Chaque matin Marguerite, Raoul et la tante Clémence, levés avant tout le monde, s'allaient promener au bord de la mer jusqu'au déjeuner, où ils se réunissaient à Félix et à son père. — Jamais Raoul n'avait été autant de la famille. — Le soir, après le souper, — ils dormaient sous le même toit. — Le matin, au réveil, — Raoul avait toujours pour d'être le jouet d'un songe quand il pensait que Marguerite était là, près de lui, séparée seulement par quelques cloisons, — qu'il allait la voir dans quelques instans.

Un jour, au dîner, Félix raconta que Raoul avait, en nageant, été rejoindre une barque à une grande distance. Monsieur Hédouin et la tante Clémence blâmèrent fort l'imprudence de Raoul. — Marguerite dit seulement :

— Puisque monsieur Raoul le fait, c'est qu'il n'y a pas de danger.

Et son regard calme et modeste acheva sa pensée pour Raoul et pour la tante Clémence. — Elle était sûre que Raoul ne voulait pas mourir, — qu'il n'était pas assez sot pour mettre sa vie en jeu contre un petit triomphe de vanité.

Raoul, pendant ce temps, songeait quelquefois à Esther ; — je n'ose pas dire qu'il avait des remords, — c'est cependant le titre dont il ennoblissait pour lui-même les craintes et les embarras que lui donnait sa position. — Je n'ose même pas affirmer qu'il ne pensa pas quelquefois que l'amour que lui inspirait Marguerite était si différent de l'enivrement qu'il ressentait auprès d'Esther, — que c'étaient deux sentimens qui ne se faisaient point de tort l'un à l'autre. — L'encens qu'il brûlait aux pieds d'Esther, pour parler convenablement, lui paraissait si grossier que Marguerite ne l'aurait pas accepté. — Il y avait dans Marguerite tant de candeur, tant de majestueuse virginité, que l'imagination ne dérangeait jamais un pli des vêtemens de l'idole ; ceux d'Esther, au contraire, semblaient n'être arrangés que pour irriter la pensée. Raoul croyait avoir donné une plus grande preuve d'amour à Marguerite en quittant, rien que pour la voir quelques jours, une fille charmante et amoureuse à laquelle il n'avait même pas dit adieu, que s'il était resté froid et insensible à la beauté de mademoiselle Seeburg. — En un mot, il aurait trouvé fort déraisonnable que Marguerite ne lui pardonnât pas cette erreur ; — mais en même temps si le fût battu jusqu'à la mort avec celui qu'il aurait su en route pour venir raconter à Marguerite cette *distraction innocente*. Ce qui prouve que tous les raisonnemens dudit Raoul, pour se justifier à ses propres yeux, ne valent absolument rien et sont des sophismes de casuiste. — Je tiens à constater le mépris que je fais d'une pareille argumentation.

Raoul eût resté toute sa vie à Yport avec Marguerite, — se contentant de la voir, — se contentant de s'appuyer doucement sur son bras. Mademoiselle Seeburg aurait été dans la même maison, il n'aurait pas quitté Marguerite un moment pour aller la voir, il n'aurait pas payé d'un doux regard de Marguerite un jour d'ivresse à passer auprès d'Esther. Mais quand Marguerite ne serait plus là, il ne voyait pas grand mal à prendre quelques instans sur ceux qu'il ne pouvait employer qu'à gémir de l'absence de mademoiselle Hédouin, et à chercher quelques consolations auprès de la fille du tailleur. — Cependant il avait un fonds d'honnêteté, — sans quoi je me serais bien gardé de raconter son histoire. — Il ne voulut pas tromper mademoiselle Seeburg. Il lui écrivit d'Yport une lettre dans laquelle il lui avouait son saint amour pour Marguerite. Il s'excusait de ne pas lui en avoir parlé plus tôt, — 1° sur ce qu'il n'avait pas la présomption de penser que mademoiselle Seeburg s'occupât

de lui, — 2° sur les charmes de ladite demoiselle, qui ne lui avaient pas laissé le libre exercice de sa raison.

Je ne sais si Marguerite eût été parfaitement contente de cette lettre. Raoul voulait bien avertir mademoiselle Seeburg, mais il espérait qu'elle ne ferait pas usage de l'avis. Aussi ne disait-il pas à Esther qu'il préférait un cheveu de Marguerite à toute sa personne à elle, — qu'entendre seulement la voix de Marguerite était pour lui un bonheur plus grand que celui qu'il avait jamais senti auprès d'Esther. Il ne parlait que de *foi jurée*, — de *promesses saintes*, — d'une jeune fille chaste et d'une honnête famille qu'on ne pouvait trahir sans infamie ; — il lui laissait croire, sans cependant le dire tout à fait, qu'il se sacrifiait à la religion du serment, — que sans ses sermens il aurait été bien plus heureux de lui consacrer ses jours ; — il parlait bien de la candeur, de l'innocence de Marguerite, — mais nullement de sa charmante beauté ; tandis qu'il se laissait emporter par le plus vif enthousiasme pour celle de sa rivale. En un mot, cette lettre, commencée avec l'intention honnête de ne pas tromper Esther, n'avait pour résultat que de continuer à la tromper, — sans remords. — C'était une vertu qui espérait bien trouver sa récompense dans le vice. Il terminait en disant qu'il attendait d'Esther quelques paroles généreuses, quelques mots de pardon, sans lesquels il n'oserait jamais se représenter devant elle.

Esther reçut la lettre et resta d'abord écrasée du coup, — quoique depuis le départ si extraordinaire de Raoul, — elle eût imaginé les choses les plus horribles pour l'expliquer. Mais bientôt, à force de relire la lettre, elle en conclut : — que Raoul l'aimait et la préférait à Marguerite ; que Marguerite n'avait pour elle que le devoir, des promesses sacrées et toutes sortes de belles choses qui ne résisteraient pas longtemps à la supériorité de ses charmes. De plus, quoiqu'elle eût l'imagination très vive, Esther avait conservé une pureté de cœur dont les femmes ne se débarrassent pas facilement, même quand elles s'en trouvent importunées ; elle appartenait à Raoul, elle ne pouvait être qu'à lui, elle devait être à lui, être sa femme. Elle pensa qu'elle pouvait employer un peu de ruse pour y parvenir, et que les moyens qu'elle emploierait étaient justifiés d'avance par les droits qu'elle avait acquis, par la nécessité de sa position.

Elle répondit donc à Raoul une lettre dans laquelle, après avoir parlé de sa douleur, — après avoir reproché doucement à Raoul d'avoir abusé d'un sentiment qu'il ne pouvait partager, — elle finissait par se montrer victime résignée. — Désormais, Raoul serait son ami, son frère. Elle devait, pour elle, renoncer désormais au bonheur, mais elle serait heureuse de celui de Raoul.

— Revenez, mon ami, disait-elle, revenez auprès de moi, — nous parlerons ensemble de l'heureuse, de la charmante Marguerite ; — nous l'aimerons ensemble, et de tous les vœux qui seront faits pour votre bonheur, les miens ne seront pas les moins ardens.

Raoul se crut sauvé. — Esther lui pardonnerait, — elle serait son amie, — sa sœur, et s'il leur arrivait parfois, par malheur, d'entendre l'amour fraternel à la manière des Guèbres (ce dont l'idée le frisait frissonner), ce serait une simple amitié qui ne ferait pas le moindre tort à Marguerite.

Un matin, il ne trouva levée que la tante Clémence, qui lui dit :

— Donnez-moi le bras, nous irons nous promener seulement nous deux. Nous avons à causer. Écoutez-moi, Raoul, dit-elle : sous certains rapports vous jouez parfaitement votre rôle d'amoureux, — vous regardez Marguerite avec une admiration convenable ; — quand elle parle, on voit à la manière dont vous écoutez qu'il vous semble entendre une musique céleste ; je pense que vous avez fait à son intention deux ou trois mille vers, comme vous le deviez ; — vous êtes à la fois ardent et respectueux, vous frémissez quand son bras s'appuie sur le vôtre, et cependant vous n'osez presser son bras. — Si, en regardant un livre ensemble, ses cheveux touchent les vôtres, vous pâlissez, comme si vous alliez mourir. — Tout cela est fort bien : — vous êtes amoureux de Marguerite ; mais cela ne suffit pas. —

L'aimez-vous? — Ne vous récriez pas !... ce que je vous dis là va devenir plus clair : il n'y a rien de si facile que les grands dévoûmens pour les imaginations poétiques; — mais les petites abnégations de tous les jours, voilà ce qu'il faut en ménage. — Que vous vous battiez comme un lion, que vous vous jetiez dans le feu ou dans l'eau pour sauver Marguerite, je n'en doute pas un instant; mais on se noie rarement, on n'est brûlé que de temps en temps, — tandis qu'on mange tous les jours et qu'on use chaque jour ses robes et ses gants. — Je ne vous demande pas si vous êtes prêt à mourir pour elle, je le sais; — mais je vous demande si vous êtes capable de travailler pour la faire vivre; — si vous offririez votre sang? je le sais aussi, et je n'en doute pas; — mais lui donneriez-vous du pain, — et des chapeaux?

Ces grands et héroïques dévoûmens, sous prétexte desquels tant de gens se dispensent de la bonté quotidienne et du pain de tous les jours, — me rappellent un homme que je connais, — qui offre toujours de changer un billet de banque ou au moins un louis d'or, chaque fois qu'il a à payer le sou de passage d'un pont ou un cigare, de sorte que les amis qui l'accompagnent s'empressent de payer pour lui; et il garde son louis d'or ou son billet de banque, — qui peuvent être faux tous les deux si bon lui semble. Arrivons au but, — dussiez-vous me classer dans les tantes radoteuses et insupportables: que faites-vous? où en êtes-vous? — que gagnez-vous d'argent? — Voici le gros mot lâché.

Ici, — Raoul confia à la tante qu'il avait fait une tragédie, — avec toutes les précautions hypocrites d'usage en pareil cas. Sans prétendre au premier rang, il aspirait à une place plus estimable dans la *république des lettres;* — il cita bon nombre de littérateurs du second ordre qui avaient gagné beaucoup d'argent avec des pièces de théâtre, — puis s'animant par degrés, il dit qu'il se sentait poète, — qu'il n'était bon qu'à faire des vers, et qu'il ne ferait jamais autre chose; — mais son enthousiasme fut bientôt glacé par l'air de naïf et de triste étonnement que peignait le visage de la tante Clémence.

— Mon ami, dit-elle du ton de douce condescendance dont on parle à un malade, c'est une belle existence que celle d'un poète, — mais c'est une existence qu'il n'a le droit de faire partager à personne. Ses veilles, ses privations, ses anxiétés, tout cela se répare par un succès, — peut-être même dans un succès, par la volupté du travail; — mais il faut faire comme Pétrarque, qui, pouvant épouser Laure, préféra rester son amant malheureux.

— Mais, chère tante, dit Raoul, lisez ma tragédie.

— Mon cher Raoul, — voici le moment de montrer à Marguerite un de ces dévoûmens... en prose, les seuls qui soient réellement grands et difficiles : — consacrez vos talens et votre intelligence à des occupations vulgaires; — ne confiez pas les besoins de ma Marguerite aux hasards de l'inspiration poétique, — ne vous préparez pas l'horrible douleur de faire de la poésie le plus vil métier, — en travaillant seulement pour l'argent, — demandez-lui seulement les enivrantes jouissances du travail, — et la gloire, — si vous la croyez utile à votre bonheur. — Vous le ferez, vous suivrez mes conseils si vous n'êtes qu'un de ces mille poètes, — que l'amour, l'absence, la jalousie ou l'indignation ont fait poètes par hasard. — Mais, si vous êtes un vrai poète, — si votre génie vous entraîne malgré vous, nous sommes tous trois bien malheureux? — Mon frère ne vous donnera sa fille que si vous avez « un état » au défaut de fortune, et il n'acceptera jamais la poésie comme un état.

A ce moment, monsieur Hédouin, Marguerite et Félix, venaient rejoindre la tante Clémence et Raoul. Raoul ne répondit rien à la tante, mais il se rappela, à l'avantage d'Esther, que celle-ci avait trouvé ses travaux, — charmans, et qu'elle l'avait encouragé dans ses travaux. — Pour la première fois, il pensa à Esther en présence de Marguerite.

On fit une promenade en canot. — Raoul, comme s'il eût parlé en général, — comme la conversation roulait sur les accidens de la mer, parla avec enthousiasme du bonheur d'exposer sa vie pour sauver celle d'une femme aimée. — La tante Clémence répondit :

— Pour moi, j'admire davantage le dévoûment de l'homme qui conduit notre bateau et qui tous les jours fait un métier fatigant, — par le soleil ardent ou par la froide pluie, — pour nourrir sa femme et ses petits. — Raoul! Raoul! dit-elle à demi-voix, — vous demandez la monnaie de 500 francs à un pauvre qui vous demande un sou.

Raoul évita de se trouver seule avec la tante Clémence. — Il se disait à lui-même :

— J'ai fait une sottise. — On ne croit pas que les gens qu'on voit tous les jours aient du talent ; — il faut que ce talent soit consacré au dehors pour qu'il soit accepté et reconnu dans la famille. — Les parens et les amis d'un poète sont les derniers à l'applaudir. — Quand ma tragédie sera jouée, — quand j'aurai été applaudi, quand j'aurai le front ceint du laurier poétique, — seulement alors je reviendrai dire : Je suis poète! Les poètes sont comme les belles. — Il ne faut pas qu'on voie leurs efforts pour se jucher sur le dos de Pégase, — il n'est pas amoureux d'une femme qu'on a vue apprendre à marcher et à danser, — ou dont on a subi les rudes apprentissages sur le piano.

C'est la veille du départ de Félix et de Raoul; — on fait les adieux le soir, parce que les deux jeunes gens, qui doivent retourner à Fécamp prendre la voiture, quitteront Yport à la naissance du jour. — Raoul est mécontent, — il pense que sa position va être plus que difficile en rentrant à Paris; il n'a plus de meubles, plus d'argent, plus de leçons. — Il a tout sacrifié pour voir Marguerite pendant quelques jours, et ce sacrifice est ignoré. Et d'ailleurs il serait méprisé par la tante Clémence. — Il a passé tant de nuits à faire sa tragédie, pour être riche et glorieux, — afin d'être digne de Marguerite, et la tante Clémence n'a même pas daigné la lire !

Mais comme tout fut oublié, lorsque le matin, au moment de quitter l'auberge du père Huet — sans voir Marguerite, — lorsque le cœur serré, il prolongeait les quelques instans qui précèdent le départ sous mille prétextes futiles, — il vit sortir de leurs chambres Marguerite et sa tante, qui s'étaient levées — pour les accompagner jusqu'au haut de la côte, et voir avec eux le soleil se lever sur la mer. La tante s'empara encore du bras de Félix. — Raoul offrit le sien à Marguerite.

XIX.

Raoul prit tout à fait au sérieux le dévouement d'Esther. — Aussi, quand il la revit, il lui baisa les mains avec une tendresse infinie, — et il l'accabla de remercîmens et de témoignages d'admiration. — Esther se fit raconter jusque dans ses moindres détails tout le roman de mademoiselle Hédouin; — elle voulut lire les lettres de la tante Clémence; elle dit avec effusion qu'elle aimait passionnément Marguerite, — et que tout son bonheur serait de la voir heureuse avec Raoul.

Celui-ci cependant n'était pas trop content de la tante et de la manière dont elle avait reçu la confidence de sa tragédie; il préférait de beaucoup les éloges et l'enthousiasme d'Esther, qui ne trouvait rien d'aussi beau que sa poésie, et flattait à la fois et son orgueil et sa haine contre toute occupation régulière. Aussi, quand la tante Clémence revint à Paris avec son frère et sa nièce, il lui montra beaucoup moins de confiance et d'abandon. Il voyait fort rarement Marguerite, mais son sort ne lui causait pas d'impatience. — Il arrivait parfois que les deux amis, Esther et Raoul, — à force de parler d'amour, de se presser les mains, redevenaient pour quelques instans amans presque sans le faire exprès.

Calixte venait de temps à autre voir son ancien camarade. L'étrange publication qu'il avait à peu près fondée continuait sa carrière. — Quand vint le mois de janvier, on fit imprimer de nouvelles têtes de lettres sur lesquelles on mit en caractères convenablement visibles : — Le *Scorpion, deuxième année*. Ces têtes de lettres servaient à écrire aux directeurs de théâtres, auxquels on extorquait des billets que l'on revendait au quart de leur valeur ; à *demander* des abonnemens aux acteurs débutans et aux actrices nouvelles ; à *offrir* l'appui du *Scorpion* aux entrepreneurs des industries honteuses qui se faisaient jour à la quatrième page des journaux. Le *Scorpion* néanmoins — continuait à ne pas paraître avec une parfaite régularité. Les foudres d'un dieu aussi obstinément invisible commencèrent bientôt à ne plus effrayer beaucoup de gens. Quelques directeurs de théâtres prirent le parti de faire répondre à toutes les demandes de billets qu'ils étaient *à la campagne*. Quelques auteurs négligèrent de renouveler leur abonnement. La mauvaise fortune vint mettre la discorde entre les fondateurs de la feuille. Chacun accusa l'autre d'avoir fatigué les directeurs de théâtres par des demandes trop multipliées, et diminué le respect que les auteurs portaient au *Scorpion* par un défaut de tenue et une trop grande familiarité, et surtout par des traits d'indélicatesse envers la société. — En effet Alexandre avait quelquefois reçu et bu le prix d'un abonnement, — dont Calixte, auquel il n'avait pas fait part de l'aubaine, faisait réclamer le montant à la même personne. Enfin, un jour, après une altercation plus vive que de coutume, — Calixte annonça qu'il refuserait désormais le secours de sa plume au *Scorpion*. Monsieur Alexandre demeura seul propriétaire. Pour Calixte, il trouva moyen de faire mettre dans un journal honorable auquel il manquait deux lignes ce jour-là : « Monsieur le comte Mandron, homme de lettres, nous prie d'annoncer qu'il ne fait plus partie de la rédaction du journal le *Scorpion*. » Ce journal devint pour lui un précieux diplôme. — Il en avait toujours au moins un exemplaire dans sa poche, et savait le perdre ou le laisser tomber au besoin. La lecture de cette note relevait singulièrement Calixte dans l'opinion de beaucoup de gens, — car il en ressortait 1° que Calixte était homme de lettres reconnu ; — 2° qu'il avait *abandonné* un journal, c'est à dire que c'était un écrivain indépendant et d'une telle importance, 3° que ses moindres démarches étaient consignées dans les journaux pour répondre à l'intérêt que lui portaient les contemporains, — et pour fournir des matériaux à l'histoire.

Pour François, l'ancien portier, depuis qu'il avait été élevé à la dignité de rédacteur du *Scorpion* et d'ami par Calixte et par monsieur Alexandre, il avait dédaigné tout emploi manuel. — Il demeurait tantôt avec monsieur Alexandre, tantôt avec Calixte, abandonnant le premier lorsqu'on refusait trop obstinément les abonnemens et les billets de théâtres au *Scorpion* ; — venant alors trouver Calixte pour voir s'il était plus heureux, — et dans ce cas passant quelque temps avec lui, le tutoyant, faisant ses commissions et nettoyant ses bottes et ses habits, à titre d'ami obligeant. Mais si la mauvaise fortune revenait s'installer chez Mandron, il retournait à monsieur Alexandre, — avec lequel il disait tout le mal possible de Calixte, comme avec celui-ci il avait vilipendé l'ancien *flot démissionnaire* du Cirque-Olympique. Chacun cependant, malgré ses infidélités périodiques, le voyait revenir avec satisfaction et le recevait de son mieux. En effet, François était un homme précieux pour trouver un directeur de théâtre, pour forcer la consigne chez un artiste, pour se rendre teellement insupportable, pour convaincre si bien les gens qu'ils n'avaient aucun autre moyen de se débarrasser de lui, qu'on finissait le plus souvent par lui donner, ou le prix de l'abonnement au *Scorpion*, ou le billet de première galerie qu'il demandait pour monsieur Alexandre. Pour le service de monsieur Calixte, il allait chez les libraires demander *deux exemplaires* d'un ouvrage qui venait de paraître, — monsieur Calixte se proposant d'en rendre compte dans un journal répandu. A ce sujet, ledit Calixte, si on s'étonnait de ne point voir d'articles signés de son nom, avait imaginé une réponse victorieuse. — Il ne signait point ses articles de son nom de Calixte Mandron, à cause de sa famille, qui ne voyait pas sans chagrin qu'il s'adon-

nât à la littérature ; mais il se déguisait sous divers pseudonymes ou lettres initiales. — En conséquence, il s'attribuait tous les articles non signés qui lui paraissaient bons, — et les articles que feu Bequet signait R. au *Journal des Débats*, — ceux que Rolle signait X. au *National*, — ceux que Merle signe J. M. T. à la *Quotidienne*. Enfin, tous ceux dont l'auteur était désigné par une étoile, deux étoiles ou trois étoiles, lui revenaient de droit.

Mais il arrivait parfois que l'article promis en échange des deux exemplaires que l'on revendait le soir même sans les avoir lus, et qui fournissaient à dîner à Calixte et à François, n'était nullement conforme aux promesses faites par ledit François au nom dudit Calixte. L'ouvrage que l'on devait porter aux nues — était fort maltraité par les véritables maîtres des initiales. — Ces accidens, qui n'étaient pas rares, diminuaient singulièrement la clientèle de ces messieurs.

Pour mademoiselle Léocadie, elle avait fort engraissé et s'était fait épouser par monsieur Aristide Leroux, — le quasi actionnaire, — et l'abonné malgré lui du *Scorpion*.

Nous avons voulu vous dire la situation de ces personnages avant de cesser pour quelque temps de nous occuper d'eux.

La situation de Raoul devint fort embarrassante. — Le père Seeburg eut quelques soupçons de ce qui se passait entre sa fille et le jeune Desloges, ou en fut charitablement averti, — et il pria Raoul de discontinuer ses leçons ou de se présenter comme candidat à la main d'Esther. Raoul, engagé avec Marguerite, refusa net. Il y eut à ce sujet entre eux quelques mots échangés qui ne manquaient pas d'une certaine aigreur. Aussi, le lendemain de l'explication, monsieur Seeburg fit réclamer par un huissier le *mon tant* de la lettre de change souscrite à son profit. — Raoul répondit qu'il en avait payé une bonne partie par ses leçons, mais il n'en fut pas moins cité à comparaître à quelques jours de là devant le tribunal « pour s'entendre condamner à payer ladite lettre de change par *toutes les voies de droit et même par corps*. » Cette menace de la prison « au nom du roi, de la loi et de la justice » faillit lui faire perdre la tête. Il regarda en avant et ne vit qu'un chemin sans but. Jamais, certes, il ne pourrait se faire *cette position honorable* qu'exigerait avec tant de raison monsieur Hédouin pour lui donner sa fille. Ses affaires étaient en bien plus mauvais état qu'à l'époque où il était parti si résolument à la conquête du monde entier, — où rien ne lui semblait impossible si Marguerite devait en être le prix. Il évitait la tante Clémence ou lui faisait des mensonges, car elle voulait savoir dans ses moindres détails ses progrès et ses efforts. — Deux copies de sa tragédie étaient, il est vrai, l'une entre les mains du directeur du Théâtre-Français, — l'autre chez monsieur de Pongerville l'académicien. Le directeur du Théâtre-Français n'avait pas répondu à l'envoi de la pièce, et monsieur de Pongerville avait répondu qu'elle était fort belle, comme il eût dit de toute autre.

Raoul découragé écrivit à Marguerite. « Décidément, le sort se déclare contre moi, disait-il, le courant m'entraîne, et, malgré mes efforts, je suis moins avancé aujourd'hui que le premier jour. Je refuse, Marguerite, de vous faire passer votre jeunesse dans la tristesse et dans l'attente ; ce ne serait pas un bonheur pour moi que de vous enchaîner à ma triste destinée ; — je vous rends vos promesses, — soyez libre, — soyez l'heureuse épouse d'un autre, acceptez tout le bonheur que la vie promet à votre beauté. Ma résolution est inébranlable. Adieu ! »

Certes, Raoul souffrit beaucoup en écrivant cette lettre, et il eut besoin deux ou trois fois d'essuyer de grosses larmes qui venaient lui troubler la vue ; mais cependant, il était moins effrayé de ce beau et gros sacrifice fait une fois pour toutes, — que des efforts de tous les instans qu'il lui eût fallu faire pour se rapprocher de Marguerite par le travail et la pertinacité. S'il ne se fût agi que de combattre en champ clos un rival redoutable pour obtenir la main de mademoiselle Hédouin, Raoul se fût présenté fièrement au combat ; — mais d'autres ennemis lui faisaient peur ; c'était le travail quotidien, c'était l'insuffisance d'une éducation toute littéraire, qui ne le rendait propre à rien qu'à faire des tragédies ; — d'ailleurs, il faut le dire, une pensée sans noblesse se glissait dans son cœur à son insu : Esther était aussi belle que Marguerite, — et s'il l'épousait, il se trouvait tout à la fois débarrassé des inquiétudes que lui causaient les poursuites du père Seeburg, et dans une position d'aisance qu'il ne croyait pas pouvoir atteindre par le travail de toute sa vie. — De plus, l'amour d'Esther était humble et soumis ; elle reconnaissait à Raoul une grande supériorité sur elle ; — Marguerite, au contraire, avait à son insu l'air de le protéger ; la tante Clémence lui avait fait pressentir qu'elle trouverait mauvais les vers pour lesquels Esther avait une si grande admiration. — Il fallait parvenir à Marguerite. — Il élevait au contraire Esther jusqu'à lui. — Il colorait à ses propres yeux ces calculs peu poétiques d'une apparence d'abnégation ; — Il n'était pas juste qu'il gardât Marguerite attachée à son sort. Marguerite eut à peine lu cette lettre qu'elle la jeta au feu, prit la plume et commença à répondre : « Les raisons, disait-elle à Raoul, que vous me donnez pour que je renonce à vous sont, au contraire, excellentes pour que je vous entoure d'une tendresse plus sainte. — Vous êtes malheureux, le sort se déclare contre vous. Je sens une sorte de bonheur à vous rester seule fidèle, et vous ne pouvez pas plus me rendre mes promesses que je ne puis les reprendre. Croyez-vous que jamais j'appartiendrais à un autre après vous avoir dit que je vous aime, — après vous avoir donné mon âme toute entière. Ce serait, à mes yeux, me souiller doublement et commettre un double adultère ; ne vous laissez pas ainsi abattre et décourager ; il ne dépend ni de vous, ni de moi, ni du sort, de séparer nos deux existences. — Je ne sais réellement si j'aurais le droit de me plaindre de quelque malheur qui m'arrivât ; n'ai-je pas dans la vie une belle part de bonheur assurée ? — Je suis aimée de vous, et vous cesseriez de m'aimer même, qu'il y a dans la tendresse que j'ai pour vous tant de douceurs secrètes et de joies ineffables, que je craindrais encore de me montrer ingrate si je laissais échapper la moindre plainte. — Du courage, Raoul, travaillez. »

RAOUL A MARGUERITE.

« Travaillez ! mais on ne veut pas me donner d'ouvrage.— Tenez, Marguerite, je vais vous dire toute la vérité.— Mais pensez que jamais je ne serai le mari de la femme à laquelle je me serai fait voir dans une situation aussi humiliante.

» Travaillez ! — Mais que sais-je faire ? Je donne des leçons de latin, de grec, de français. — Je vends à la génération qui me suit les ennuis qu'on m'a vendus au collège. — Mais si vous saviez combien il y a de pauvres diables comme moi qu'une coûteuse éducation a amenés au même but ? — Nous nous disputons les leçons et les morceaux de pain. — J'en ai perdu une hier. — Il m'en reste deux. — Chacun des deux élèves me donne trente francs par mois, — vingt sous par leçon ; ce qu'on donne à un commissionnaire pour une course, — et le commissionnaire peut avoir une veste, une casquette et de gros souliers. — Moi, il faut que je sois bien vêtu, — si bien que pour le paiement des habits que j'ai usés depuis deux ans, je vais probablement être mis en prison d'un moment à l'autre. — Peut-être les recors vont-ils venir me chercher pendant que je vous écris et ne me laisseront-ils pas finir ma lettre.

» J'avais cru, que soutenu de votre amour, j'aurais su me faire une belle place dans la société. Je sentais en moi cette ardeur des héros qui se rendaient dignes de la dame de leurs pensées par des dangers bravés, des obstacles vaincus ; — mais préparé à combattre des géans et des dragons, je n'ai trouvé que des moucherons incommodes, des insectes venimeux, — qui m'ont harcelé, fatigué, découragé. — Mon impuissance m'est un supplice, surtout parce que vous en êtes victime comme moi ; surtout parce que

vous êtes sans cesse devant mes yeux comme un but désiré que je ne saurais atteindre. — Laissez-moi seul ; — je n'aurai plus alors cette soif ardente de m'élever, — je n'aurai plus qu'à subvenir aux besoins matériels de ma vie ; — je serai une sorte d'ouvrier vivant de mon état, — jusqu'au moment où mon état et la vie m'ennuieront si bien que je quitterai l'un et l'autre d'un seul coup. Au nom du ciel, — ne me répondez pas ! ne me montrez pas plus noble et plus charmant encore ce but auquel il me faut renoncer ; songez que c'est un supplice horrible que vous ajoutez à mes souffrances. »

XX.

A ce moment, la servante avertit mademoiselle Hédouin qu'une jeune dame désirait lui parler. Elle n'était pas connue de mademoiselle Hédouin ; mais l'entretien qu'elle lui demandait était d'une telle importance qu'elle ne craignait pas d'insister pour l'obtenir. L'étrangère fut introduite auprès de Marguerite. — Toutes deux en se voyant manifestèrent une vive surprise :

— Eh quoi ! c'est vous, Esther ! s'écria mademoiselle Hédouin.

— Marguerite ! dit avec un profond étonnement mademoiselle Seeburg.

— Ne saviez-vous pas, demanda Marguerite, que c'était moi que vous veniez voir ?

— Nullement, ma chère Marguerite ; j'avais besoin de trouver dans mademoiselle Hédouin une âme généreuse et compatissante, je suis bien rassurée en reconnaissant la plus noble et la plus douce de mes amies de pension.

— Eh quoi ! dit Marguerite, seriez-vous tombée dans l'infortune ?

— Non pas comme tu l'entends, reprit Esther ; je suis riche au contraire ; mais si tu ne viens pas à mon secours, je suis la plus malheureuse des filles, et si l'appui que j'ai pensé trouver dans ta générosité me trompe, je n'aurai plus de ressources que dans les conseils de mon désespoir.

— Parle, Esther, et je remercie d'avance le ciel, s'il est vrai que je puisse te sauver.

— Eh bien !... Marguerite... dit Esther en rougissant, — j'ai... comment te dire cela ?... Un jeune homme... qui vient à la maison depuis longtemps... il est beau, spirituel... je l'aime... je l'aime de telle sorte que j'ai oublié pour lui les devoirs les plus sacrés ; et aujourd'hui... Esther alors balbutia quelques mots à peine intelligibles.

— Et pourquoi ne t'épouse-t-il pas, malheureuse fille, pourquoi ne sanctifie-t-il pas ces deux titres déjà sacré, d'amante et de mère ?...

— Hélas ! dit mademoiselle Seeburg, — c'est que sa volonté n'est pas libre... une passion de jeunesse... un premier choix... des promesses, des sermens faits d'abord à une autre... celui que j'aime est déjà engagé.

— C'est bien assez, je pense, dit Marguerite, d'avoir trahi une femme sans en tromper indignement, sans en abandonner lâchement une seconde. D'ailleurs, quelle est la femme qui osera réclamer un cœur dont on a disposé pour une autre ?

— Ecoute, Marguerite, dit Esther, je ne dois pas plus longtemps prolonger tes doutes, et te laisser développer en général des sentimens d'une élévation que l'on ne tarde pas à trouver un peu exagérés dès l'instant qu'il s'agit de ses propres intérêts.—L'homme que j'aime. c'est ton amant à toi, c'est Raoul !

Marguerite devint pâle et fut quelque temps sans pouvoir parler, mais bientôt elle reprit avec calme :

— Esther, les devoirs de monsieur Deslogés envers vous sont plus sacrés que ceux qu'il avait contractés à mon égard. — Monsieur Desloges vous épousera. C'est en vous aimant qu'il a trahi ses sermens, c'est en vous épousant qu'il réparera votre faute à tous deux. Ce n'est pas par une infamie qu'il se ferait pardonner une infidélité. J'aurais voulu qu'il me fît lui-même l'aveu du changement de ses sentimens. — Ce que vous me dites m'explique deux lettres étranges que j'ai reçues de lui. Il eût mieux valu qu'il m'eût dit la vérité... mais... Esther, je vous le jure, par la mémoire de ma mère, jamais je ne serai la femme de monsieur Raoul.

Esther se jeta dans les bras de Marguerite.

— Ah ! Marguerite, s'écria-t-elle, — tu me sauves l'honneur et la vie, — mais le ciel te récompensera. Jolie e charmante comme tu es, tu n'auras qu'à choisir l'homme dont tu daigneras faire le bonheur.

Marguerite fit signe à mademoiselle Seeburg de ne pas continuer, et elle dit :

— Non... je renonce à Raoul... mais je ne donnerai jamais ma main à un autre. — Un autre ! eh ! grand Dieu ! qu'aurais-je à lui donner ! Je renonce à Raoul, mais je ne renonce pas à mon amour. Je me ferai un bonheur encore du bonheur même que lui donnera une autre femme. Dieu fera le reste et me soutiendra dans les momens de faiblesse et d'amertume. Tenez, Esther, ajouta-t-elle, — attendez quelques instans. — Je vais vous donner pour monsieur Desloges une lettre qui lui rendra cette liberté qu'il a su si bien reprendre.

Et Marguerite ne tarda pas à revenir avec une lettre qu'elle remit à mademoiselle Seeburg.

« Raoul, disait Marguerite, un hasard m'a tout appris. Vous avez contracté des devoirs qu'il faut remplir. J'ai renoncé à mes plus doux rêves, mais je ne saurais où prendre de la force s'il me fallait ne plus vous estimer. Avoir cessé de m'aimer n'est un tort que vis-à-vis de moi-même, — mais abandonner mademoiselle Seeburg, dans la situation où l'ont mise son amour et le vôtre, ce serait une lâcheté et une infamie. Si je dois renoncer à ma tendresse dans l'avenir, il faut que je puisse la garder dans le passé. — Il ne faut pas que j'aie aimé un malhonnête homme. — Ne me répondez pas, — je me suis fait le serment de ne pas ouvrir une lettre qui viendrait de vous. Plus tard, quand mademoiselle Seeburg sera votre femme... je ne sais ce que je ferai : — je consulterai les forces que Dieu m'aura données. — Malgré le trouble dans lequel je suis en ce moment, je ne puis penser que cette tendresse si douce que j'ai pour vous puisse se changer en une telle amertume que ce soit jamais pour moi une souffrance de vous voir heureux. Ma résolution est immuable. En ne faisant pas ce que je vous demande, vous cesseriez d'être un honnête homme, sans vous rapprocher de moi pour cela, — et moi, vous m'enlèveriez mes chers souvenirs, — que je vous prie en grâce de respecter. »

XXI.

COURT SOMMAIRE DES ÉVÉNEMENS QUI SURVINRENT PENDANT UN ESPACE DE TROIS ANNÉES.

Raoul épousa mademoiselle Esther Seeburg. Esther n'était point mère, ainsi qu'elle l'avait fait croire à Raoul et à mademoiselle Hédouin. Le père Seeburg ne donna pour dot à sa fille qu'une pension annuelle, mais suffisante pour que le nouveau ménage pût vivre dans l'aisance.

Marguerite continua son rôle héroïque. — Si une tristesse profonde qu'elle ne s'avouait pas à elle-même amaigrissait ses joues et lui donnait une pâleur inquiétante, elle ne laissait cependant pas échapper le moindre murmure, et ne regrettait en rien ce qu'elle avait fait.

Sur ces entrefaites, monsieur Hédouin mourut ; Félix alla à Alger; Marguerite Hédouin se mit alors à vivre tout à fait avec la tante Clémence, qui avait de son côté de grands chagrins. Son fils avait déserté, en emportant la caisse du régiment. — Une condamnation par contumace n'avait atteint que son honneur. Elle savait qu'il était à Paris ; de temps en temps il venait, à la chute du jour, lui demander de l'argent. Chaque matin elle se réveillait en se disant :

— C'est sans doute aujourd'hui que mon fils sera arrêté.

Ces deux pauvres femmes n'avaient dans la vie d'autre bonheur que de mêler leurs chagrins et de souffrir ensemble.

C'est de très bonne foi que Marguerite apprit avec tristesse que Raoul et Esther n'avaient pas continué longtemps à vivre en bonne intelligence. Raoul, qui avait été blessé du mensonge employé par Esther pour le décider à l'épouser, ne tarda pas à s'apercevoir que l'amour d'Esther, feu follet de l'imagination, s'éteignait rapidement dans la prose du ménage : elle était coquette et légère. Quelques observations de Raoul furent mal reçues et surtout mal écoutées. — Il devint sombre et taciturne ; il chercha à revoir Marguerite, qui l'accueillit comme un frère, — lui donna les conseils qu'elle crut les meilleurs pour ramener la paix dans sa maison. — La tante Clémence, respectant l'innocent bonheur que Marguerite goûtait à revoir et à consoler celui qu'elle avait tant aimé, n'osa pas lui dire que tout cela était encore de l'amour. Esther fut irritée d'apprendre que son mari allait chez Marguerite, et elle ne supposa pas un moment chez celle-ci des sentimens purs, nobles et désintéressés, qu'elle ne trouvait pas dans son cœur ; elle fit à Raoul de véhémens reproches auxquels celui-ci répondit avec dédain. De ce moment, Esther se crut tout permis. En vain Raoul lui défendit de recevoir un homme dont les assiduités l'avaient déjà fort compromise : elle ne tint aucun compte de cette défense.

Raoul, poussé à bout, saisit un prétexte pour insulter celui qu'il croyait l'amant de sa femme : ils se battirent. — Raoul, qui n'avait de sa vie été fort qu'en thème, blessa son adversaire, il est vrai, mais en échange d'une égratignure, il reçut une blessure très grave. Le soir même du duel, Esther leva le masque et prit la fuite avec son amant, emportant ses diamans, l'argenterie et tout ce qui avait quelque valeur dans la maison. Raoul n'y rentra pas et se fit porter dans une mauvaise chambre près de l'endroit où le duel avait eu lieu. Quand il apprit la fuite de sa femme, il fit demander monsieur Seeburg. — Celui-ci vint et rejeta sur son gendre tous les torts. Raoul lui donna les clefs de la maison qu'il avait habitée avec sa fille, n'y fit prendre que les effets personnellement à son usage, et lui abandonna le reste, — ce que monsieur Seeburg accepta, — ainsi qu'une autorisation par écrit de payer désormais à sa fille la pension qui, légalement, devait être versée entre les mains du mari comme chef de la communauté. Tous deux se témoignèrent alors le plaisir qu'ils auraient à ne jamais se revoir. Raoul resta dans l'auberge avec quelques louis pour toute fortune, — et tomba si dangereusement malade que le médecin qui n'en espéra pas grand'chose conseilla à l'hôte de prévenir le maire du village. — Celui-ci chercha des parens ou des amis à Raoul. — Marguerite alors, qui avait appris par la rumeur publique ce qui était arrivé, sut où Raoul était retiré ; elle alla soigner le pauvre mourant, — A ce moment, tout lui manqua, jusqu'à l'appui de la tante Clémence. Le fils de celle-ci s'était fait prendre à Châlon-sur-Saône. Il attendait en prison qu'un nouveau jugement décidât s'il irait aux galères ou s'il serait fusillé. Sa malheureuse mère alla s'installer à côté de la prison où elle passait tout le temps qu'elle n'employait pas à voir à solliciter les juges.

D'abord Raoul ne s'aperçut guère de la présence de Marguerite. — Quand il la reconnut ensuite, il la prit pour un ange descendu du ciel ; — mais il la supplia de le laisser mourir. Marguerite s'accusait d'avoir exigé ce funeste mariage ; elle se reprochait tout haut les chagrins qu'elle avait ainsi attirés sur la tête de Raoul, — et à peine tout bas s'avouait-elle à elle-même le bonheur qu'elle avait perdu pour elle et pour lui.

MARGUERITE A LA TANTE CLÉMENCE.

« J'ai vu M. ***. Il s'emploiera de tous ses efforts en faveur de ton fils, mais il ne m'a pas caché que la situation est des plus dangereuses. C'est une cruelle chose que de n'oser relever un peu ton pauvre cœur de l'abattement profond où il est tombé, dans la crainte d'avoir à le faire retomber de nouveau et de plus haut.

» Raoul est sauvé. — Il est vieilli de dix ans. — Sa pâleur, ses rides précoces, sont pour moi des reproches terribles. — C'est moi qui ai exigé qu'il épousât cette méchante Esther, et c'est de ce mariage que sont venus tous ses chagrins.

» Comme il n'était pas convenable que je logeasse dans l'auberge où il demeure, une fois que sa vie n'était plus en danger et que sa situation n'exigeait plus des soins et une surveillance de tous les instants, j'ai cherché un autre logis auprès de lui. — Mais hier, il m'a dit qu'il allait retourner à Paris, où *ses affaires l'appellent*. J'ai compris ce que ce mot veut dire, — c'est qu'il lui reste à peine l'argent nécessaire pour payer son hôtelier et son médecin, et qu'il veut s'occuper de retrouver quelques leçons. — Au plus fort de sa maladie, alors qu'il ne reconnaissait ni moi, ni les autres personnes qui le soignaient, j'ai eu la curiosité de voir quelles étaient ses ressources. — Il n'avait avec lui que quelques louis, et je sais qu'il a abandonné non-seulement la dot de mademoiselle Seeburg, mais encore le logement qu'il habitait avec elle, dont il a remis les clefs au père, et dans lequel il a juré de ne jamais rentrer. J'ai ajouté seulement trois louis aux cinq qu'il avait dans sa poche, pour qu'il ne s'aperçût pas de ma petite fraude, qui l'aurait blessé. Je ne sais, ma chère tante, ce que je vais faire maintenant. Lui-même est triste et embarrassé. Par un sentiment de délicatesse que tu apprécieras, il n'ose me demander quelles seront désormais nos relations. Je n'en sais rien moi-même. Je regrette presque qu'il ne soit plus malade et que l'*humanité* ne m'oblige plus à rester sans cesse auprès de lui. Dois-je cesser de le voir? dois-je abandonner ce pauvre homme, déjà si abandonné et si malheureux par ma faute? Un hasard m'a appris des nouvelles de sa femme: elle est en Belgique avec l'homme qui l'a enlevée, et qui est de ce pays. — Il n'est pas probable qu'elle revienne jamais en France; d'ailleurs, après un éclat semblable, toute réunion entre eux est impossible.

» Je trouve tant de douceur à m'occuper de lui, à le soigner, que je crains de ne plus savoir quelles sont à son égard les limites de mes devoirs aux yeux du monde. — Pour ce qui est des devoirs véritables et de la vertu, ils sont gravés dans le cœur et ne dépendent d'aucune convention : on ne court aucun risque de se tromper.

» Je suis moi-même retourner à Paris. — Ici j'étais avec une garde-malade, avec l'aubergiste, sa femme, ses enfans, — au chevet d'un malade, dans un appartement ouvert, où l'on avait besoin d'entrer à chaque instant, — mais chez moi, je serai seule. Dois-je refuser de le recevoir? Les gens du monde auront-ils le tact touchant de ces braves gens chez lesquels on avait porté Raoul, et qui, sans que je leur aie rien dit, au bout de quelques jours de mon séjour chez eux, ne m'ont plus parlé de Raoul sans le désigner par *mon frère*. — Les gens du monde comprendront-ils comme eux la sainteté et la pureté de mon affection pour lui? Tu n'es pas là, ma chère tante, et avant que je puisse avoir ta réponse et tes conseils, avant que cette lettre soit partie, il m'aura fallu prendre une résolution.

» Si je repousse Raoul, ce pauvre cœur si profondément blessé, je ferai une mauvaise action en réalité, mais le monde n'aura rien à dire. — Si je l'accueille, au contraire, si j'accepte ce doux nom de sœur que la femme de l'aubergiste m'a la première donné; si je le console, si je le soutiens, — j'aurai fait une bonne action, mais le monde me blâmera. Faut-il donc être dure et cruelle pour moi et pour lui, pour mériter, non pas l'approbation, mais le silence de ce monde? — Je crains bien en ce moment de plaider pour

a cause que je désire qui gagne, — et d'être à la fois juge et partie. — Quoi qu'il en soit, ma bonne tante, je remplirai mes *vrais devoirs ;* — j'ai prié Dieu une partie de la nuit de m'éclairer à ce sujet. Après Dieu, il y a deux personnes qui connaîtront la pureté de mon âme, — toi et Raoul. Que me fait le reste du monde, auquel je n'ai rien à demander, pour lequel je ne vis pas, — et qui ne pourrait jamais rien me donner qui fût comparable en douceur aux quelques instans que j'ai pu passer au chevet de Raoul malade, en lui prodiguant tous les soins d'une mère à son enfant. »

XXII.

MARGUERITE A LA TANTE CLÉMENCE.

« Hier, nous avons tous deux quitté la campagne pour revenir à Paris. Au moment de nous séparer, nous étions aussi tristes et embarrassés l'un que l'autre. Raoul ne me demandait pas s'il viendrait me voir chez moi. — Plusieurs fois nous nous sommes dit adieu, sans cependant nous en aller ni l'un ni l'autre. J'ai vu sur son visage péniblement contracté qu'il prenait sa résolution et qu'il allait me quitter Alors je lui ai demandé : — Viendrez-vous me voir demain ? — Oui, — m'a-t-il répondu, et son regard mouillé de larmes m'a remercié éloquemment.

» Je ne l'ai pas encore vu aujourd'hui, et c'est en l'attendant que je t'écris pour parler de lui. Mon Dieu ! pourquoi me suis-je laissé entraîner par les mensonges d'Esther ! pourquoi n'ai-je pas écouté tes conseils ! — Raoul serait ici chez lui. J'aurais le droit de partager avec lui ma petite fortune, tandis que je n'ose faire la moindre allusion à ses affaires dans la crainte de l'offenser. Je suis effrayée de l'exiguité de ses ressources. — Je ne crois pas qu'il puisse lui rester un ou deux louis. A-t-il trouvé tout de suite des leçons? Et s'il en a trouvé, comment fera-t-il pour attendre la fin du mois et l'époque du paiement de ses leçons? Il est faible encore, et à peine convalescent. Ne se fatiguera-t-il pas trop ! aura-t-il les soins nécessaires? Heureuse Esther ! qui avait le droit de savoir tout cela !

» Il est venu comme je t'écrivais cette lettre. Je l'ai interrompue. — Il est parti et je reste seule avec toi. Je l'ai trouvé pâle et fatigué. — Il aura sans doute marché beaucoup. Je n'ai osé lui faire aucune question à ce sujet. Je n'aurais pu lui dire : « Ne marchez pas tant. » Il m'aurait pu répondre qu'il faut bien qu'il s'occupe de gagner sa vie, de trouver des leçons et du travail, et qu'il n'a pas d'argent pour prendre des voitures. — Mon Dieu ! si tu étais là, tu trouverais, j'en suis sûre, quelque moyen ingénieux ; tandis que moi je me désespère sans pouvoir rien imaginer.

» Je lui ai demandé s'il voyait quelqu'un, — s'il avait conservé quelques amis. Il m'a répondu que non, — qu'il était heureux de ne plus connaître que moi. — J'ai essayé de lui demander s'il avait de l'occupation, s'il pensait trouver facilement des leçons, — il a fait semblant de ne pas entendre cette question, et m'a demandé de tes nouvelles. Je n'ai pas osé revenir sur ce sujet, et nous avons parlé de toi jusqu'au moment où il a regardé à la pendule, s'est levé et est parti. — Il m'a regardée alors si tristement que malgré moi j'ai dit : « A demain ! » — Et un éc!air de joie et de santé a brillé sur son visage pâle et amaigri. »

Cette situation, qui était un supplice pour Marguerite, dura longtemps. Parfois elle trouvait un bon prétexte pour engager Raoul à dîner avec elle, — mais celui-ci ne laissait pas s'établir l'habitude qu'elle en voulait faire, et souvent il refusa de partager le dîner de mademoiselle Hédouin en disant qu'il avait déjà dîné, ce qui n'était pas vrai.

Les leçons ne se présentaient pas ; — ses démarches pour

trouver des occupations d'un autre genre, n'avaient pas plus de succès ; — il avait vendu successivement tous ses habits, en ne réservant qu'une grosse redingote, très convenable pour la saison froide au milieu de laquelle on se trouvait ; — mais le printemps arriva, puis le commencement de l'été, qui s'annonça par des chaleurs accablantes. Il est difficile de dire ce que souffrit Marguerite de voir chaque jour Raoul avec sa lourde redingote.

Quelqu'un qui, un jour, se trouvait chez elle en même temps que Raoul, se plaignit de l'excès de la chaleur. — Raoul rougit un peu et dit qu'il ne trouvait pas qu'il fît trop chaud. Quelques instans après, Marguerite le surprit essuyant son front, sur lequel tombaient de grosses gouttes de sueur.

Il fit, cet été là, une chaleur si peu ordinaire, que c'était un sujet de conversation partout. — Mais Marguerite n'en parla pas une seule fois et feignit de ne pas s'en apercevoir. — Quelquefois mademoiselle Hédouin disait :

— Monsieur Desloges, je m'ennuie mortellement ; — ou : je suis un peu malade. — Si vous étiez bien aimable, vous dîneriez avec moi.

Une autre fois : — Monsieur Desloges, j'ai fait aujourd'hui une certaine crème sur laquelle je veux avoir votre avis.

Un jour Raoul refusa formellement. — Il était venu avant l'heure ordinaire du dîner ; mais il crut s'apercevoir, à l'insistance de Marguerite, qu'elle soupçonnait sa pénurie. — Alors il dit qu'il était invité et dînait avec un *un ami*, lui qui avait dit qu'il ne voyait plus personne.

— Ne vous verrai-je donc pas ce soir ? — dit mademoiselle Hédouin.

— Si vraiment, si vous me le permettez. — Je ne fais pas de cérémonie avec ce camarade, et je l'ai averti qu'aussitôt le dîner fini je le quitterais. Je reviendrai.

Comme Marguerite dînait seule, elle reçut la visite d'une femme de ses amies, qui, en parlant de choses et d'autres, lui dit :

— Ah çà, ce monsieur Raoul qui vient souvent chez vous est donc bien frileux ? je viens de le voir qui regardait les images sur le boulevard. — Il a une énorme redingote boutonnée jusqu'au col.

— C'est un ami d'enfance, dit Marguerite ; il a reçu en duel il y a quelques mois une blessure très dangereuse dont il n'est pas encore tout à fait rétabli, et... on lui a ordonné de se tenir très chaudement.

— Eh bien ! il doit plus souffrir de cette prescription qu'il n'a dû souffrir de sa blessure !

— Vous dites qu'il regardait des images ?

— Oui... très près d'ici... je l'ai vu deux fois, d'abord il y a une demi-heure ; puis, comme je venais ici, je l'ai retrouvé à la même place, qu'il n'avait pas quittée.

Marguerite resta silencieuse, dit qu'elle n'avait plus faim, et fit desservir son dîner. — Elle était convaincue que Raoul l'avait trompée, — qu'aucun ami ne l'attendait pour dîner, et qu'il regardait des images en attendant qu'elle eût fini son repas.

Raoul ne tarda pas à revenir. — Elle était seule alors. Ils parlèrent longtemps de choses indifférentes ; mais mademoiselle Hédouin laissait souvent tomber la conversation. Elle était triste, préoccupée. — On lui servit du thé, selon son habitude. Elle demanda des gâteaux, disant qu'elle avait mal dîné. — Raoul prit une tasse de thé ; mais, sans s'en apercevoir et vaincu par le besoin, il mordit dans un gâteau avec une telle voracité, que Marguerite ne put se contenir davantage, fondit en larmes et éclata en sanglots. Elle fut longtemps sans pouvoir répondre aux questions de Raoul, — tant elle pleurait convulsivement ; — puis tout à coup elle joignit les mains et s'écria :

— O Raoul ! mon ami ! au nom du ciel, je vous en supplie, ayez pitié de moi !

— Qu'avez-vous, Marguerite ? répondit Raoul.

— Ayez pitié de moi, Raoul ! ne me laissez plus souffrir ce que je souffre depuis six mois ! — je ne puis plus le supporter : — vous me faites mourir. — Mon Dieu ! que suis-je

donc pour vous ? — Ne puis-je être autant qu'un ami ? Tenez, Raoul, — cela ne peut durer. — Tiens, Raoul, dit-elle, écoute, prends sur moi les droits d'un amant et d'un mari, pour que j'aie ceux d'une amante et d'une femme. — Je t'en prie, Raoul, comprends-moi, je t'en prie !

— Je le voudrais, dit froidement Raoul.

— Eh bien ! je vais parler. — A commencer d'aujourd'hui, — je veux être pauvre et misérable. — Tenez, j'ai faim, et voilà ce que je fais !

Elle jeta à terre les gâteaux.

— Oui, j'ai faim, reprit-elle, et je ne les mangerai pas. — Écoutez ! — Vous êtes pour moi dur et cruel, — vous êtes pauvre, — vous me donnez l'horrible douleur de vos privations, — vous n'en avez pas le droit !

Elle se jeta à ses genoux et lui dit :

— Raoul ! Raoul ! sois mon maître, — sois mon amant ! Je veux que cette maison soit à toi, — je veux être ici chez toi !

Puis elle se releva, se jeta dans un fauteuil, la tête sur le dossier, et recommença à pleurer amèrement.

— Vous vous trompez, Marguerite, — je vous affirme que vous vous trompez. Je suis... gêné... momentanément..., mais... ce n'est pas au point que vous supposez.

Marguerite se leva et dit :

— Raoul, vous mentez ! — où avez-vous dîné aujourd'hui !... Avec un ami ? disiez-vous. — Vous êtes resté sur le boulevard à regarder des images !

— Je n'avais pas faim... et...

— Taisez-vous !... je sais tout !... Mais quel mépris avez-vous donc pour moi ! Que suis-je pour vous ? — Raoul ! Raoul ! — Vous ne saurez jamais tout ce que vous m'avez fait souffrir.

— Ne souffririez-vous pas davantage de me voir accepter une situation honteuse ?

— Honteuse ?... Ah ! si vous m'aimiez, vous comprendriez que le bienfaiteur est celui qui reçoit. Mais je vous ai dit ma résolution... je serai pauvre comme vous, — malgré vous je partagerai votre sort, — je verrai combien de temps vous m'imposerez ces privations, puisque vous ne voulez pas comprendre que je souffrirai moins ainsi.

Raoul voulut encore abuser mademoiselle Hédouin, mais elle pleura et supplia avec plus de véhémence encore.

— Écoutez, Marguerite, dit-il, avouez une chose : oseriez-vous dire aux gens que vous connaissez ce que vous voulez que j'accepte de vous ?

— Oui. Je leur dirai que je vous aime, que vous daignez me regarder comme un ami, — que vous m'aimez, que tout est commun entre nous. — N'ai-je pas osé me compromettre pour vous voir tous les jours ? — A-t-on cru, le pensez-vous, à la pureté de nos tête-à-têtes de tous les soirs depuis six mois ! Vous m'avez laissé me perdre pour vous, — vous m'avez permis de vous sacrifier ma réputation, — et vous refusez de partager mon argent ! — c'est absurde et niais ! — Attachez-vous plus de prix à l'argent qu'à l'honneur ! — Mais je ne veux pas plaider et discuter contre vous ; — ce n'est pas à votre pauvreté qu'il faut mettre un terme, c'est à la mienne, — car, je vous le jure, la misère m'oblige aux privations que j'aurai le génie d'inventer pour surpasser les vôtres ! — Mais quand vous avez épousé mademoiselle Seeburg, il aurait une dot, — vous avez bien accepté sa dot ! — Est-ce parce que je ne puis être votre femme que vous me traitez ainsi ? — Est-ce à vous de me marquer du mépris pour cela ! — Écoutez, Raoul, je comprends votre orgueil, parce qu'il est le mien. — Nous quitterons Paris, nous renverrons ma servante, — nous irons à la campagne, ensemble, — là où personne ne nous connaîtra ; — je serai votre femme, — c'est vous qui louerez la maison ; — je serai chez vous. Mon Raoul, je t'en prie, laisse-moi faire tout cela comme je l'entends. Oh ! que je voudrais être pauvre et misérable ! comme je voudrais tout recevoir de toi ! Mais si tu savais tout le bonheur que tu peux me donner en consentant au partage que je te demande !

XXIII.

LA PAIX DES CHAMPS.

Si le hasard, à mes désirs prospère,
Accomplissait mes rêves de bonheur,
Dans un vallon j'aurais une chaumière,
Peu vaste, mais riante, solitaire.
La clématite avec sa douce odeur,
La vigne en couvriraient les murailles rustiques;
De gros noyers de leurs branches antiques
La cacheraient aux regards indiscrets.

Un mur d'épine blanche et d'églantier sauvage
Enfermerait mes prés, ma maison, mon jardin,
O si j'avais encor, sur le côteau voisin,
Un petit clos de vigne !... et, dans le voisinage,
Un champ de blé dont les épis dorés
Sous le vent qui frémit se balancent en onde
De bleuets, de pavots, de nielles diaprés...
Je serais le roi du monde !

. . . .
Puis je voudrais quand, le matin,
Au travers de ma fenêtre,
Le soleil glisserait un rayon incertain,
Précurseur du jour qui va naître,
Je voudrais voir, les yeux clos encore à demi,
De mon premier regard la maison d'un ami.
. . . . (SCHILLER.)

Le soleil commence à descendre derrière les arbres. Un jeune homme et une jeune fille — sont assis sur le sommet d'une colline qui domine une vallée étroite dans laquelle une trentaine de maisons sont cachées sous les arbres.

La colline est couverte de bruyères dont la fleur est passée, mais, — le thym sauvage y étale ses fleurs roses. — Ils sont étendus sous une vieille aubépine dont les fruits commencent à rougir. — Ils sont silencieux, leurs regards comme leur pensée suivent le soleil qui disparaît derrière de grands sycomores, — dont le feuillage, richement découpé, se dessine vigoureusement sur l'horizon empourpré.

L'œil a besoin de chercher les maisons entourées de hauts arbres, le clocher de l'église s'élève seul, et le coq doré qui le surmonte resplendit d'un dernier rayon que lui envoie obliquement le soleil. Bientôt ce rayon s'éteint, — et la cloche sonne l'Angelus. Alors, de toutes parts on dételle les chevaux des charrues. — Les hommes et les femmes reviennent à la maison. Le jour disparaît et les arbres de la vallée se constellent de lumières rouges qui s'allument successivement, — tandis que le feu bleuâtre des étoiles s'allume au ciel. — On dirait des fleurs de feu qui s'épanouissent au ciel et sur la terre. — On entend au loin coasser les grenouilles dans la mare d'une ferme.

— O mon ami, dit la jeune fille, — quel calme enchanteur ! que chacune de ces maisons cachées dans les arbres comme un nid d'oiseau doit être une douce retraite ! Que les habitants de cette vallée doivent être heureux et bons ! Mon ami... pourquoi ne cacherions-nous pas aussi notre vie et notre bonheur dans un de ces nids parfumés, — loin des villes, de leurs habitants curieux et envieux ? — Mon ami, ce n'est pas le hasard qui nous a fait assister à ce beau spectacle de la fin du jour. — Si vous m'en croyez, le reste de notre vie se passera sous ces beaux arbres. — Il m'a semblé que la voix vibrante de la cloche de l'église nous appelait et qu'elle nous promettait enfin une vie heureuse et paisible.

— Le lendemain, dès le jour, Raoul et Marguerite revinrent et descendirent dans la petite vallée; — leur enchantement fut encore plus complet. — Trois ou quatre maisons

bourgeoises étaient clairsemées. Ils virent à la porte d'une de ces maisons une jeune femme qui tenait un enfant dans ses bras. Ses beaux grands yeux bleus étaient pleins de bonheur et d'innocence. Marguerite s'arrêta, regarda l'enfant et baisa ses fraîches joues roses. — Raoul demanda à la paysanne s'il y avait une maison à louer dans le pays.

— Je crois que oui, dit-elle; celle de maître Gillet est fermée depuis l'année dernière.

— Et où est la maison de maître Gillet?

— A l'autre bout de la commune. — Notre gas vas vous y conduire. — Ohé! Todore !

On voit alors sortir de la niche du chien placée dans le milieu de la cour deux têtes, — l'une était celle d'un grand dogue aux yeux calmes, — l'autre la tête blonde et frisée d'un petit garçon ; — il embrassa son ami le dogue avant de le quitter, et celui-ci lui rendit sa caresse avec gravité. La mère arracha des cheveux de Théodore des brins de paille qui y étaient restés, puis elle lui dit :

— Tu vas conduire monsieur et sa dame à la maison de maître Gillet; en passant tu appelleras mame Gillet pour qu'elle prenne les clefs et leur vienne montrer la maison. — Tu entends bien, n'est-ce pas ?

Marguerite fit quelques compliments à la mère sur la beauté et la santé de ce nouvel enfant, — et Marguerite et Raoul se mirent en route précédé de Théodore.

Ils traversèrent une partie du village. Madame Gillet, avertie, s'arma d'un trousseau de clefs et les mena voir la maison. — C'était un grand jardin abandonné depuis plusieurs années déjà, et une maison couverte en chaume, passablement délabrée. — Néanmoins elle plut beaucoup à Marguerite et à Raoul, et ils furent très désappointés lorsque madame Gillet leur annonça que la maison n'était pas à louer, — qu'elle et son mari, monsieur Gillet, ne voulait plus la louer, — que le dernier locataire était parti sans payer, et avait, pendant l'hiver, fait du feu avec une notable partie de l'escalier; — qu'en conséquence il s'agissait de se débarrasser de la maison et de la vendre.

Marguerite et Raoul se retirèrent; tous deux restèrent quelque temps silencieux et tristes. — Pendant leur visite à la maison couverte de chaume, ils l'avaient déjà remplie de rêves et de projets. — Marguerite parla la première et dit : —Mais... Raoul... si nous achetions cette maison... en vendant une partie de... nos... rentes, cela ne nous coûterait pas autant que nos deux logemens à Paris.

Raoul fit quelques objections qui furent bien vite levées. — Marguerite voulut que ce fut Raoul qui achetât la maison; — c'était le seul moyen — qu'on les crût mariés, et que le sacrifice qu'il faisait si noblement de sa considération et de sa position sociale ne fût pas pour elle une cause de mépris et de dédain. L'affaire fut bientôt conclue. — Ils firent faire les réparations indispensables, et ils s'installèrent dans leur nouvelle demeure.

XXIV.

MARGUERITE A SA TANTE CLÉMENCE.

» Je pense comme toi, ma chère tante, que l'occasion que ton fils a trouvée de s'échapper ne doit pas être attribuée au hasard, — et que ses chefs auront eu pitié de ta douleur. Tu n'en es pas moins perdue pour moi encore pour bien longtemps; — tu ne le quitteras, je le sais bien, que lorsqu'il sera tout à fait remis de la maladie qu'il a contractée en prison. C'est mon seul chagrin aujourd'hui, tu manques à tout ici : — mon bonheur, mes plaisirs, — tout a un côté de moins, tout est comme échancré, parce que tu n'es pas là.

« Nous sommes installés enfin dans cette paisible vallée; dans cette petite maison dont je t'ai parlé. J'ai peur quand je m'y sens si heureuse. Si je fais mal, comme tout me le dit, — si j'ai manqué aux lois de la religion et à celles de la société, que suis-je donc devenue pour trouver si peu de repentir et de si rares regrets dans mon cœur ? — Que pouvais-je faire cependant ?... c'était le seul moyen d'adoucir le sort de Raoul ; — et, à part certaines cérémonies, ne suis-je pas sa femme ? — n'ai-je pas la conscience de remplir avec joie tous les devoirs sacrés du mariage ? — Lui seul occupe toutes mes pensées, ma vie entière est consacrée à son bonheur. — Il y a des momens où j'ose me dire : Esther, qui est *sa femme*, — a fait tout haut des sermens qu'elle a trahis ; — ces mêmes sermens, que j'ai faits tout bas, je les tiens religieusement.—Bien plus, pour veiller sur le bonheur de Raoul, pour adoucir les ennuis de sa vie, j'ai renoncé à tout ce qui fait l'orgueil des femmes, j'ai donné aux plus misérables d'entre elles le droit de me traiter avec dédain. J'espère alors que Dieu a pitié de moi ; — que je n'ai fait qu'obéir aux meilleurs sentimens qu'il a mis dans mon âme, et qu'il me pardonne.

» Que j'aime notre retraite, chère tante ! C'est une maison avec un toit de chaume. Du côté du nord, on ne voit plus le chaume ; — la mousse l'a couvert du plus soyeux velours vert. — Sur la crête s'élèvent des iris au feuillage aigu. — Le devant de la maison est tapissé par une vigne vierge dont le riche feuillage commence à rougir, — par un jasmin chargé d'étoiles blanches embaumées, — et par un chèvre-feuille, le plus poétique, le plus rêveur des parfums.

» En face est une pelouse verte sur laquelle s'étend l'ombre de trois énormes noyers. — La saison ne nous permet encore de faire aucun travail. — Cet hiver nous préparerons des plates-bandes pour mettre quelques fleurs, — puis nous cultiverons aussi des légumes — dans le reste du jardin, où il y a quelques arbres fruitiers. — Nous avons hier acheté des poules et un coq.

» Nous n'avons rien dit à personne, — mais naturellement on nous croit mari et femme. — Nous avons avec nous une grosse servante que nous avons prise dans le pays ; c'est la cousine de cette femme dont je t'ai parlé, qui a de si jolis enfans et qui nous a indiqué la maison la première fois que nous sommes descendus dans la vallée. Nous sommes décidés à ne voir aucun des bourgeois qui habitent le village pendant l'été. Raoul ne sort pas de la maison ; c'est un calme dont il n'avait pas d'idée jusque là. — Tu comprends que ma petite fortune a été diminuée par l'acquisition que nous avons faite, — mais il nous reste de quoi vivre... comme nous vivons... sans toilette, sans plaisirs achetés, sans spectacles, sans voir de monde.

» Que je suis heureuse de voir Raoul si heureux ! — Il soigne ses arbres avec une sollicitude qui te ferait sourire. Une chenille qui se nourrit sur une feuille n'est jamais si petite qu'elle puisse échapper à ses recherches et à sa vengeance. — Viens aussi vite que tu le pourras, — toi seule nous manques. — Tu nous forces de porter notre pensée au dehors de notre maison, tandis que si tu étais ici, avec nous, le monde se bornerait aux murailles de notre jardin. — Sauf les momens où tu nous gênes dans notre bonheur, en n'en faisant pas partie, il semble que nous soyons tous deux seuls au monde, comme nos premiers parens étaient dans le Paradis. — N'est-ce pas que ce qui rend si doucement heureux ne peut être un crime impardonnable ?

» Adieu ! »

MARGUERITE A SA TANTE CLÉMENCE.

« Je suis, ma chère tante, en proie depuis longtemps à une tristesse dont la cause est tellement absurde, qu'il n'y a qu'à toi que j'en puisse parler, — et que ce ne sera pas trop de toute ton indulgence pour recevoir ma confession à ce sujet.

» Il nous est survenu une visite, il y a quelques jours. Un monsieur Aristide Leroux, que Raoul a connu autrefois, se trouve être le maire du village que nous habitons. Le hasard lui ayant appris le séjour de monsieur Deslogés dans

la commune qu'il gouverne, il a cru devoir le visiter. Il nous a fort engagés à aller voir son jardin. Raoul le lui a promis, ce que je lui ai fort reproché quand monsieur le maire a été parti ; ma position me défend de voir aucunes femmes — et de m'exposer aux humiliations qu'elles ne manqueraient pas de me faire subir avec tant de plaisir, que je me suis plus d'une fois demandé si les femmes ont réellement une si grande horreur qu'elles le disent pour des fautes qui leur donnent le droit d'écraser aussi impitoyablement d'autres femmes. Raoul, pour me rassurer, m'a dit que la femme de monsieur le maire n'était autre qu'une ancienne actrice du Cirque-Olympique, qui avait eu l'adresse de se faire épouser.

» Je suis fâché que Raoul n'ait pas compris ce qu'il y avait de blessant pour moi dans cette explication. N'est-ce pas accepter avec trop de résignation le côté humiliant de la position que j'ai prise, que d'admettre que je puis voir une femme précisément par les raisons qui devraient m'empêcher de la voir, si j'étais ce que je dois être et ce que j'ai été.

» Je me crois honnête femme. Je n'ai manqué à aucun des devoirs compatibles avec ma tendresse pour Raoul. Mais si les idées du monde me proscrivent de la société des honnêtes femmes, ce n'est pas à dire que je sois condamnée à la société des courtisanes.

» Aussi ce matin j'ai pris un prétexte pour ne pas accompagner Raoul qui déjeune chez ce monsieur Leroux ; mais tout a été pour moi un sujet de souffrance. Raoul a pris pour la première fois depuis longtemps quelque soin de sa toilette. Il m'a fait ourler une cravate neuve sur laquelle je n'ai pu m'empêcher de laisser tomber deux grosses larmes.

» Je serais bien fâchée qu'il se fût aperçu de cette impression ; c'est une occasion de distraction dont il avait peut-être besoin ; mais pourquoi a-t-il besoin de distractions ? Nous sommes si heureux dans notre solitude ? A quoi sert de se distraire du bonheur ?

» Comme il s'en allait sans m'embrasser ainsi qu'il a l'habitude de le faire, je le rappelai, — et ce n'est qu'après son départ que je me permis de pleurer. — J'en suis vraiment honteuse, chère tante, et je t'écris pour me consoler et me punir en même temps.

P. S. « Je rouvre ma lettre pour te dire que Raoul revient, qu'il paraît heureux de me revoir, qu'il est chargé de plantes que lui a données monsieur Leroux, et qu'il s'empresse de replacer dans notre jardin.

« MARGUERITE. »

XXV.

. . . .

Dans un jour d'expansion, Raoul lut à Marguerite sa fameuse tragédie. Marguerite en elle-même la trouva médiocre, mais elle le vit si heureux au bruit de ses vers qu'elle exagéra de beaucoup le peu de bien qu'elle pensait du chef-d'œuvre, et elle se joignit aux regrets qu'éprouvait Raoul de ne pas la voir imprimée. . . . .

A quelque temps de là, — Raoul, qui était allé à Paris pour quelques affaires, crut reconnaître dans la rue son ancien ami Calixte Mandron. Mais ce qui lui parut singulier et l'empêcha de l'aborder, c'est qu'il vit à sa boutonnière un ruban rouge,—qui lui fit croire que l'homme qu'il apercevait n'était pas Calixte, mais quelqu'un qui, par un jeu du hasard, lui ressemblait étrangement.

Raoul cependant ne s'était pas trompé. Mandron avait, depuis leur dernière entrevue, essayé sans succès diverses professions, — qu'il avait pris le parti désespéré de réunir et d'exercer tour à tour selon les circonstances.

A sa qualité d'homme de lettres, qui ne lui rapportait rien, il avait tenté de joindre une industrie plus productive. — Il s'était fait agent d'affaires. — A son agence d'affaires il avait ajouté un bureau de placement pour les domestiques et les ouvriers. Mais la police n'avait pas tardé à intervenir au sujet de quelques opérations sur lesquelles des explications lui ayant paru nécessaires, elle avait cru devoir interroger Calixte. — Celui-ci avait disparu sans daigner répondre, et il s'était fait chimiste, inventeur d'une pommade pour faire pousser les cheveux et la barbe, — et aussi d'une eau pour les teindre en noir ou en blond, au choix des personnes.

Un jour, qu'il avait confectionné une provision de la pommade, il s'aperçut qu'il en avait fait plus qu'il n'était nécessaire, — et du reste de sa pommade pour faire pousser les cheveux, il avait fait une crême épilatoire qui faisait tomber le poil des bras en vingt-quatre heures. La réunion de ces denrées ne suffisait cependant pas à Mandron, qui était accoutumé à faire de grandes dépenses. Il avait, en conséquence, eu recours à un autre expédient : il avait laissé pousser ses moustaches, — et s'était créé lui-même chevalier de l'ordre de la Légion d'honneur. Cependant, comme on aurait pu lui faire quelques chicanes sur la légalité de cette ordonnance, il ne portait pas le ruban rouge partout.

Voici la nouvelle industrie imaginée par ledit Mandron :

Il se présentait dans une maison, demandant quelqu'un dont il avait pris au hasard l'adresse dans l'*Almanach;* — dans l'escalier il attachait sa décoration qu'il avait par prudence laissée dans sa poche, — et il se présentait comme ancien officier. Il venait, disait-il, pour faire une bonne œuvre. Un vieux troupier qui avait servi sous ses ordres se trouvait pour le moment dans une triste situation; il était malade, sans ouvrage, chargé d'une nombreuse famille. Il s'était avec raison adressé à son ancien chef, qui avait toujours regardé les soldats comme ses enfans; — celui-ci s'était fait un plaisir et un devoir de venir au secours de son ancien compagnon d'armes, — mais sa fortune était bornée, ses économies entières y avaient passé, cependant il ne pouvait abandonner ce malheureux, — et il avait pris la liberté de se présenter chez monsieur ***, dont la générosité était connue, —pour lui fournir une occasion d'exercer sa bienfaisance en l'aidant à venir au secours du vieux soldat.

Quelquefois on lui demandait le nom et l'adresse du malade, — mais avec beaucoup de dignité il répondait : — Ah! monsieur, ce serait le tuer que de trahir le secret de son infortune! Si vous saviez tout ce qu'il a souffert avant de se décider à s'adresser à moi, — à moi son père plutôt que son supérieur. — Non, monsieur, non; il repousserait vos bienfaits, — et ce n'est qu'à force de ruse que je puis lui faire accepter même de ma part. Aussi je me suis adressé à vous, monsieur, parce que vous n'êtes pas un de ces faux philosophes qui ne donnent que par vanité. Si vous venez au secours du vieux soldat, il n'y aura que Dieu et moi qui saurons votre belle action.

Presque toujours Mandron réussissait à se faire remettre ainsi quelques pièces de cent sous. Puis en descendant l'escalier il remettait son ruban dans sa poche. Il revenait d'une de ces expéditions lorsque Raoul l'avait reconnu, et il avait oublié de faire disparaître son ruban. Il avait bien aperçu Raoul, mais en même temps il avait remarqué son oubli, et il avait feint de ne pas le reconnaître. — Mais quelque temps après il vint le voir à la campagne et lui demander sans façon à déjeuner. On causa, et Calixte demanda à Raoul s'il faisait toujours des vers.

— Non, répondit Raoul, — je suis fatigué de n'en pouvoir publier aucuns.

— Et pourquoi ne les publies-tu pas? — Par exemple, ta tragédie, qu'en as-tu fait?

— Ma tragédie?... on n'a pas voulu la jouer.

— Eh bien! il faut en appeler au public de l'ignorance des directeurs de théâtres. Il faut faire imprimer ta pièce.

— Mais comment?

— Tu demandes comment!... mais il n'est pas un libraire qui ne soit enchanté de l'imprimer... J'ai justement un homme avec lequel je fais des affaires... Mais parbleu, tu le connais bien, c'est Alexandre...

— Comment, l'ancien *flot* du Cirque-Olympique?

— Lui-même... Il a gagné de l'argent avec le *Scorpion*... il est devenu un de nos premiers éditeurs.

— Vraiment!

— Et il se chargera de ton affaire... mais il faudra que tu entres dans une partie des frais d'impression.

— Ah diable!

— Ce n'est rien, vous partagerez ensuite le prix de la vente. — L'affaire vaut bien mieux comme cela; — en cas de succès, tu n'auras pas le crève-cœur de voir ton libraire s'enrichir à tes dépens. — En tous cas, je le verrai.

— Quand cela?

— Demain, — et après-demain je viendrai te rendre réponse.

Les deux amis allumèrent des cigares et se mirent à fumer en se promenant dans le jardin. — Marguerite avait pris un prétexte pour quitter la table avant le moment où l'on avait commencé à parler de la tragédie. — La présence d'un étranger l'embarrassait, et, d'ailleurs, les manières de Mandron ne lui plaisaient pas. Calixte questionna beaucoup Raoul, — et apprit que la maison lui appartenait. Il prit congé de lui et revint le surlendemain.—Raoul alla au-devant de lui et lui dit rapidement : — Ne parle pas devant Marguerite des conditions de ton libraire.

En effet, il avait seulement dit à Marguerite que Calixte devait lui trouver un libraire qui imprimerait sa tragédie. —Après dîner, — ils sortirent tous deux et se promenèrent dans la campagne. — Ton affaire va bien, dit Calixte; Alexandre imprimera ton livre que l'on aura soin de prôner dans le *Scorpion*, ce journal que j'avais fondé et qui a déjà dit du bien de toi. — Tu paieras quinze cents francs pour ta part dans les frais d'impression.—Ces quinze cents francs et une somme égale que mettra Alexandre seront prélevés sur les premiers produits de la vente; — après quoi vous partagerez les bénéfices.

— Mais, je n'ai pas les 1,500 fr.

— Bagatelle! tu vas faire un billet de 1,500 fr. à quatre mois. — Avant l'échéance, nous aurons l'argent pour le payer.

— Mais si nous n'avions pas l'argent?

— Impossible! on vend ta tragédie 7 fr. 50 c. l'exemplaire : — il faudrait en trois mois n'en avoir pas vendu deux cents exemplaires pour ne pas avoir les 1,500 fr. et au delà. C'est une affaire sûre. J'ai apporté du papier timbré; — tu vas me faire le billet... Tiens... pour que ça aille plus vite.... pour que *ta femme* ne nous voie pas, — mets en travers de ce papier : — *Accepté pour la somme de quinze cents francs.* — Donne-moi ton manuscrit et ne te mêle plus de rien.

Raoul signa et donna sa tragédie,—puis il fut trois grands mois sans entendre parler de Calixte Mandron ni de son éditeur Alexandre.

Cette affaire réconcilia les deux fondateurs du *Scorpion*, — et les fit vivre dans l'abondance avec les quinze cents francs de Raoul, dont ils escomptèrent facilement le billet, tout en s'occupant de trouver un libraire qui voulût se charger pour rien d'imprimer la fameuse tragédie en courant sans tous les chances de perte et de bénéfice. On finit par découvrir un jeune homme auquel on persuada que monsieur Desloges, homme fort à son aise, rachèterait presque tous les exemplaires de sa tragédie pour en faire hommage à toutes ses connaissances. Aussi, un matin Calixte revint trouver son ami Raoul et lui apporta les épreuves à corriger.

— Mais, dit Raoul, c'est dans un mois qu'il faudra payer le billet..., et on n'aura jamais eu le temps de vendre assez d'exemplaires pour se procurer l'argent.

— Ne t'inquiète de rien, — tout ira bien.

Quinze jours après, la tragédie était imprimée. — Calixte envoya trois exemplaires à Raoul, — avec une lettre où il lui disait : « Nous sommes en retard, ne compte pas sur les 1,500 fr. du billet, qui ne pourront pas *rentrer* avant deux ou trois mois d'ici, — *la librairie ne va pas pour le moment.* Arrange-toi pour payer le billet qui échoit dans quinze jours, c'est un argent qui ne tardera pas à te revenir.

» Ton ami,

» Cte MANDRON. »

Raoul fut horriblement tourmenté de cette nouvelle ; il n'avait aucun moyen de se procurer les 1,500 francs ; il aurait mieux aimé cent fois se brûler la cervelle que de parler à Marguerite de sa situation, — surtout à cause du peu de respect que Marguerite avait pour ses vers. — Cependant il se détermina à attendre, — et pensa qu'il obtiendrait sans doute de la personne qui avait le billet dans les mains le délai nécessaire pour que la vente de sa tragédie le rendît possesseur des 1,500 fr. En attendant, il se livra à la joie d'être imprimé. Il relut sa tragédie une fois dans chacun des trois exemplaires qu'on lui avait adressés.

L'époque fatale arriva cependant. — Un garçon de caisse se présenta pour *toucher* les 1,500 francs. Raoul voulut causer avec lui et lui demander un délai ; mais le garçon lui dit :

— Monsieur, cela ne me regarde pas ; — que vous payiez ou non, ça m'est parfaitement égal. Voici l'adresse de la personne qui m'envoie ; vous avez encore jusqu'à demain midi pour payer, — après quoi on poursuivra.

Sur ces entrefaites arriva une lettre de la tante Clémence ; son fils guéri avait passé en pays étranger. — Elle avait aliéné le reste de sa petite fortune pour lui en fournir les moyens.

« Ma chère Marguerite, disait-elle, il faut maintenant que tu nourrisses ta tante ; je n'ai plus rien, — mais mon fils est sauvé. Il a, cette fois, paru réellement touché de ce dernier sacrifice. — J'espère qu'il sera sage, je serais trop désespérée de ne plus rien pouvoir faire pour lui…—Pourtant… je suis sûre que je le sauverais encore. — Ces derniers événemens ont doublé ma confiance dans la bonté divine et dans l'efficacité de la prière.

» Jusque-là je n'avais guère prié. Je pensais que Dieu est si grand, — nous si petits, qu'il ne s'occupait guère de notre destinée, — et que le plus grand détail dans lequel sa toute-puissance entrait était le soin d'un monde ; — mais j'ai trouvé tant de consolation rien qu'à prier et à croire, — que je considérerai toujours comme un bonheur de prier, — non pas seulement pour ce qu'on espère obtenir, mais pour la prière elle-même. J'arrive auprès de toi ; — je n'ai plus guère d'autre bonheur à espérer dans la vie que de te voir heureuse : — fais-moi donc une toute petite place dans ton bonheur. »

Peu de jours après, en effet, on sonna à la porte, et deux personnes se présentèrent à la fois, la tante Clémence et un huissier. — Marguerite se jeta dans les bras de sa tante, — Raoul pâlit, balbutia, — et reçut un papier timbré que l'étranger lui remit et qu'il glissa rapidement dans sa poche sans le lire. Il fut contraint, embarrassé, préoccupé ; — son air inquiéta les deux femmes. — Aussi, quand après dîner il sortit pour lire le grimoire en question, — elles cherchèrent à deviner les causes de cette singulière préoccupation. La tante Clémence pensait que son arrivée lui était désagréable ou l'inquiétait. Marguerite avait vu le papier et craignait une provocation, — un duel, — toutes sortes d'affreux malheurs. — Cependant elles se calmèrent — et s'endormirent dans les bras l'une de l'autre.

Pour Raoul, — avant le jour il se mit en route pour la ville. — Il allait, à tout hasard, — demander du temps à l'huissier, — au créancier. — Il passa par chez Mandron

pour demander quand il reviendrait. — On lui répondit qu'il était chez lui. — Mandron, en effet, n'avait pas quitté Paris.

Il monta et lui fit part de ses embarras. — Mandron s'écria qu'il n'y avait rien de si facile que de le tirer d'affaires, — qu'il se chargeait de faire renouveler le billet à trois mois de date, et que d'ici à trois mois… on verrait, — que la tragédie se serait vendue, etc.

Raoul demanda à passer chez son libraire. — Malgré les divers prétextes qu'imagina Calixte pour l'en détourner, il y mit une telle insistance qu'il fallut céder.

— A propos, dit Mandron, ce n'est pas Alexandre qui a fait l'affaire, c'est quelqu'un de mieux que lui, — tu vas voir.

Le libraire répondit aux questions de Raoul sur le nombre d'exemplaires vendus, qu'il n'en avait pas vendu un seul, si ce n'est les trois qu'il lui avait envoyés.

En effet, Mandron et Alexandre avaient acheté ces trois exemplaires, — parce que pour obtenir du libraire qu'il imprimât à ses frais la tragédie de monsieur Deslogés, ils lui avaient dit, ainsi que nous l'avons expliqué, — que ledit poète achèterait beaucoup d'exemplaires pour les distribuer à ses connaissances ; aussi le libraire demanda-t-il à Raoul s'il voulait quelques exemplaires ; — à quoi Raoul répondit qu'il en avait assez pour le moment ; — et que monsieur était trop bon.

Le libraire insista et finit même par dire que ce n'était pas ce dont on était convenu, et qu'il fallait absolument qu'il en prît.

Mandron, voyant que le tour que prenait la conversation ne tarderait pas pour le moins à surprendre Raoul, la termina en lui disant que monsieur Deslogés en ferait prendre une douzaine par son domestique, et il l'entraîna dehors.

Raoul rentra rassuré et montra alors à la tante Clémence toute la joie qu'il ressentait en effet de son arrivée, et surtout de sa réunion à Marguerite et à lui.

La tante Clémence aimait beaucoup Raoul, — et les plus clairvoyantes de nos lectrices n'ont pas été sans s'apercevoir que son âge et l'amour de Marguerite pour Raoul n'avaient été que suffisans pour l'empêcher de se laisser prendre à un sentiment plus vif. Mais elle avait réussi à en faire une sorte de tendresse maternelle un peu inquiète et un peu craintive, — qu'elle cultivait en l'émondant soigneusement comme les jardiniers arrondissent au moyen de ciseaux la tête d'un oranger, et la maintiennent dans la forme inventée par le caprice.

Calixte fut ponctuel et arriva le lendemain de bonne heure. Il fit faire à Raoul un nouveau billet de 1,600 francs cette fois ; — c'est à cette seule condition que le créancier avait consenti à un renouvellement.

Raoul, voyant devant lui un horizon tranquille de trois mois, se livra tout entier à la douce existence que faisait la tendresse de Marguerite et de la tante Clémence.

Une chose seulement le tourmentait singulièrement. Le sentiment de Marguerite, d'abord formé d'admiration et de respect, s'était tout doucement transformé, — parce qu'elle avait été forcée d'intervertir les rôles avec Raoul et de le protéger, — et parce que dans la vie commune elle ne lui avait trouvé que peu d'énergie. — Enfin il finit par y avoir dans son amour pour Raoul un peu de l'amour d'une mère pour son fils.

Cette position, que Raoul sentait, lui était désagréable ; mais, par momens, il pensait que le succès, — un peu ent, mais cependant probable de sa tragédie, — lui ferait reprendre dans la maison la place qui lui convenait, et lui rendrait le prestige d'autorité qu'il comprenait avoir perdu.

26 septembre 1845.

XXVI.

L'AUTEUR AU LECTEUR.

. . . .
. . . .

J'en étais là de mon récit,— il y a déjà plusieurs années, — et je me suis subitement interrompu, — ne parlant pas plus, ni de Raoul, ni de Marguerite, ni de Mandron, que s'ils n'avaient jamais existé.

Je veux supposer que, parmi les lecteurs de ce qui précède, il s'est trouvé une personne que cela ait intéressé au point de lui faire dire : — L'auteur est un insupportable personnage ! Pourquoi ne finit-il pas cette histoire ?

Je vais donner quelques explications à cette personne.

Ce qui m'a empêché de continuer, ç'aurait pu être, — à l'exemple de Sancho Panza, — que j'avais perdu le compte des chapitres publiés de l'autre côté de l'eau ;

Ou que je n'en savais pas plus long ;

Ou qu'il n'était rien arrivé d'intéressant à mes personnages depuis mon dernier récit.

Rien de tout cela.

Quelques personnes ont imaginé peut-être de croire, — mais à coup sûr de dire,—que ce roman était une histoire personnelle, — que Raoul Desloges n'était autre que moi-même. — On ne tarda pas à désigner une Marguerite, et plusieurs de mes amis, — si j'ose m'exprimer ainsi,— eurent le désagrément d'être tour à tour signalés comme le type de Calixte Mandron. — Un journal fit à ce sujet quelques allusions qui furent saisies avec empressement, et la chose fut complètement établie parmi les personnes qui m'entourent... à quelque distance.

Je me trouvai fort embarrassé.

Si on m'avait averti d'avance qu'on était décidé à voir mon portrait dans Raoul Desloges, j'aurais pris mes mesures en conséquence, j'aurais orné mon héros de tous les agrémens, de toutes les vertus que j'aurais pu imaginer,— et Grandisson eût été auprès de lui un type d'immoralité. Mais le livre était trop avancé. — J'avais voulu peindre dans Raoul un caractère faible, indécis, ayant dans la tête des images brillantes de ce qui lui manquait dans le cœur ; — victime d'une fausse éducation dont il n'avait pas eu l'énergie de secouer le joug, entraînant dans le précipice la douce et dévouée Marguerite.

Je ne prétends pas certes que je ne connais pas Raoul,— je ne dis pas que personne n'a posé devant moi pour esquisser ce portrait. Je crois que l'art est le choix dans le vrai ; — j'ai soin d'inventer le moins possible.

J'ai bien dans ma mémoire une sorte d'herbier,— où j'ai gardé desséchées les fleurs et les épines que j'ai trouvées sur les chemins ; — il m'arrive bien parfois de tâcher de leur rendre la vie, la couleur et le parfum, et d'en faire des bouquets pour vous, — ma belle lectrice.

Mais de là à croire que je suis le héros de tous mes livres, — il y a loin, et cela pourrait un jour, si le bruit s'en répandait trop fort, attirer l'attention du parquet.— J'ai raconté des histoires où les héros se permettaient des écarts prévus par divers articles du code pénal, et dont la réunion pourrait bien, — si j'avais fait tout cela à moi seul, m'envoyer à Brest ou à Toulon, — et j'avoue que je préfère ma riante vallée de Sainte-Adresse.

A propos de vallée, — précisément,— on a dit : Raoul demeure dans une vallée,—l'auteur habite celle de Sainte-Adresse, — donc c'est lui.

Il est vrai que Sainte-Adresse est aux bords de la mer,— et que celle où j'avais laissé, peut-être oublié Raoul, est auprès de Paris. — Mais, — preuve de plus, — c'est pour dérouter.

— Raoul a été au collège, — l'auteur également;— quel doute peut-il rester dans l'esprit ?

Si je refuse d'admettre que j'ai fait le portrait de Raoul

devant une glace, si j'avoue que j'ai la prétention de ne pas ressembler audit Raoul, — si je prétends même qu'il y a dans ce que je raconte de lui deux ou trois actions parfaitement honteuses à mes yeux , — non seulement Raoul n'est pas moi, — Dieu merci, — mais il n'aurait pas été mon ami.

Je ne refuserai, au contraire, à personne d'avoir posé pour Marguerite; — c'est une noble et ravissante fille, — et il ne serait pas poli de ma part de dire à n'importe qui : — Vous ne lui ressemblez pas. — Je suis donc décidé à répondre à toute femme qui me demandera : — Qui avez-vous peint dans Marguerite? — par ces deux mots : — Vous-même.

C'est une chose que j'admire tous les jours que la légèreté avec laquelle on porte sur les autres des jugemens sans examen et sans appel, — tout en se plaignant avec âcreté de ces mêmes jugemens quand on se trouve à son tour sur la sellette.

Certes, je ne crois pas que la justice légale, — la justice du Code et du Palais, — soit infaillible. Et cependant, de combien de lumières elle s'efforce d'éclairer ses jugemens ! de combien de garanties elle entoure *le prévenu !* —C'est une étude curieuse.

Si la rumeur publique signale qu'un crime a été commis, un juge d'instruction se transporte sur les lieux, accompagné d'un officier du ministère public. — Il constate et recueille les élémens du crime, lance des mandats d'amener, interroge, etc.

Quand les soupçons se sont fixés sur un individu, il est arrêté et interrogé. — S'il peut prouver manifestement son innocence, il est relâché ; — sinon, le procès-verbal du juge d'instruction est envoyé à la chambre des mises en accusation, composée de membres de la cour d'appel, c'est-à-dire de la plus haute magistrature du pays. — Cette chambre délibère en présence du juge d'instruction, — et rend un arrêt qui remet le prévenu en liberté, ou l'envoie devant la cour d'assises, si les soupçons prennent de la consistance.

Vingt-quatre heures avant les débats, toutes les pièces du procès sont envoyées au greffe de la cour d'assises par le procureur général ; — le président étudie la cause, interroge le prévenu et lui assigne un défenseur d'office, s'il n'a pas fait un choix lui-même ; — il l'avertit, en outre, qu'il a cinq jours pour se pourvoir en cassation contre l'arrêt de mise en accusation. A partir de ce moment, le prévenu n'est plus au secret, et il communique librement avec son défenseur.

Le prévenu assiste aux débats; — toute pièce, toute allégation contre lui est soumise à lui et à son défenseur. —Tous témoins répètent leur déposition devant lui, — et il la contrôle.

Le prévenu peut récuser une partie des jurés, — sans avoir aucune raison à en donner.

L'accusé, ou son défenseur pour lui, a toujours le droit de porter la parole le dernier.

Ensuite, il faut au moins huit voix sur les douze pour que l'accusé soit déclaré coupable ; — sept voix le déclareraient coupable sur les douze qu'il serait acquitté et mis immédiatement en liberté.

Ce n'est pas tout : — si le prévenu est acquitté, nul ne peut appeler du jugement ; — s'il est condamné, il a trois jours pour se pourvoir en cassation.

Notez, en outre, quelques autres précautions accessoires. —Un officier du ministère public est accoutumé à jouer le rôle d'accusateur. — La loi lui défend d'instruire une affaire.

Le juge qui a instruit un procès ne peut siéger au jugement, non plus que celui qui a fait partie de la chambre des mises en accusation, — parce qu'il pourrait apporter à la délibération un jugement formé d'avance.

Après tout cela, il y a encore quelques tristes et célèbres exemples d'erreurs commises par la justice.

Eh bien! pour juger sans appel une cause qui intéresse l'honneur d'un homme ou d'une femme, il suffit d'une apparence douteuse, bien moins encore d'un *on dit*, — et on se fait un plaisir, presque un devoir, de propager l'accusation, la condamnation, et chacun se fait accusateur, juge et bourreau.

Ce qu'il y a de charmant en ceci, c'est que les personnes qui admettent les plus faibles apparences comme des preuves contre les autres, veulent absolument faire passer les preuves acquises contre eux pour de frivoles et méprisables apparences,—et jettent les hauts cris qu'on n'ait pas pour eux l'indulgence aveugle quand ils refusent aux autres même la justice.

J'habite un petit hameau, où depuis quelques années des étrangers viennent,—en nombre croissant, hélas!—prendre des bains de mer,—et je vois, de ce que je viens de signaler, des exemples fréquens et suffisamment comiques pour que je me croie le droit d'en citer au moins un,—sans craindre de trop ennuyer la personne pour laquelle j'ai fait ce chapitre. Après quoi, je reprendrai mon récit où je l'avais laissé il y a quatre ans.

Il arrive de tous côtés des personnes qui se casent comme elles peuvent dans les auberges et les maisons particulières; — le plus souvent, les femmes sont seules avec des enfans et des domestiques, — ou les maris les amènent et s'en retournent à Paris.—Ceux qui restent vont passer leurs journées au Havre, — faire le tour des bassins, — lire les journaux, — marcher sur du pavé, etc.

Les femmes, d'abord, se rencontrent aux bains, à la promenade, etc., — mais *ne font pas connaissance ;* — chacun s'efforce seulement de *paraître* davantage aux **yeux** des autres, — mais on n'échange pas un mot, — fort rarement un salut.

Un jour, on signale une nouvelle arrivée,—une **femme** très belle ou très riche,—ayant un joli visage ou des **robes** chères.

Il semble alors voir des brebis qui tondaient un pré, chacune de son côté,—mais qui, entendant hurler un loup, se serrent toutes en groupe.

En effet, la femme plus belle ou plus riche que les autres, c'est l'ennemi commun.

Toutes ces femmes qui, la veille, ne se saluaient pas, deviennent alors charmantes les unes pour les autres.

— Regardez bien; l'amitié de deux femmes est toujours un complot contre une troisième. — Bonjour, madame, comment vous portez-vous? Et votre charmante petite fille?

— C'est de votre ravissant petit garçon qu'il faut parler, madame.

— Vous avez là une robe du meilleur goût.

— Je vous demanderai le patron de votre costume de bain, etc., etc.

L'alliance est faite.—Dès le lendemain, on se demande : Avez-vous vu la nouvelle arrivée?

D'un air dédaigneux :

— Oui.

— On la dit bien.

— Elle n'est pas mal,—mais je n'aime pas ces figures-là.

— Elle a l'air hardi, — ou l'air hypocrite, — ou l'air mijaurée.

— Sait-on ce que c'est?

— On dit que c'est une comtesse.

— Oh! une comtesse? — Elle est bien polie.—Ça ne doit pas être une vraie comtesse.

Ou bien : Elle est avec son mari.

— Est-ce bien son mari?

— Je n'en répondrais pas, — il a l'air bien empressé.

Le lendemain on se dit : — Eh bien! la nouvelle arrivée, — *on dit* qu'elle n'est pas mariée.

— Ah!... ça ne m'étonne pas, le monsieur est reparti.

— C'est singulier.

— Mais votre mari est reparti aussi après vous avoir installée.

— Ah! mais moi, c'est bien différent; M*** joue à la bourse, il a des affaires.

Et les histoires vont leur train. — Il faut donner des prétextes vertueux à l'envie que causent la jolie figure ou les belles robes. — Trois jours après, il est établi que la nou-

velle arrivée n'est pas mariée; — personne ne s'est montré son contrat de mariage, mais sont réputées légitimement mariées et vertueuses toutes celles qui entrent dans l'association tacite contre la plus belle.

— Lui avez-vous parlé?

— Qui, moi? Non vraiment, je ne parle pas à ces femmes-là.

— Connait-elle quelqu'un dans le pays?

— Elle se promenait hier avec un monsieur et une dame.

— Pauvre petite femme!

— Qui? la nouvelle arrivée?

— Non, la femme de ce monsieur.

— Pourquoi?

— Quoi! j'ai besoin de vous le dire,—vous ne voyez pas que ce monsieur est l'amant de la nouvelle venue, — et que sa femme à lui doit être bien malheureuse.

— C'est vrai?

— *On* le dit.

— D'ailleurs c'est singulier de ne connaître que ce seul monsieur, on ne voit pas d'autre homme lui parler.

— On sait ce que ça veut dire.

Le lendemain on continue.

— Eh bien! elle a eu des visites toute la journée.

— Au moins quatre hommes, — c'est sans gêne, — ces femmes-là ça connait tout le monde.

— Oh! ça a bien vite fait connaissance.

— Recevoir ainsi du monde quand son mari est absent.

— Ce pauvre cher homme!

— Elle a voulu me parler, hier.

— Pas possible!

— Je lui ai à peine répondu, elle ne s'en avisera plus. — Mon mari ne serait pas content s'il me voyait faire de pareilles connaissances.

Le jour d'après :

— Voilà un aplomb! — Vous savez bien ce monsieur et cette dame avec qui elle s'est promenée l'autre jour?

— Oui. — Eh bien!

— Elle dit que c'est un cousin.

— Ah! ah! un cousin.

— On connait ces cousins-là.

— Il y a réellement des femmes bien effrontées.

— *On* dit qu'elle est entretenue.

Le jour d'après :

— Eh bien! *cette demoiselle,* — avec son cousin?

— Ne m'en parlez pas. — A quelle heure vous baignez-vous?

— Je ne me baignerai pas aujourd'hui,— j'attends quelqu'un, un ami de mon mari qui passe par ici... par hasard.

L'étrangère quitte le pays, — mais les autres femmes, une fois lancées, sont comme des chiens courans qui ont perdu une trace, — faute du cerf, elles se lancent sur un lièvre;—le venin élaboré pour la fugitive ne peut pas être perdu, — on se sépare en plusieurs hordes ennemies; — les *on dit* se croisent comme un feu de mousqueterie, — chacune de celles qui s'étaient montrées si sévère contre l'étrangère — attend et reçoit tour à tour un beau-frère,— un cousin, — un parent, un ami, etc. — Elle s'exaspère qu'on tourne à mal les choses les plus innocentes; — c'est affreux, — dit-elle, de juger ainsi sur les apparences.

Avant la fin de la saison, chacune a eu *son paquet,* — il vient un moment où il n'en reste que deux. — Pendant quelque temps, — elles disent du mal de toutes celles qui sont parties; — mais il vient un jour où l'une des deux exhibe une robe neuve, ou est l'objet de l'attention d'un homme remarquable — par sa place, sa fortune, ou une célébrité quelconque ;—alors elles ne tardent pas à ne plus se saluer, — et, faute d'un autre auditoire, — elles disent du mal l'une de l'autre à la femme qui les déshabille ou au maître baigneur. — Celle-ci n'a jamais été mariée, — ou bien elle a fait mourir son mari de chagrin,—et d'ailleurs, elle serre si fort son corset qu'elle en devient violette. — L'autre a été actrice sur un petit théâtre, — ou cuisinière, elle s'est estropiée à force de se chausser juste,

Il faut bien aimer les femmes pour ne pas les détester !
— Où en étais-je de l'histoire de Raoul et de Marguerite, ma belle lectrice ?
M'y voici.

XXVII.

SUITE DE FORT EN THÈME.

Des bruits étranges commencèrent à circuler dans le pays. — On se rappelle Léocadie, cette figurante du Cirque-Olympique qui était devenue obèse, et qui s'était fait épouser par monsieur Leroux, lequel était également assez gros, et maire du village. — Léocadie avait voulu faire connaissance avec Marguerite; Raoul qui s'ennuyait quelquefois et allait volontiers jouer au billard chez monsieur le maire, n'avait pas su éluder cette tentative de Léocadie, — mais il avait trouvé Marguerite très résolue à ce sujet, et la tante Clémence avait été entièrement de l'avis de Marguerite.

Marguerite avait accepté la situation toute entière ; — Dieu, Raoul et la tante Clémence , savaient seuls tout ce qu'il y avait de noblesse, de dévouement, de générosité dans la vie qu'elle s'était faite.

Elle ne se croyait pas le droit d'exiger que tout le monde la comprît, — aussi elle ne voulait connaître personne, — elle ne voulait pas s'exposer aux impertinences de quelques drôlesses, qui avaient sur elle la supériorité de tromper un mari responsable ; — elle ne voulait pas non plus se déclasser, — en voyant des femmes qui pouvaient être tombées, par des causes différentes, dans une situation extérieurement pareille à la sienne, elle refusa de voir madame Léocadie Leroux : — elle était du reste parfaitement heureuse entre Raoul et la tante Clémence, et ne désirait rien de plus.

Malgré les prétextes dont Raoul essaya de colorer le refus auprès de l'épouse de monsieur le maire, Léocadie se sentit blessée et devint pour Marguerite une ennemie mortelle. — Un incident imprévu ne tarda pas à venir lui donner de terribles armes contre mademoiselle Hédouin.

Dans une maison à Paris, où ils passaient presque tout l'hiver, monsieur et madame Leroux entendirent annoncer un jour — madame Desloges. Léocadie ne tarda pas à lui dire, plutôt pour parler des dignités de monsieur Leroux que dans tout autre but, que dans le hameau dont ledit monsieur Leroux était le premier magistrat, il y avait un monsieur Desloges, — qui était peut-être parent de cette dame. — Esther, car c'était-elle, fit quelques questions, — et après éclaircissemens, avoua, les yeux levés tristement au ciel, — que ce monsieur Desloges n'était autre que son mari, — lequel l'avait abandonnée pour vivre avec « je ne sais qui. »

— Quelle horreur ! s'écria Léocadie, abandonner une femme aussi charmante que madame, — il faut que les hommes soient fous.

Aux questions d'Esther, Léocadie répondit qu'elle ne voyait pas la prétendue madame Desloges, — qu'elle s'était toujours douté de quelque chose.

Esther cependant en apprit assez pour reconnaître Marguerite. La fuite d'Esther n'avait pas duré longtemps, — elle était revenue chez son père, où elle jouissait d'une grande liberté; elle avait son appartement à part et ses connaissances particulières, parmi lesquelles on eut bientôt établi que Raoul Desloges avait abandonné son irréprochable épouse, — en emportant une partie de sa fortune qu'il mangeait avec une concubine.

C'est à peu près ce que Léocadie rapporta dans la petite vallée. — Ces bruits ne tardèrent pas à circuler dans tout le hameau, et Marguerite, — qui était un peu plus que polie avec tout le monde, tant elle consentait à payer son bonheur, — fut obligée de s'apercevoir que Léocadie lui

rendait à peine son salut dans la rue, — et un jour qu'elle réprimanda une servante, — celle-ci lui répondit : — Au moins, moi, je ne vis avec le mari de personne.

Marguerite s'enferma pour pleurer. — Elle réussit à cacher ses larmes à Raoul, — mais pas à la tante Clémence. — Celle-ci se chargea de chasser la servante, qui entra deux jours après chez madame Léocadie Leroux.

De ce jour, Marguerite ne sortit plus, — pour ne rencontrer personne; — le dimanche seulement elle allait à la messe; — mais un dimanche une personne étrangère était dans le banc de monsieur le maire. — Marguerite ne la vit pas d'abord, — elle allait à l'église pour prier Dieu et n'y faisait pas autre chose.

La religion de la plupart des femmes consiste surtout en ceci :

Le dimanche est un jour où on se lève plus tôt que de coutume pour se mettre de la pommade, se friser et se parer, de façon à attirer la pieuse attention des fidèles, — parmi lesquels on reste assise pendant une couple d'heures, — pour être admirée des unes et critiquer les autres.

Dans les autres bancs on chuchotait, et les regards se reportaient de Marguerite sur l'étrangère avec tant d'opiniâtreté, que Marguerite fut obligée de la regarder et réconnut Esther; au premier moment elle sentit un froid mortel arrêter la vie dans ses veines, — puis elle pria avec ferveur, — et offrit à Dieu un examen de sa conscience. — Mon Dieu ! — dit-elle, — est-il juste que je m'humilie devant cette femme ? — Pour elle, — pour réparer son bonheur qu'elle se vantait d'avoir perdu, — j'ai sacrifié volontairement le bonheur de toute ma vie ; je lui ai fait épouser Raoul, — et je me suis condamné à l'isolement et aux larmes ; — quand elle l'a eu abandonné et trahi cet homme, quand elle l'a laissé, — blessé, mourant dans une auberge, — je suis allée le soigner et le recueillir, — je lui ai consacré ma vie, j'ai renoncé à la réputation, à la considération ; — laquelle de nous deux a fait son devoir ?

Marguerite sans doute sentit dans son cœur une réponse encourageante, car, — la messe finie, — elle traversa l'église et la foule qui la regardait, — calme et sereine, — les yeux limpides et doucement assurés, — pas plus baissés que de coutume, — et sans le moindre embarras.

Esther était venue passer la journée chez Léocadie avec laquelle elle s'était liée, — et avait espéré humilier Marguerite ; — il est vrai qu'elle l'avait perdue dans l'opinion des autres; — mais Marguerite ne vivait pas dans l'opinion ni pour l'opinion. Raoul et la tante Clémence étaient le monde entier pour elle.

Le soir, un monsieur, — que Esther présenta comme un ami de son père, — vint la prendre et la ramener à Paris. — Quand elle fut partie, Léocadie Leroux dit aux autres femmes qui se trouvaient chez elle :

— Une pauvre petite femme bien intéressante, — si jolie, — si charmante, et abandonnée par ce Desloges, — qui mange son bien avec une autre femme ; — et la conversation sur ce sujet remplit le reste de la soirée municipale.

Marguerite, que la tante Clémence voulut consoler, — lui fit voir à nu toute la sérénité de son âme, — seulement il fut convenu entre les deux femmes qu'elles n'iraient plus à la messe; — et le dimanche suivant, — toutes deux seules dans le jardin, — Marguerite se mit à genoux — et dit: O mon Dieu ! permettez-moi de ne plus aller vous adorer dans les temples de pierres bâtis par la main des hommes, permettez-moi de vous prier — sous cette belle coupole bleue qui forme votre ciel, — sous ces arbres frais et embaumés dont vous avez fait la parure de la terre, — au milieu de ces trésors gratuits que vous avez donnés à l'homme, — le parfum des fleurs remplacera l'encens de l'église, — et mon âme montera jusqu'aux pieds de votre trône, — avec ce parfum et avec le chant des oiseaux.

Puis les deux femmes prièrent ensemble, — et, leur prière finie, s'embrassèrent tendrement.

La vie de Marguerite et de Clémence fut un peu plus renfermée que jamais.

Raoul avait imaginé une singulière folie, — ou du moins

son imagination l'avait acceptée. — Mandron, qui lui avait dit à propos de la lettre de change que l'affaire était arrangée, et auquel il n'en avait pas demandé plus long, — Mandron lui dit :

— Tu as eu tort de faire une tragédie ; — le siècle n'est plus à la haute littérature ; — il faut être de son siècle. — Un bon gros mélodrame bien ronflant ne te mènerait pas si sûrement au temple de mémoire, mais il te mènerait à celui de la fortune. Il faut faire un mélodrame, c'est l'affaire de quelques jours, et nous le ferons jouer. — Depuis que j'ai cessé avec tant d'éclat de collaborer au journal que j'avais fondé avec l'ex-flot Alexandre, et que cet imbécile avait déshonoré, — je me suis glissé dans quelques autres feuilles, où je suis à l'affût des momens où il manque dix lignes. — Je trouverai bien moyen de glisser une note sur ta tragédie et sur ton mélodrame. — Puis je verrai les directeurs. — Travaille, — et reviens dans huit jours avec ton drame terminé.

En effet, — Raoul retourna à la campagne et se remit à l'œuvre. Ce nouveau produit de sa muse ne m'est pas parvenu. — D'ailleurs, je n'avais pas l'intention de vous le réciter. — Voici seulement ce que j'en ai su d'une manière certaine. — C'était, sous tous les rapports, très inférieur à la tragédie.

La tragédie n'était déjà pas trop bonne, mais elle avait cependant une certaine sève de jeunesse, qui manquait tout à fait au drame nouveau. — Raoul avait mit tout ce qu'il savait et tout ce qu'il avait dans *les Esclaves*, — il n'avait rien vu et rien appris depuis, — et il n'était plus amoureux.

Cependant il ne tarda pas à recevoir un journal dans lequel il trouva cette note :

« Notre jeune et déjà célèbre Raoul Desloges met, dit-on, la dernière main à un drame. Il abandonne les hauteurs du Parnasse où l'avait placé d'un premier bond sa belle tragédie des *Esclaves*, — pour en côtoyer la base. — Si les plus beaux talens sont obligés ainsi d'abandonner l'art pour le métier, il faut s'en prendre à l'impéritie d'un gouvernement sans entrailles, qui ne sait pas offrir d'appui au talent jeune et vivace. — Le libraire *** met en vente la deuxième édition de la tragédie de Raoul Desloges. — Les directeurs de trois théâtres du boulevard se disputent l'œuvre nouvelle. — On ne sait encore quel sera l'heureux possesseur du drame de Raoul Desloges. »

Raoul relut plusieurs fois ce curieux paragraphe, — et quoiqu'il sût qui en était l'auteur, — quoi qu'il reconnût la main complaisante de Mandron, — cet éloge imprimé lui monta à la tête.

Il écrivit à Calixte pour lui demander s'il était vrai qu'on fit une seconde édition de sa tragédie. — Mandron lui répondit : — Jamais on ne fait de seconde édition d'une tragédie. — Par un procédé de mon invention, qu'il serait trop long d'expliquer dans une lettre, le libraire a vendu quatorze exemplaires de ton œuvre. — Je l'ai engagé à faire les frais de couvertures nouvelles sur lesquelles on a mis : deuxième édition. — Tu es bien naïf de ne pas deviner cela. Pourquoi ne demandes-tu pas également les noms des trois directeurs qui se disputent ton mélodrame ?

Raoul fut un peu désorienté de ces révélations. — Néanmoins il relut le paragraphe, — et se dit : — J'y ai été trompé, les lecteurs de ce journal le seront plus facilement encore que moi. — Ce journal a dix mille abonnés, — chaque numéro d'un journal passe dans dix mains avant d'être détruit, — cela fait cent mille personnes qui vont lire ceci. — Qu'est-ce que la renommée et la gloire, si ce n'est pas cela ?

Et tout éventé qu'il était, l'encens vertigineux monta de nouveau à la tête de Raoul et le grisa encore. — Il se remit avec ardeur à l'ouvrage, — et travailla plusieurs fois jusque fort avant dans la nuit.

La tante Clémence le prit à part et lui dit : — Mon cher Raoul, — pourquoi veillez-vous ainsi ? — J'ai vu de la lumière dans votre chambre presque toute la nuit. — Etes-vous malade ?

— Non, — chère tante, — je travaille.

— Et pourquoi travaillez-vous avec tant d'opiniâtreté ? — Est-ce pour le travail lui-même ou pour les résultats ? — Pour ce qui est des résultats, — notre vie est si simple que le petit revenu de Marguerite nous suffit à tous trois. — Peut-être voudriez-vous apporter votre part dans la maison, — ou désireriez-vous un peu plus de luxe autour de nous. — Alors donnez un autre but à votre travail, car je vous soupçonne fort de faire des vers. — Voulez-vous que je m'occupe de vous trouver ici quelques leçons. — Dans l'été il y a des enfans auxquels les parens sont fâchés de voir discontinuer leurs études. Aimez-vous mieux que je vous cherche à Paris — quelques écritures à faire, quelques manuscrits à copier ?

— Je ne fais plus de vers, chère tante, mais néanmoins le travail auquel je me livre est de ceux aux résultats desquels vous ne croyez pas. — Il y a cependant de grandes fortunes faites au théâtre, — et ces fortunes ont eu un commencement.

La tante Clémence ne répondit rien.

— Vous ne me dites pas, — vous me voulez pas me dire : Ceux qui ont fait ces grandes fortunes avaient du talent. — Je vous réponds : C'est vrai. — Mais qui vous dit que je n'en... aurai pas ? Les personnes qui vous voient tous les jours ne vous croient jamais du talent que quand elles en sont averties par les applaudissemens du dehors. — Je n'ai fait encore qu'une tentative : — ma tragédie, non destinée à la représentation, — sans obtenir un de ces succès bruyans — qui sont quelquefois dus à l'intrigue et au savoir-faire, — a obtenu un succès d'estime. — Et tenez, je vais voir si je n'ai pas brûlé un journal qui en dit quelques mots.

Raoul disparut un moment, — moment que la tante Clémence employa à joindre les mains et à lever les yeux au ciel. Il ne tarda pas à revenir avec le fameux journal à la main. — Je l'ai retrouvé par le plus grand des hasards, dit-il, — dans un coin où je l'avais jeté.

La tante Clémence lut le paragraphe et dit : On va donc jouer un drame de vous ?

— C'est précisément ce drame que je suis en train de terminer ?

— Et trois directeurs se le disputent ?

Raoul rougit un peu et dit : *On m'a fait faire des propositions par un de mes amis.*

En même temps Raoul froissait et chiffonnait le journal, — comme l'on fait d'un morceau de papier que l'on va jeter au feu. — Mais la tante partie, il le déplia, — le relut deux fois, et le serra soigneusement dans sa poche.

Voici le procédé dont s'était servi Calixte Mandron pour faire vendre quatorze exemplaires de la tragédie de Raoul.

Alexandre et Calixte se brouillaient et se raccommodaient suivant les circonstances. — Il s'en présentait parfois où l'un des deux avait besoin de l'autre, — et, dans ce cas, François, l'ancien portier, — se chargeait d'opérer la réconciliation. — Un jour qu'ils se trouvaient tous trois ensemble, — ils échouèrent dans toutes leurs tentatives pour se procurer un dîner digne d'eux. — Les quittances du *Scorpion* n'avaient pas été acceptées. Calixte, — se voyant surveillé, — n'osait plus aller quêter pour des frères d'armes malheureux. — Tout à coup celui-ci s'écria : J'ai une idée.

— Rôtie ou bouillie ? demanda Alexandre.

— Ni l'un ni l'autre, — mais une idée au moyen de laquelle nous ferons rôtir ou bouillir ce que nous voudrons.

— Voyons l'idée.

— La voici. — Comme tu es bien mis, viens avec moi. — Tu ne parleras pas, mais ton aspect me donnera de la considération.

Ils allèrent chez le libraire qui avait imprimé les *Esclaves*, — et Calixte lui dit : Vous n'avez rien vendu ?

— Non.

— Eh bien, vous allez vendre. — L'auteur a un drame reçu. — Tout le monde s'attend à un grand succès. — Son nom connu fera vendre la tragédie. — Mais il faut changer les couvertures et annoncer la seconde édition. — Je me charge d'en parler dans un journal influent. — Monsieur Desloges, du reste, fera tous les frais de ce changement de couverture.

— Oui, cela peut bien faire. — Mais vous m'aviez promis qu'il prendrait un grand nombre d'exemplaires, — et il n'en a encore pris que trois, qui, entre parenthèse, ne m'ont pas été payés.

— Voyez l'injustice des hommes! — Vous vous plaignez en ce moment, — et savez-vous ce que je viens faire? — Je viens précisément vous demander quatorze exemplaires pour monsieur Desloges. — Vous lui en enverrez la note en y joignant les trois déjà pris, et les frais du changement de couverture de la tragédie.

— A la bonne heure, — si toutefois il ne se borne pas à ce nombre d'exemplaires.

Une demi-heure après François était venu prendre les quatorze exemplaires marqués chacun 7 fr. 50 c., — et les amis, après les avoir vendus tous pour sept francs, étaient allés dîner au Palais-Royal à quarante sous par tête.

Peu de jours après on avait envoyé au libraire la fameuse note du journal, et on avait pris vingt exemplaires qui vaient eu le même sort.

Raoul ne fut pas longtemps sans connaître le débit extraordinaire de la tragédie et sans en soupçonner les causes. — Il reçut une note du libraire; cette note se montait à un peu plus de trois cents francs, — en y comprenant les nouvelles couvertures de la deuxième édition des *Esclaves*, tragédie en trois actes, non destinée à la représentation, par M. Raoul Desloges.

Un autre désappointement plus grave ne tarda pas à se manifester; — on continua à réclamer le paiement du billet de quinze cents francs, malgré celui de seize cents que Raoul avait donné en échange; il alla chez Calixte. — Celui-ci lui demanda sa procuration et se chargea d'arranger l'affaire. — En effet, — quand on appela l'affaire au tribunal de commerce, Calixte demanda et obtint, — selon l'usage, — un délai de vingt-cinq jours. — Raoul n'entendant plus de réclamations, ne songea plus au billet.

— Nous avons eu tort, dit Calixte Mandron, de nous tant presser de faire imprimer ta tragédie. — Avec les quinze cents francs que ça nous a coûté, nous aurions pu fonder certain journal, — mais là, — ce que j'appelle fonder, — et aujourd'hui, nous serions des gens redoutés dans la librairie et dans les théâtres; — au lieu de demander nous ordonnerions. — Pour quinze cents francs, — je crois bien! on aurait forgé, fourbi et amorcé une jolie petite escopette, — au moyen de laquelle tout ce qui aurait passé sur les grandes routes de la littérature et de l'industrie nous aurait payé un honnête tribut.

— Joli métier, dit Raoul, que celui que tu faisais avec ton ami Alexandre, — du temps de la splendeur du *Scorpion*.

— Le métier que font certains autres journaux, — mon honorable ami, — depuis celui qui répand chaque matin la calomnie pour faire arriver son candidat à la présidence ou au ministère, — c'est-à-dire pour entrer à sa suite dans la ville conquise, et la livrer au pillage, jusqu'à celui qui reçoit sa part de toute entreprise industrielle pour la louer, — et qui la dénigre si les offres sont insuffisantes, — ce qui n'est pas dire que le même ne cumule pas les deux industries. La seule différence — entre ces feuilles-là et le *Scorpion*, — c'est que le *Scorpion* étant moins puissant, — c'est-à-dire pouvant moins attendre, — c'est-à-dire débitant ses mensonges à une assemblée moins nombreuse, — ne peut, comme eux, attendre qu'on vienne le trouver à sa boutique, et qu'on lui offre. — Moins fort, il doit crier plus haut; — il demande et exige.

Mais avec quinze cents francs! c'était notre fortune assurée. — Il va sans dire qu'Alexandre serait resté étranger à l'administration, autant qu'à la rédaction; — il a beaucoup contribué à compromettre le *Scorpion*, mais je n'abandonne pas l'idée d'un nouveau journal, — j'ai un bon titre: — la *Gazette noire*; — c'est un titre assez inquiétant, ce me

semble, — ça a l'air chargé. — Penses-y, nous ne descendrons plus à ces honteux petits détails où la misère avait réduit le *Scorpion*, — et tu verras si les directeurs de théâtre ne viennent pas te demander, que dis-je! te commander des pièces. — Personne n'aurait désormais d'esprit et de talent que nous, tout ce qui paraîtrait serait *abîmé* et *éreinté* sans pitié. — Tu verrais la *considération* qu'on nous *montrerait*!

Au bout de vingt-cinq jours, on recommence les poursuites. Raoul eut encore recours à Mandron, — mais il est plus de huit jours sans pouvoir le rencontrer. — Alors, Mandron lui avoue qu'ils ont été victimes de la fourberie de l'usurier qui a escompté les lettres de change et qui n'a pas rendu la première et exige le paiement des deux. Il faudrait lui faire un procès en escroquerie, — mais comment prouver le vol, — ces gens-là sont tous si adroits, ils savent se bien mettre en règle.

— Mais que faire? dit Raoul.

— Obtenir vingt-cinq jours encore quand la seconde échoira, — tâcher d'avoir un peu de temps pour la première de la bienveillance du créancier, — et puis on aura bien d'ici là vendu quelques exemplaires de la tragédie, ou tu auras fini ton drame; — je vais aller chez le détenteur des billets, — je vais arranger ça; — attends-moi au Palais-Royal dans une heure. — Nous dînerons et nous aviserons.

Calixte revient en effet au bout d'une heure, — il n'a trouvé personne, il y retournera le lendemain. — On dîne, — aux frais de Raoul naturellement.

Le surlendemain Raoul reçoit une lettre de Calixte. Impossible de rien obtenir, — cet homme est un tigre; il faut que Raoul s'arrange pour payer, mais s'il veut faire la *Gazette noire*, on ne tardera pas à avoir réparé cette brèche. Calixte Mandron est *désolé*, — il regrette que les *circonstances* ne lui permettent pas de venir au secours de son ami.

Raoul désespéré va voir lui-même le créancier; — on lui donnera un peu de repos jusqu'à l'échéance de la seconde lettre de change, — mais alors il n'y aura plus de répit si les deux ne sont pas payées.

Raoul veut parler du premier titre indûment conservé, — on lui prouve que Calixte a touché le montant des deux effets, — qu'il ne les a pas fait escompter par la même personne, et que c'est par hasard ou par des raisons particulières qu'ils sont tombés dans la même main.

Raoul cherche en vain Mandron, — Mandron a délogé. Il s'enferme et termine son drame, et le porte au directeur du théâtre de la Gaîté. — Mais l'échéance du second billet arrive, — les jours se passent; — les huissiers apportent du papier timbré. Raoul est désespéré, — il n'a aucun moyen de résister; — par momens, — il veut tout dire à Marguerite, — mais il se rappelle le peu de cas qu'elle et la tante Clémence font de ses vers; — il se rappelle combien leur paraîtra ridicule et odieux d'avoir dépensé une pareille somme au profit de sa vanité, car avec la réclamation du libraire et les frais, il faudrait payer plus de quatre mille francs.

Alors il recule devant cet aveu. — La vie est pour lui un affreux supplice; — s'il pouvait trouver Mandron, il l'étranglerait ou le forcerait de le tirer de la position où il l'a jeté.

C'était l'automne. — En cette saison, la nature est si riche, que la fable n'a rien pu exagérer de ses magnificences; — si la fable parle des fruits d'or du jardin des Hespérides, — cela ne dit pas grand'chose à l'esprit, — quand on regarde de quelles admirables couleurs se décore un jardin. Les ypréaux, — les peupliers blancs, ont les feuilles blanches dessous, jaunes dessus, et le moindre vent agite et mêle leur cime d'or et d'argent; les feuilles des sumacs sont d'un rouge de laque, — celles des érables orange. — Les houx, les verglandiers, les sorbiers, ont des fruits écarlates comme le corail, — les aubépines et les azéroliers rouges comme le grenat; — les coings sont jaunes; — les baies du buisson ardent sont d'un orange vermillon. Dans le parterre, les marguerites sont en fleurs, les chrysanthèmes commencent à fleurir.

J'allais ne pas parler des dahlias. Aucune fleur n'a des

couleurs aussi variées et aussi éclatantes : — on ne pourrait s'en passer dans un jardin, — on l'admire, mais on ne l'aime pas ; — il est cent fleurs moins éclatantes, et dans lesquelles de charmans souv·nirs se sont réfugiés et restent vivans, — s'épanouissant chaque année avec les fleurs sous les baisers du soleil. Les uns rians, les autres tristes sans être moins charmans, comme les dryades dans les chênes, — comme la cétoine, émeraude vivante dans les roses blanches.

Est-ce que l'aubépine, la pervenche, — la violette, — la rose simple des haies, — la giroflée des murailles, ne sont pas des amies?

Peut-être n'est-ce que pour les hommes de mon âge que le dahlia est une fleur muette, — sans souvenir comme elle est sans odeur. J'ai vu les premiers dahlias dans ma première jeunesse, ils ne se mêlent à aucun de mes premiers souvenirs, — tandis que je sais quel jour je me suis écorché les mains pour cueillir une branche d'aubépine, — quel jour j'ai gravi ce vieux mur en ruine pour rapporter une giroflée ; — je me rappelle avec qui j'ai tant cherché dans les bois ces églantiers que les botanistes appellent rubigineux et les Anglais *brewer* ; — je sais encore aussi où se desséchèrent certaines violettes que l'on me rendit.

Peut-être la génération qui me suit aime-t-elle les dahlias. La meilleure preuve que je n'aime pas les dahlias, c'est que j'aime à en avoir de nouveaux, que je jette sans pitié ceux de l'année dernière, si on m'en apporte de mieux faits de la même couleur.

Tandis que tous les ans, — quand refleurissent mes rosiers, je les aime davantage ; — je sais depuis combien de temps celui-ci est entré dans mon jardin, — combien de fois celui-là y a épanoui ses splendides corolles et y a répandu ses parfums. — Ceux que j'ai depuis plus longtemps sont ceux que j'aime le mieux.

Clémence et Marguerite, qui ne sortent plus, — qui n'aiment plus que ce qui est entre les murailles du jardin, — s'occupent de leurs fleurs. — Il s'agit de replanter les oignons de jacinthe et de tulipe, — il faut préparer son printemps ; — toutes deux travaillent avec ardeur, et quelquefois fredonnent une valse ou une romance.

Raoul les regarde à travers les vitres d'une fenêtre, — il ne travaille pas au jardin, — lui, — il n'y travaille pas, — il sait que dans quelques jours la maison et le jardin seront vendus, que tous trois en seront expulsés.

Il a voulu détourner Marguerite et la tante Clémence d'y travailler, — mais il n'a pu prendre le courage et la force de leur dire l'affreuse vérité. — Hier il leur a proposé une promenade, — mais aujourd'hui elles ont déclaré qu'elles ne dîneraient pas qu'elles n'aient planté leurs beaux oignons à fleurs.

En les voyant ainsi planter avec tant de soins ces oignons qu'elles ne verront pas fleurir, — préparer pour d'autres de riches plates-bandes, — Raoul ne peut retenir ses larmes, il voudrait descendre et leur dire ce qui va arriver, — tout briser dans ce jardin qu'il a planté, — et dire aux deux femmes : Allons-nous-en.

Mais elles sont si gaies, si heureuses en ce moment, elles jouissent si bien déjà de ces belles couleurs et des suaves parfums que leur promettent les oignons qu'elles plantent, — qu'il se dit : Il sera temps demain de leur apprendre tout, — il sera temps quand je ne pourrai plus le leur cacher; — pourtant il voudrait voir de la pluie, du froid, quelque chose qui les empêcherait de descendre au jardin, d'y planter, d'y semer.

Marguerite l'appelle, — elles sont embarrassées pour planter des anémones correctement, — *l'œil en dessus*. — Il répond brusquement qu'il est occupé, — puis il change d'idée, — il se rafraîchit les yeux avec de l'eau, — il embrasse les deux femmes, — il les aide, — il plante avec elles. — Ses doigts crispés écrasent quelques pattes d'anémones.

Sa préoccupation n'a pas échappé à Marguerite et à Clémence ; quand elles sont seules, — elles en cherchent les causes, — est-ce qu'il s'ennuie ? — Non, ce n'est pas de l'ennui que trahissent ses traits amaigris, — ses yeux enflammés, — c'est une tristesse profonde. — Est-ce le chagrin de voir ses vers naître et mourir inconnus ?

Elles passent tout en revue, — elles l'aiment tant toutes deux, il leur paraît assuré qu'elles dissiperont son chagrin, — il ne s'agit que de le connaître.

Toutes deux le prennent à part, — mais ni l'une ni l'autre n'obtient de confidence ; — il est un peu malade, — ça ne sera rien, — ça se passera.

Puis il les quitte, — ébranlé, — attendri, — il va s'enfermer dans sa chambre.

Il se passe quelques jours pendant lesquels Marguerite et Clémence n'ont pas d'autre pensée que de découvrir le sujet de cette douleur amère qu'il peut leur nier, mais non leur cacher. — Il va à Paris deux jours de suite, — il prie d'attendre, — de consentir à un nouveau renouvellement. — Pendant ce temps là il travaillera s'il le faut à la terre, mais l'autre finit par lui avouer qu'il n'est qu'un prête-nom, que la créance appartient en réalité à un autre, — que cet autre est un ancien négociant fort riche et *qui fait l'escompte*, — que les risques sont grands, — qu'il exige un peu plus que l'intérêt légal, — et que pour éviter les mauvais tours que l'envie et la malveillance pourraient vouloir lui jouer, car il ne paraît jamais dans les affaires et n'est jamais en nom, il veut bien en référer au vrai créancier; mais il ne donnera à Raoul ni son nom ni son adresse, — il ne veut absolument pas être connu. — Il suffirait quelquefois d'un méchant esprit, voyant mal les choses, pour donner au procureur du roi de mauvaises impressions contre lui, et un magistrat un peu sévère pourrait quelquefois le troubler dans ses petites habitudes, et mal interpréter la façon dont il fait travailler un pauvre capital, qui sans cela courrait risque de s'ennuyer : rien ne s'ennuie comme de l'argent au fond d'un tiroir.

Raoul revient le lendemain pour avoir la réponse du négociant; — celui auquel il parle n'a rien pu obtenir. Raoul cherche partout Calixte Mandron pour le tuer, — mais cette consolation même lui est refusée. — On ne sait nulle part ce qu'est devenu Calixte. — Il est probable que ce n'est pas seulement pour éviter Raoul qu'il se cache. — Alexandre, l'ex-flot du Cirque-Olympique, croit qu'il a quitté Paris.

C'est dans dix jours que l'on doit vendre la maison. — Raoul cherche en vain autour de lui, rien ne peut le sauver. — Il retourne à la campagne, il rentre tard exprès, — il feint d'être très fatigué et se réfugie dans sa chambre. — En effet, que dire à ces deux pauvres femmes ? s'il est triste elles vont l'accabler encore de questions si touchantes, qu'il a peine à retenir son secret et ne peut retenir ses larmes, — s'il affecte de la gaîté, s'il réussit à les rassurer, à quoi bon pour les faire retomber de plus haut dans quelques jours. Le lendemain il reçoit un nouveau papier timbré, celui-ci est au nom du libraire. — Il a obtenu un jugement qui condamne Raoul à lui payer à peu près quatre cents francs; s'il ne paie pas, le jugement porte qu'il ira en prison. — Tout est conjuré contre lui, — une lettre du directeur du théâtre de la Gaîté lui dit que beaucoup de pièces étant à l'étude en ce moment, il lui est impossible d'accepter son drame, et qu'on le tient à sa disposition.

Le lendemain, à la fin du jour, on lui apporte une des affiches annonçant la vente de la maison, que l'on doit apposer sur la porte. — Il la déchire en fureur, et parcourt le village, où il en trouve deux, que l'on a déjà placées; — 'une, sur la porte de l'église, l'autre, sur la maison de monsieur Leroux, le maire. Il retourne le soir les arracher, mais à quoi lui sert cette puérile résistance ? — Les affiches arrachées seront bientôt remplacées par d'autres, — et affichée ou non, la maison ne sera pas moins vendue dans huit jours. — Il sort dès le jour, pour aller — tenter encore une fois d'obtenir un sursis.

Pendant ce temps, Clémence et Marguerite, ont pris le parti violent de faire une perquisition complète dans les papiers de Raoul; — à force de chercher, elles finissent par découvrir la vérité. — D'abord, elles restent stupéfaites mais elles ne tardent pas à prendre un parti; — il faut payer ses dettes. — La tante Clémence va à la ville, —avec une procuration de Marguerite. — On charge un agent de change de vendre une grande partie des rentes qui restent à mademoiselle Hédouin; —cette opération exige deux jours. — Il ne restera pas à Marguerite certainement, — de quoi soutenir le petit ménage, — mais elles pensent toutes deux que cette leçon sera très sévère pour Raoul, — qu'il va se décider à faire autre chose que des vers; qu'on lui trouvera une place ou un emploi, — et que tout ira le mieux du monde.

Clémence veut qu'on ne lui parle de rien que tout ne soit fini. — Hâtons-nous donc, — répliqua Marguerite, car il souffre, il est malheureux, — je ne puis garder plus longtemps un secret dont la révélation va rendre la sérénité à son âme.

Elles vont toutes deux à la ville, —Marguerite seule pouvant toucher l'argent; — elles se sont procuré, dans leur grande perquisition, les adresses des deux créanciers de Raoul. — Elles vont d'abord payer le libraire, — puis l'autre; — où elles apprennent de celui qui sert d'écran au véritable usurier, que celui-ci n'est autre que monsieur Seeburg, le père d'Esther, — et qu'il est poussé dans la guerre qu'il fait à Raoul, autant par la haine que par l'intérêt. — Aussi fait-on toutes sortes de difficultés pour recevoir l'argent, —mais enfin on se décide; la tante et la nièce rentrent à la maison, — heureuses et fières, — et emportant toutes les quittances. — Où est Raoul? il n'est pas sorti de journée, répond la servante, — il s'est tenu renfermé dans sa chambre, — il est probable qu'il est au fond du jardin, dans le petit kiosque où il se repose très souvent, — ou qu'il sera sorti par la petite porte du jardin qui donne sur la campagne.

— Tant mieux! nous aurons le temps de faire nos préparatifs avant l'heure du dîner.

C'est en effet le jour de naissance de Raoul; — la table est ornée de fleurs, — la servante a fait un gâteau, — les quittances seront le bouquet de fête, —. on les met sous la serviette, — c'est la première chose qu'il verra en se mettant à table; — tout bien préparé, — elles attendent avec impatience son retour. — Pourvu, dit Marguerite, que l'émotion ne soit pas trop violente et ne lui fasse pas de mal.

Voici l'heure du dîner, Raoul n'est pas rentré, —on sonne une petite cloche qui d'ordinaire appelle aux heures de repas ceux qui sont dans le jardin. — Il ne vient pas, c'est qu'il est allé faire une promenade plus longue. — Il est six heures et demie, il ne vient pas.

A sept heures, Clémence et Marguerite, harcelés par la servante, prennent le parti de faire servir le dîner, — mais elles sont préoccupées et mangent à peine.

D'ordinaire il est assez exact pour le dîner.—Après avoir fait durer le repas autant que possible, après s'être interrompues dix fois au moindre bruit, en disant : Le voilà ! les deux femmes font desservir, mais en laissant sur la table le couvert de Raoul, et les fleurs et les quittances sous la serviette.

Peut-être est-il allé aussi à Paris et aura-t-il été retenu; peut-être toutes nos ruses vont être déjouées. Il aura tout appris à Paris.

— N'importe, dit la tante Clémence, d'aujourd'hui seulement datera notre bonheur.— Raoul ne s'avisera plus de se ruiner pour faire imprimer ses vers, — il va haïr les vers, et descendant à la prose, — chercher ou accepter, — car je me charge de trouver, une occupation utile.

Il est huit heures, Raoul ne rentre pas.

On fait de nouvelles questions à la servante, elle répond de nouveau que Raoul est resté toute la journée à la maison, que du moins elle l'a vu plusieurs fois à des heures différentes, — mais que cependant il peut aller au jardin et du jardin dehors sans qu'elle l'aperçoive.

Neuf heures, dix heures arrivent, pas de nouvelles de Raoul. Clémence et Marguerite ne se disent plus rien. Chacune ne conçoit que des inquiétudes et ne veut pas augmenter celles de l'autre. — La tante Clémence même s'ef-

force d'établir qu'il peut y avoir mille causes pour que Raoul rentre tard, — peut-être même ne rentre pas du tout. — Marguerite lui serre la main pour la remercier, mais ne répond pas. On fait coucher la servante. — A minuit elles se couchent elles-mêmes, — mais dans le même lit. — Elles ne dorment pas; elles pleurent, s'embrassent et prient.

La nuit se passe ainsi toute entière. — Les oiseaux annoncent le jour, — dont les premières lueurs ne tardent pas à paraître. Elles se lèvent. — Marguerite reste assise, anéantie. — On entend une voiture. — Ah! le voilà peut-être, dit Clémence. — Ah! je vais bien le gronder de nous laisser dans une pareille inquiétude. — Tu feras bien de le gronder, ma tante, — car moi je serai si heureuse que je n'y penserai seulement pas.

Mais la voiture ne s'arrête pas, — peut-être se trompe; mais non, le bruit décroît, s'éloigne et s'éteint. — Clémence ne peut tenir en place. — Marguerite n'a pas la force de se lever.—Clémence va dans le jardin, reste quelques instans absente, puis rentre pâle, les yeux égarés, — tombe assise.

Marguerite — se lève : — Qu'as-tu? quel malheur sais-tu? Mais Clémence ne peut parler. — La plus profonde terreur hébète ses regards — et étouffe sa voix. — Marguerite appelle sa servante, — lui confie sa tante , veut aller au jardin voir ce qui a si fort épouvanté Clémence. — Mais celle-ci fait un effort surhumain, — se lève, prend sa nièce par le corps, — et s'écrie : — N'y vas pas ! — Marguerite, au nom du ciel, n'y vas pas ! — Aidez-moi, Ursule,— ne la laissez pas aller au jardin.

— Oh! s'écrie Marguerite, — Raoul est mort.

— Du courage, — ma douce, ma pauvre Marguerite, du courage !

— Eh bien ! je veux le voir, — où est-il ?

— Reste, — reste.

— Je veux le voir, dit Marguerite, —pâle et froide, et si résolue qu'Ursule et sa tante la suivent sans oser la retenir. — Mais Clémence reprend un peu de force, —elle prend sa nièce dans ses bras, — veut encore la retenir. — Attends ! — je vais te dire tout.

— Raoul est mort, — n'est-ce pas ?

— Pourquoi affliger tes yeux — d'un affreux spectacle. — Les hommes ne peuvent plus rien pour lui.

Marguerite ne répond pas, — mais s'élance, et guidée par un triste instinct, — elle entre dans le kiosque du jardin,— où elle voit le cadavre de Raoul.

Elle tombe à genoux, — pose sa main sur son front, — sur sa poitrine; — il est mort, — tout est froid, — son cœur ne bat pas.

Clémence, — d'ailleurs, quand elle l'avait découvert, — avait eu le courage — de dénouer la corde, — car le malheureux s'était pendu, — et de chercher tous les signes d'une existence encore cachée comme le feu sous la cendre ; — mais la mort remontait déjà à sept ou huit heures, — et c'est seulement quand elle fut convaincue qu'il était mort que Clémence s'était abandonnée à la terreur qui l'avait fait s'enfuir. — Marguerite ne dit pas un mot, ne verse pas une larme, — elle reste à genoux, — et prie. — Bientôt elle se lève, — il ne faut pas que son pauvre corps reste là. — Mais Ursule n'ose toucher le pendu, — d'ailleurs elle croit d'après le préjugé répandu dans les campagnes, — que Clémence a agi contre la loi en coupant la corde. — Clémence et Marguerite ne peuvent le porter; — on envoie Ursule — chercher le jardinier. — Elle l'envoie et court prévenir le maire, — dans la crainte d'être compromise. On porte le cadavre dans sa chambre, — on le met dans son lit, — Marguerite s'assied près du lit, — reste les yeux fixés sur lui, — et ne prononce plus une parole, — n'entend rien, — ne répond à rien; elle est anéantie,—elle ne s'occupe de rien de ce qui se passe. — Le maire et un médecin viennent constater le décès, — on veut lui adresser quelques paroles de condoléance, — on ne les achève pas, tant il est visible qu'elle n'entend pas, — il semble qu'il y a deux morts dans cette chambre.

On a trouvé dans le kiosque — une lettre de Raoul à l'adresse de Marguerite.

Elle l'a lue avec avidité, — puis l'a mise dans son sein.

La lettre est courte :

» Pardonne-moi, ma bien aimée Marguerite, — ce nouveau, — ce dernier chagrin que je te cause.

» Je ne puis plus rester dans la vie; — je m'en vais. — Loin d'être pour toi un appui, — je t'ai entraîné dans les précipices où ma mauvaise fortune, — où ma nature incomplète m'ont jeté. — De nouveaux gouffres sont ouverts sous mes pas, — je m'y précipite seul, — parce que tu voudrais m'y suivre. »

» Je te recommande à la chère tante Clémence, — elle » sera ton ange gardien, — comme tu as été le mien. »

» Pensez quelquefois à moi tous les deux. »

Marguerite passa le jour et la nuit dans le même fauteuil. — On n'ose la déranger, — on espère qu'elle ne sent rien — qu'elle ne souffre pas, mais, dès le même jour, — on vient pour enlever le cadavre, — Marguerite se laisse emporter dans une autre chambre. — La tante Clémence supplie tout le monde de ne pas faire de bruit, — pour que sa malheureuse nièce ne comprenne pas les détails de ce qui se passe. — Bientôt elle rentre auprès de Marguerite, — qui lui dit : Raoul est parti?

Clémence lui prend les mains. — Ma tante, dit Marguerite, — dans cette lettre qu'il a laissée pour me dire qu'il m'abandonnait, — il me dit de l'embrasser pour lui. — Viens, que je t'embrasse.

Elles tombent alors dans les bras l'une de l'autre, — et le cœur *leur crève* en même temps; — d'abondantes larmes se font passage, et restent longtemps dans cette mutuelle étreinte.

Le soir, — Marguerite veut aller prier sur la tombe de Raoul. — Elle s'y dirige avec Clémence ; — des enfans, qui jouaient dans le cimetière, — se taisent et s'éloignent à la vue des deux femmes.

— Mon pauvre ami, — dit Marguerite — après avoir prié, — ma vie entière te sera consacrée, quoique tu m'aies quittée bien tôt ; — si je n'ai pu faire ton bonheur en ce monde, — j'expierai par mes prières l'offense que tu as peut-être faite à Dieu en abandonnant la vie; — ton souvenir remplira mon existence, — tous mes soins auront pour but de le garder présent. — Merci, mon Dieu ! d'avoir gravé dans mon cœur cette foi si complète à l'immortalité de l'âme et à une autre vie. — Mon existence sera si austère et si innocente que vous me recevrez dans votre ciel, — au jour que vous avez marqué pour ma mort, — et, comme vous êtes juste et bon, — je retrouverai Raoul, sans lequel — une vie éternelle serait l'enfer. Mon pauvre ami, — mon bien-aimé, — repose en paix, — dans la mort, — je ferai seule la route qui doit nous réunir.

Le lendemain matin, il arriva un juge de paix qui mit les scellés partout. — Marguerite ne s'en préoccupa pas, pensant que c'était une formalité usitée.

Mais Clémence fit des questions, — et le juge de paix lui dit qu'il agissait au nom de madame Esther Desloges, née Seeburg, épouse légitime du défunt, et héritière de tout ce qui lui avait appartenu, — aux termes de leur contrat, qui les avait mariés sous le régime de la communauté.

Le juge de paix fit quelques questions à son tour à la tante Clémence, sur la situation de sa nièce : — il lui apprit que mademoiselle Seeburg avait été avertie de l'évènement par les soins de monsieur Leroux, maire de la commune, — que tout appartenait à madame Esther Desloges, — qu'elle viendrait sans doute s'y installer pour la fin de l'automne, — et qu'elle ferait bien d'emmener Marguerite pour lui épargner la douleur et l'humiliation d'être expulsée légalement .

Clémence alla donner ces détails à Marguerite ; elle lui

expliqua que cette maison qu'elle avait payée, — qu'elle venait de racheter, — appartenait désormais à Esther, — Marguerite ne fit aucune observation, — et dit : Allons nous-en.

Quand on est frappé d'un grand malheur, il arrive comme aux criminels condamnés pour divers crimes, — les peines moindres se confondent dans la plus forte. — Le juge de paix, — honnête homme et homme compatissant, accéda volontiers à la demande de Clémence qui le pria de les guider de ses conseils. — Il les autorisa à emporter leur linge et tout ce qui était marqué à leur nom. — Il s'engagea à faire promptement lever les scellés sur les meubles dont elles pourraient prouver la possession par des quittances, — leur disant que cependant — elles pourraient plaider pour offrir la preuve que l'immeuble appartenait à Marguerite, — et que le gain du procès était possible. — Clémence refusa même d'en parler à sa nièce, et alla chercher un petit logement dans un faubourg à la porte de Paris. — Marguerite lui avait recommandé d'avoir à tout prix un petit jardin; — elles allèrent encore à la fin du jour prier sur la terre qui recouvrait le corps de Raoul, — puis elles partirent. — Marguerite avait fait les paquets à la tante Clémence. — elle avait pris dans le jardin certaines plantes que Raoul préférait et qu'il avait plantées et cultivées lui-même.

De l'héliotrope d'hiver, — tussilage odorant, — et un rosier simple qu'il avait arraché à Saint-Ouen, en souvenir d'une si douce promenade qu'ils y avaient faite autrefois.

Elle ne mit pas autre chose dans le jardin du petit logement du faubourg, — où elles s'installèrent dès le soir.

Au printemps suivant, Esther Desloges recevait ses amis, — *plantait* la crémaillère, et donnait une fête à sa villa. — On avait tout changé ; la maison et le jardin n'étaient plus reconnaissables. Monsieur et madame Leroux étaient de la fête, — et félicitèrent la femme légitime d'avoir expulsé la concubine, — et d'être rentrée dans sa maison.

Toute la société fit chorus; — mais malgré cette lâcheté, Esther — fit bientôt dire qu'elle n'y était pas, quand Léocadie se présenta. — D'ailleurs elle épousa à l'expiration légale de son deuil, — ce monsieur qui l'accompagnait partout depuis assez longtemps, et qu'elle avait présenté comme un ami de son père.

Depuis, — le père Seeburg est mort, et Esther, qui s'appelle aujourd'hui madame Sorlain, est riche et heureuse, — et reçoit l'été une société nombreuse à la campagne; — l'hiver, elle n'y paraît pas.

Clémence et Marguerite, auxquelles il ne restait pas assez d'argent pour vivre, — brodent et festonnent; — leur travail, joint aux quelques cents francs de revenu restés à Marguerite, suffit à leur vie simple. — Une fois chaque mois, — elles viennent ensemble prier sur la tombe de Raoul, et y apporter des fleurs ou des feuilles du tussilage et de l'églantier; — ces deux plantes, seules dans le petit jardin, et reprissant à leur vigueur ordinaire, n'ont pas tardé à le remplir.

La douleur de Marguerite est calme, — elle attend ; — elles n'évitent ni l'une ni l'autre de parler de Raoul ; — loin de là, — elles s'entourent de tout ce qui le rappelle, — et en parlent sans cesse.

— Quel bonheur, dit la tante Clémence, qu'on ne se console pas. — Nous ne saurions plus pour quoi vivre.

Il y a deux ans, — je me trouvais à Brest, — et je visitais le bagne. — Un homme, jeune encore, revêtu de la livrée des forçats, faisait partie d'un groupe. — A ma vue, il recula précipitamment et se cacha au milieu de ses compagnons, — mais j'avais eu le temps de reconnaître Calixte Mandron. C'est ce que je ne savais pas encore, et n'aurais pu vous dire, si je n'avais pas interrompu précédemment le présent récit.

FIN DE FORT EN THÈME.